Erinnerung und Begegnung

Gedenken im Land Brandenburg zum 50. Jahrestag der Befreiung

Erinnerung und Begegnung

Gedenken im Land Brandenburg zum 50. Jahrestag der Befreiung

Mit Beiträgen von:

Wolfgang Benz
Henryk M. Broder
Ignatz Bubis
Barbara Distel
Jürgen Dittberner
Stefanie Endlich
Bernd Faulenbach
Detlef Garbe
Joachim Görlitz
Sigrid Jacobeit
Thomas Lutz
Günter Morsch
Peter Reichel
Johannes Tuchel
Peter Jochen Winters

Herausgegeben vom Ministerium
für Wissenschaft, Forschung und Kultur des Landes Brandenburg

Umschlagfoto :
„Begegnung dreier Generationen bei der Gedenkveranstaltung in Sachsenhausen" von Frank Liebke / Oranienburger Generalanzeiger

Die Deutsche Bibliothek – CIP-Einheitsaufnahme:
Erinnerung und Begegnung : Gedenken im Land Brandenburg zum 50. Jahrestag der Befreiung / hrsg. vom Ministerium für Wissenschaft, Forschung und Kultur des Landes Brandenburg. Mit Beitr. von: Wolfgang Benz... - Potsdam : Verl. für Berlin-Brandenburg, 1996
ISBN 3-930850-21-4

NE: Benz, Wolfgang; Brandenburg <Staat> / Ministerium für Wissenschaft, Forschung und Kultur

Herausgeber: Ministerium für Wissenschaft, Forschung und Kultur des Landes Brandenburg
Projektleitung: Cordula Rinsche
Schlußredaktion: Antje von Meer, Ferdinand Nowak, Cordula Rinsche, Jürgen Roland
Druck: NOMOS Verlagsgesellschaft, Baden-Baden
Verlag: Verlag für Berlin-Brandenburg, Potsdam

Inhaltsverzeichnis

Vorbemerkung

„Erinnerung und Begegnung" resümiert ein Jahr nach den Gedenkveranstaltungen zum 50. Jahrestag der Befreiung die Erfahrungen dieser Tage. Die bewegenden Erlebnisse waren Anlaß dafür, über den Umgang mit der Erinnerung intensiv nachzudenken. Die Reflexion der Veranstaltungen im April führte zu Fragen nach möglichen Formen der Erinnerung.

Folglich thematisiert ein Kapitel der Publikation das Nachdenken über Gedenken und Erinnern. Fachleute formulieren ihre Thesen zum „Zukünftigen Gedenken". Unterschiedliche Anliegen, Ansichten und Akzentuierungen der Autoren werden in den Beiträgen deutlich, die sie dankenswerterweise für den vorliegenden Band verfaßt haben. Die Publikation beschreibt kurz die Orte der zentralen Gedenkveranstaltungen Ravensbrück, Sachsenhausen, Brandenburg sowie Tröbitz und ihre Geschichte. Weiterhin werden die Reden wiedergegeben, die dort gehalten wurden. Ihnen folgen Reaktionen und Schilderungen von Gästen und Betreuern sowie Berichte der Gedenkstättenleiter von Ravensbrück, Sachsenhausen sowie der Dokumentationsstelle Brandenburg-Görden. Beobachtungen von Journalisten bei den Veranstaltungen im April 1995 werden in einer kleinen Auswahl präsentiert.

Welche Vielfalt von Veranstaltungen zum 50. Jahrestag im Land Brandenburg ausgerichtet wurde, von denen die zentralen Gedenktage eine Ausdrucksform der Auseinandersetzung mit der nationalsozialistischen Vergangenheit waren, illustriert ein Kalender mit den wichtigsten Veranstaltungen.

Cordula Rinsche

Geleitwort

MANFRED STOLPE

Brandenburg hat im 50. Jahr der Befreiung die ehemaligen Häftlinge der Konzentrationslager eingeladen, um ihnen ein würdiges Gedenken zu ermöglichen. Die Vertreter der verschiedenen Opferverbände begrüßten dieses Vorhaben, nicht ohne es zugleich aufmerksam und kritisch zu begleiten. Dank ihrer Unterstützung hat die Einladung der brandenburgischen Landesregierung, in diesem denkwürdigen Jahr zurückzukehren an die damaligen Orte des Leidens, nahezu alle überlebenden Opfer und ihre Angehörigen erreicht.

Ich danke allen, die unsere Einladung angenommen haben. Diejenigen, die nicht mehr die Kraft aufbrachten, nach Deutschland zu kommen, sollen wissen, daß sie nicht vergessen sind – sie seien an dieser Stelle noch einmal gegrüßt. Ebenso gedenken wir all jener, die die oftmals jahrelangen Leiden nicht überlebt haben oder nach der Befreiung an Krankheit und Erschöpfung gestorben sind.

Mit dem vorliegenden Band soll ein Zeichen der Erinnerung gesetzt werden. Es werden die vier zentralen Gedenkveranstaltungen dokumentiert, die das Land Brandenburg und die Stiftung Brandenburgische Gedenkstätten unter großer nationaler wie internationaler Beachtung organisiert haben; in Sachsenhausen, Ravensbrück und Brandenburg-Görden sowie im südbrandenburgischen Tröbitz, wo 1945 ein Zug mit 2.500 jüdischen Gefangenen des Konzentrationslagers Bergen-Belsen von sowjetischen Truppen befreit wurde.

Dem Bund, dem Land Berlin sowie der Stiftung Brandenburgische Gedenkstätten danke ich für ihre umfassende Unterstützung.

Zu den Veranstaltungen kamen mehr als 3.000 ehemalige Häftlinge aus mehr als 30 Nationen als Gäste der Landesregierung nach Brandenburg, gedachten der Toten und stellten sich ihren Erinnerungen. Ihr Zeugnis an den Orten des Gedenkens wollen wir auch mit Hilfe dieser Dokumentation festhalten. Es eröffnet insbesondere der jungen Generation Zugang zu einem Geschehen, das sie nicht aus eigener Anschauung kennt. Begegnungen und Gespräche, die während der Gedenktage zustande kamen, erschließen besser als jede Schulstunde die Verantwortung der Deutschen für die Geschichte. Auch dafür danken wir all jenen, die den Weg hierher auf sich genommen haben. Die Rückschau auf die Gedenkveranstaltungen befördert zudem Überlegungen, wie Gedenken künftig gestaltet werden kann. Denn die Gelegenheiten, an den Erinnerungen der Opfer teilzuhaben, werden seltener.

Das Gedenken und Erinnern aber hört nicht auf. Die Stellungnahmen in der Dokumentation vermitteln wertvolle Impulse, über Formen der Erinnerung nachzudenken. Den Sachkundigen, die wir als Autoren gewinnen konnten, gilt in diesem Zusammenhang mein Dank.

Publizistisch begleitet wurden die Gedenktage von über 500 akkreditierten Journalisten aus aller Welt – Gewähr dafür, daß vielfältigste Eindrücke und Erlebnisse weitergegeben und für die Zukunft bewahrt werden. Wir alle wissen: Geschichte erfahrbar zu machen, sich anschaulich mit ihr auseinanderzusetzen – das ist die beste Voraussetzung für verantwortungsvolles Handeln.

Erinnerung und Begegnung in Brandenburg. Zur Philosophie und Zielsetzung der Gedenkveranstaltungen

STEFFEN REICHE

1995 jährte sich die Befreiung vom Nationalsozialismus zum 50. Mal. In vielen Ländern Europas wurde diese Befreiung mit Veranstaltungen und Gedenkakten gewürdigt. In Deutschland wurden zahlreiche Jahrestage begangen: wir gedachten des Einsatzes der alliierten Truppen, der Befreiung der Konzentrationslager, des Kriegsendes.

Im Land Brandenburg veranstalteten zahlreiche Menschen und verschiedene Institutionen dazu Diskussionsabende, Filmvorführungen, Symposien, Führungen und Ausstellungen. Durch diese Veranstaltungen fand eine intensive Auseinandersetzung mit der nationalsozialistischen Geschichte statt, die gerade für die Jüngeren sehr wichtig war. Ich erinnere mich vor allem an meine Gespräche mit ehemaligen Häftlingen des NS-Regimes, durch die ich mit den Verbrechen der Nationalsozialisten ganz unmittelbar konfrontiert wurde. Diese Menschen mit ihren leidvollen Lebensgeschichten strahlten eine große Würde aus, die mich sehr beeindruckte.

Die Vielzahl von geschichtsträchtigen Daten und ihre Würdigung barg meiner Ansicht nach auch problematische Elemente, da von einigen Versuche unternommen wurden, des Kriegsendes und der Befreiung in einem generalisierenden Kontext zu gedenken. Dies spiegelte sich wider in der Debatte über den 8. Mai 1945. So wurden Fragen aufgeworfen, die den akzeptierten gesellschaftlichen Konsens sprengten: War der 8. Mai das Datum der Befreiung oder etwa „der Beginn neuen Unrechts"? Erinnern mit griffiger, verharmlosender Formel an „alle Opfer des Weltkriegs" oder aber an die Opfer des nationalsozialistischen Regimes und seiner kriegerischen Expansionen?

Das Land Brandenburg entschied sich, zum Jahrestag der Befreiung Gedenkveranstaltungen abzuhalten, in deren Mittelpunkt die Opfer des nationalsozialistischen Terrors stehen sollten. Für Brandenburg stellt sich die Verpflichtung zum Gedenken in besonderem Maße. Hier befinden sich zahlreiche Stätten, die mit der nationalsozialistischen Vergangenheit verbunden sind. Neben vielen Rüstungsbetrieben existierten in Brandenburg Orte, an denen die Nationalsozialisten ihre Gegner quälten und ermordeten. Vor allem die Konzentrationslager Sachsenhausen und Ravensbrück mit ihren insgesamt rund 200 Außen- und Nebenlagern sind in diesem Zusammenhang zu nennen. Dort wurden Menschen drangsaliert, die aufgrund ihres Glaubens, ihrer Nation, ihrer politischen Einstellung, ihrer Herkunft als „fremd",„andersartig" und „mißliebig" definiert und der Vernichtung preisgegeben wurden.

Das seit 1936 betriebene Konzentrationslager Sachsenhausen galt als „Musterkonzentrationslager", in dem Kommandanten anderer Lager und SS-Wachmannschaften geschult wurden. Das 30 Kilometer nördlich von Berlin gelegene Lager war das „Konzentrationslager der Reichshauptstadt".

Im Frauenkonzentrationslager Ravensbrück hielten die Nationalsozialisten von 1939 bis 1945 insgesamt 132.000 Frauen, Kinder sowie in einem eigenen Lager rund 20.000 Männer gefangen. Unmenschliche Lebensbedingungen, Hunger, Folter und grausame medizinische Experimente an jungen Frauen machten das Lager zur „Hölle am Schwedtsee".

Aber auch Zuchthäuser wie jenes in Brandenburg-Görden haben eine furchtbare Geschichte. Als „moderne" Justizvollzugsanstalt noch zu Zeiten der Weimarer Republik geplant, nutzten es die Nationalsozialisten für die Inhaftierung von Oppositionellen und Widerständlern. Vermeintlich „ordentlich Verurteilte" wurden hier gleichfalls unter menschenunwürdigen Zuständen zusammengepfercht und ermordet.

Die Verpflichtung, sich angesichts der geographischen Ballung von „Tatorten" mit dieser Geschichte auseinanderzusetzen, ist schon vor der Wiedervereinigung 1990 erkannt worden. Nationalsozialistische Vergangenheit wurde zu Zeiten der DDR in großem Umfang thematisiert. Die Gedenkstätten in den ehemaligen Konzentrationslagern wurden in den frühen 60er Jahren unter starker Anteilnahme der Bevölkerung eröffnet. Allerdings folgte die Gedenkstättenarbeit in der DDR nicht objektiven Kriterien. Ganze Opfergruppen wurden in der Berichterstattung und der Forschung vernachlässigt, der kommunistische Widerstand hingegen unverhältnismäßig breit präsentiert. Dies entsprach nicht der Realität in den Lagern. Die SED instrumentalisierte den Widerstand und bildete damit gleichsam die ideologische Unterfütterung für die antifaschistische Ausrichtung des Staates. Diesem „verordneten Antifaschismus" entsprach auf der Seite der früheren Bundesrepublik die Neigung, die Verbrechen der Nationalsozialisten in einen breiteren Kontext zu stellen. Der Nationalsozialismus wurde oft unter dem Begriff des „Totalitarismus" subsummiert, was die Einzigartigkeit des Nationalsozialismus und insbesondere seiner Vernichtungsstrategien zu verwischen drohte.

Mit der Wiedervereinigung ergab sich auch die Chance, Gedenkstättenarbeit zu reformieren. In Brandenburg berief das Ministerium für Wissenschaft, Forschung und Kultur 1991 eine Expertenkommission, die Empfehlungen bezüglich der Gestaltung der Gedenkstätten sowie der dort zu leistenden Forschungsarbeit ausarbeitete. Den Empfehlungen folgend, gründete das Land Brandenburg die unabhängige Stiftung Brandenburgische Gedenkstätten. Zu ihren Aufgaben gehört, „die im Lande Brandenburg noch vorhandenen Spuren des nationalsozialistischen Terrors und des Leidens seiner Opfer zu sichern, die baulichen und anderen Überreste zu erhalten; das Geschehen wissenschaftlich aufzuarbeiten und zu dokumentieren; die historische Erfahrung von Terror, Verfolgung, Leiden und Widerstand der jeweiligen Gegenwart zu vermitteln". In den letzten Jahren wurde folglich unter anderem damit begonnen, erhaltene Substanzen zu erschließen und zu sichern, Ausstellungen in den Gedenkstätten umzugestalten oder neu zu konzipieren, und Defizite in der Forschung zu beheben.

Als sich der 50. Jahrestag der Befreiung näherte, wurde über eine angemessene Form des Gedenkens nachgedacht. Das Land Brandenburg unterstützte die Haltung der Stiftung Brandenburgische Gedenkstätten, in erster Linie den ehemaligen Häftlingen der Konzentrationslager Sachsenhausen, Ravensbrück sowie des Zuchthauses Brandenburg-Görden die Gelegenheit zu geben, anläßlich des 50. Jahrestages der Befreiung der Lager zu trauern und zu erinnern. Eine weitere zentrale Gedenkveranstaltung wurde für den sogenannten „lost transport" geplant, um der Insassen eines Eisenbahnzuges zu gedenken, die nach einer Irrfahrt von Bergen-Belsen in das zur Vernichtung vorgesehene Lager Theresienstadt im April 1945 im südbrandenburgischen Tröbitz befreit wurden.

Möglichst viele der früheren Häftlinge sollten eingeladen werden. Unabhängig von den durch die Häftlingskomitees erreichbaren Personen sollten auch jene angesprochen wurden, die nicht in Verbänden aktiv beziehungsweise über sie zu erreichen waren. Dies geschah auf verschiedenen Wegen: so über Berichterstattung in Medien, Aufrufe und Interviews.

Vielleicht würden sich Menschen wiedertreffen können, die sich seit Jahren nicht mehr gesehen hatten. Vielleicht würde sich die Gelegenheit ergeben zu Gesprächen zwischen ehemaligen Häftlingen und Bürgerinnen und Bürgern des Landes. Verschiedene Fragen stellten sich uns: würden die ehemaligen Häftlinge an die Stätte ihrer Qualen zurückkehren können und wollen? War es möglich, im „Land der Täter" zu gedenken, oder war dies per se ausschließlich den Opfern und Hinterbliebenen vorbehalten? Durfte man einen Dialog erwarten, der insbesondere für die deutschen Teilnehmer sehr lehrreich sein könnte?

Die zentralen Gedenkveranstaltungen sollten an den Orten der Lager stattfinden. Das bedeutete für die bis 1945 von den Nationalsozialisten dort Inhaftierten die Wiederkehr an Plätze, die unauslöschlich mit Angst, Verlust, Schmerz und nie überwundenen Traumata verbunden sind. Einige von ihnen kannten die heute dort befindlichen Gedenkstätten, die sie schon zu früheren Anlässen gesehen hatten. Sehr viele hingegen würden nun zum ersten Mal wieder dorthin zurückkehren. Da zudem die meisten der Eingeladenen schon weit in den siebziger und achtziger Jahren ihres Lebens standen, stellten sich weitere Fragen: Würden sie sich dieser Situation stellen wollen? Würden sie die Belastung auf sich nehmen?

Wir haben nicht mit der überaus positiven Resonanz gerechnet, die nach Versand der Einladungsschreiben einsetzte. Über 3.000 ehemalige Häftlinge aus über 30 Nationen erklärten sich bereit, als Gäste des Landes Brandenburg zu den Gedenkveranstaltungen nach Deutschland zurückzukehren. Es galt nun, eine Vielzahl an Aufgaben bei der Vorbereitung und Organisation zu bewältigen.

Mehr als 25.000 Menschen nahmen an den zentralen Veranstaltungen teil. Frühere Häftlinge aus vielen Nationen begegneten Bürgerinnen und Bürgern dieses Landes. Die Chance zum Gespräch, zum Austausch und zur Vermittlung von unwiederbringlichem Wissen konnte mittels der Veranstaltungen wahrgenommen werden. Diese Veranstaltungen waren für jeden, der sie miterleben konnte, ein unvergeßliches Ereignis. Mir ist insbesondere der 23. April in Erinnerung geblieben, der Tag der Veranstaltungen in Ravensbrück und in Sachsenhausen. Der Abend dieses unglaublich bewegenden Tages wurde in gelöster Atmosphäre beendet. Ich hatte während des Empfangs in Bogensee die Gelegenheit, mit Gästen des Landes wertvolle Gespräche zu führen.

Bis zu diesem Zeitpunkt gab es sicherlich viele Spannungsmomente. Würden alle Gäste den Empfang und die Betreuung finden, die sie erwarten? Könnten die Gedenkveranstaltungen störungsfrei verlaufen? War unsere Regel richtig und durchhaltbar, daß unseren Gästen zur Demonstration ihrer Anliegen alles ermöglicht werden sollte, hingegen Demonstrationen anderer Teilnehmer, die vom eigentlichen Gedenken ablenken könnten, auf dem Gelände der Gedenkstätten möglichst vermieden werden sollten? Ich bin sicher, daß sich gerade diese Regel bewährt hat, auch wenn in Einzelfällen Kritik angebracht war. Die ehemaligen Häftlinge und ihre Begleiter haben uns vermittelt, daß sie die Veranstaltungen als angemessen empfunden haben.

Gewiß gab es auch Organisationsengpässe und berechtigte Kritik. Aber es wurde doch klar: alle Beteiligten haben sich engagiert, die Probleme zu meistern. Am Abend in Bogensee war das Ziel nach Meinung aller erreicht.

Daran hatten die mehr als 450 Betreuer, zumeist junge Menschen aus Berlin und Brandenburg, wesentlichen Anteil. Sie standen den Gästen zur Seite, berücksichtigten ihre Wünsche, nahmen organisatorische Aufgaben wahr, standen aber auch jederzeit für Gespräche zur Verfügung. Ein Bündel von Aufgaben also, das kaum zu bewältigen war. Tatsächlich haben die Betreuerinnen und Betreuer dies alles gemeistert, was die Gäste nach den Veranstaltungen ausdrücklich betonten und lobten. Ihnen kam darüber hinaus in den Augen der Gäste eine symbolische Rolle zu: sie wirkten als Vertreter, als Botschafter eines veränderten Deutschlands, als junge Generation von Deutschen mit der Fähigkeit, die NS-Vergangenheit zu thematisieren und sich mit ihr auseinanderzusetzen. Ihr Interesse an den Schilderungen der Gäste empfanden diese als wohltuend. Viele Gäste gewannen vor allem durch die Betreuer einen positiven Eindruck von Deutschland.

Die nun vorliegende Dokumentation spiegelt die unterschiedlichen Momente und Eindrücke wider, die die Gedenkveranstaltungen prägten. Es handelt sich demzufolge nicht um eine reine Dokumentensammlung und beschränkt sich nicht allein auf die Veröffentlichung der offiziellen Stellungnahmen wie die gehaltenen Reden, sondern bietet unter anderem den Gästen selbst sowie ihren Betreuern die Möglichkeit, ihre Erlebnisse zu schildern. Dem Leser wird so vermittelbar, welch vielschichtige Begegnungen stattfanden und welche Funktion den Gedenktagen damit zukam.

Darüber hinaus verdeutlicht die Dokumentation, daß Gedenken eine andauernde Verpflichtung darstellt. Das gleichsam „offizielle", datumsbezogene Gedenken als eine mögliche und notwendige Form kann bewirken, daß sich jeder einzelne noch stärker mit der Geschichte auseinandersetzt. Mit den gewonnenen Erkenntnissen aus dem „Gedenkjahr" 1995 besteht die Möglichkeit zum Nachdenken über künftiges Erinnern. Der Frage nach anderen und neuen Formen gehen Fachleute nach, die durch ihre Anmerkungen wertvolle Impulse vermitteln.

Die deutsche Verantwortung für die Vernichtung von Millionen Menschen ist eine Tatsache. Die Deutschen müssen sich mit der nationalsozialistischen Vergangenheit auseinandersetzen. Aus der Kenntnis der begangenen Verbrechen kann ein Erinnern, ein Gedenken möglich sein.

Für uns gilt die Maxime: Erinnern, um zu lernen, gedenken, um zu verstehen.

Angesichts der heutigen Situation eines vereinten Deutschlands mit seinen Chancen, aber auch seinen Gefährdungen, gewinnt das Wissen um die Geschichte eine aktuelle Dimension: die Lehren, die wir aus ihr ziehen können, halten uns in besonderem Maße dazu an, gegen fremdenfeindliche und rechtsextremistische Gewalttaten einzuschreiten. Die Rolle des vereinten Deutschlands im europäischen Gefüge verpflichtet uns dazu, unsere demokratische Haltung als Grundlage unserer Alltagskultur zu leben.

Erinnerung und Begegnung können nicht mit dem 50. Jahrestag der Befreiung abgeschlossen sein. Bestrebungen, den Jahrestag zu nutzen, um einen Schlußstrich zu ziehen und die nationalsozialistische Vergangenheit Deutschlands als damit ausreichend behandelt zu erklären, können wir nicht hinnehmen. Auch nach dem 50. Jahrestag müssen wir die Opfer des Nationalsozialismus in ehrendem Gedächtnis behalten und uns der Geschichte stellen.

Die 50. Jahrestage und die Stiftung Brandenburgische Gedenkstätten

JÜRGEN DITTBERNER

Im Sommer 1991 verbreiteten die Medien weltweit eine hochbrisante Meldung: Auf dem Gelände des früheren Frauenkonzentrationslagers Ravensbrück im Bundesland Brandenburg solle ein Supermarkt errichtet werden! Häftlingsverbände, Komitees aus Polen, den Niederlanden, den USA, aus Israel und vielen anderen Ländern protestieren in Potsdam. Delegationen reisten an. Auch der Zentralrat der Juden in Deutschland, andere hiesige Organisationen und zahlreiche Einzelpersonen bekundeten ihre Besorgnis. Viele Fürstenberger, zu deren Städtchen Ravensbrück gehört, verstanden die Welt nicht mehr. Der Supermarkt sollte doch gar nicht auf dem Gelände der Gedenkstätte, sondern nur an der Straße zur Gedenkstätte errichtet werden – eben dort, wo schon „Sylvias Fitnesstudio" seine Besucher angelockt hatte, ohne daß dies irgend jemand gestört hätte.

Doch hier ging es nicht um Fürstenberger Lokalprobleme. Es ging um die Frage, wie das gerade vereinte Deutschland mit dem Gedenken an die Verbrechen des Nationalsozialismus umgehen würde. Vielfach gab es die Befürchtung, nunmehr werde Deutschland die Erinnerung an die größten Verbrechen seiner Geschichte tilgen. Und mancherorts kam die Furcht auf, das wieder vereinte Deutschland werde in Europa erneut den Ton angeben wollen. Derartige Sorgen wurden jetzt auf Ravensbrück projiziert.

Das lokale Problem mit dem Supermarkt wurde gelöst: Die Firmengruppe Tengelmann ging an das andere Ende der Stadt, und für die Kaufhalle an der Straße der Nationen fand sich das Technische Hilfswerk als Nutzer. Aber das Mißtrauen, Deutschland werde seine NS-Gedenkstätten nun nicht mehr achten und dies sei Ausdruck einer großen Geschichtsverdrängung, dieses Mißtrauen blieb. Dabei waren die Befürchtungen ungerechtfertigt – wenigstens bezogen auf Brandenburg. Gleich nach der Wiedergründung des Landes hatte das Kulturministerium eine Gedenkstättenkommission eingesetzt, die Empfehlungen für die Zukunft der hier gelegenen Gedenkstätten Sachsenhausen, Ravensbrück, Below und Brandenburg/Havel erarbeitete. Auch der Bund machte deutlich, daß er die „Nationalen Mahn- und Gedenkstätten" an den Orten der einstigen Konzentrationslager, wie sie in der DDR bestanden hatten, zwar anders gestalten, aber doch fortführen wollte.

Doch der Argwohn, die Deutschen wollten ein Ende bei der Auseinandersetzung mit der Nazizeit machen, wurde erneut genährt, als im Herbst 1992 ein Brandanschlag auf die Jüdische Baracke in Sachsenhausen verübt wurde. Demonstrativ erschienen die Bundestagspräsidentin, Rita Süssmuth, der Bundesaußenminister und Vizekanzler, Klaus Kinkel, und der Vorsitzende des Zentralrates der Juden, Ignatz Bubis, sowie natürlich der brandenburgische Ministerpräsident Manfred Stolpe in Sachsenhausen. Das Fernsehen berichtete international über diese Besuche.

Auch die Thematisierung der NKWD-Lager, also der sowjetischen Lager von 1945 bis 1950, nach dem Zusammenbruch der DDR, irritierte viele Mißtrauische und rührte am Weltbild insbesondere manch alter Kommunisten. Aber die Wahrheit, daß Sachsenhausen und Buchenwald für diese Lager genutzt worden waren, daß hier tausende Menschen abermals ihr Leben lassen mußten, sollte nun nicht mehr verborgen werden. Es war geradezu ein Menetekel, daß bald nach der deutschen Vereinigung direkt neben der Gedenkstätte Sachsenhausen Massengräber aus der Nachkriegszeit gefunden wurden.

Auf Empfehlung der Gedenkstättenkommission hin gründete das Land Brandenburg 1993 die rechtlich selbständige „Stiftung Brandenburgische Gedenkstätten", um Sachsenhausen, Ravensbrück, Brandenburg/Havel und Below fortzuführen und die Geschichte des NKWD-Lagers zu erforschen. Der Bund beteiligte sich an dieser Stiftung zur Hälfte. Diese Gründung erfolgte mit großem Engagement vieler Beteiligter, und es wäre falsch zu sagen, die Stiftungsgründung sei ein Kind vor allem des Mißtrauens im Ausland: Die hiesigen Verantwortlichen wollten es so. Die Häftlingskomitees merkten nach und nach, daß die Stiftung ihre Aufgabe darin sieht, der Opfer zu gedenken und die Geschichte aufzuarbeiten. Der Zentralrat der Juden wurde ebenso wie der Zentralrat der Sinti und Roma an der Arbeit der Stiftung beteiligt; die Jüdischen Gemeinden von Berlin und Potsdam arbeiten zusammen mit dem Sachsenhausen- und dem Ravensbrückkomitee sowie anderen Opfergruppen im Beirat.

Bei den Diskussionen im ersten Jahr der Stiftung, 1993, wurden auch die hartnäckigsten Skeptiker überzeugt, daß in den Gedenkstätten die große „Wende" nicht bevorstand, daß die Mahnung an die Verbrechen des Nationalsozialismus fortgeführt werden sollte. Allerdings mußten sich manche der organisierten unter den überlebenden Häftlingen daran gewöhnen, daß der protokollarische Pomp früherer Zeiten nicht mehr zum Umgang mit den ehemaligen Konzentrationslagern in einer offenen, demokratischen Gesellschaft paßte. Einstige Favoriten der Staatskommmunisten mußten sich in den Kanon der pluralistischen Häftlings- und Betroffenenorganisationen einfügen. Aber insgesamt entstand doch ein solides Arbeitsklima, weil Vertrauen in die Hauptaktivisten – daß sie die Gedenkorte weiterentwickeln und nicht abbauen wollen – schnell aufgebaut wurde.

Mit der Gründung der Stiftung waren auch Überlebende des Konzentrations- und des Nachkriegslagers miteinander ins Gespräch gekommen. Brücken über abgrundtiefe Gräben wurden geschlagen. Die Konflikte sind damit nicht beseitigt, aber der Diskurs wurde eröffnet; ein Diskurs zwischen Menschen, die ja doch eines gemeinsam haben: Daß sie Opfer von – wenn auch unterschiedlichen – Unrechtsregimen waren, ohne Recht und Schutz ihrer Würde beraubt wurden.

Bei vielen KZ-Opfern in aller Welt blieb dennoch ein Rest von Skepsis, ob nicht doch der Völkermord, das industrielle Töten in deutschem Namen vergessen und relativiert werden würde. Mit Bangen wurde im Jahr 1994 beobachtet, wie die neue Stiftung und das Land Brandenburg sich vorbereiteten auf die 50. Jahrestage der Befreiungen der Konzentrationslager im April 1995.

Die Stiftung Brandenburgische Gedenkstätten bereitete sich zunächst auf eigenes Risiko auf Veranstaltungen zu den Jahrestagen der Befreiung vor. Es wurde ein ABM-Team eingestellt, das für die Gedenkstätten und die Gesamtstiftung die Koordination aller Vorbereitungen für die Jahrestage übernahm. In Sachsenhausen und Ravensbrück wurden Ausstellungen über die Befreiungen erarbeitet, darüber hinaus Filmvorführungen, Theateraufführungen und vor allem Begegnungen unter und mit ehemaligen Häftlingen. Bei einem Reisebüro in Potsdam wurden internationale Flüge vorgebucht. Alle im Umfeld von Fürstenberg und Oranienburg gelegenen Hotels wurden vorsorglich für die Tage im April 1995 reserviert. Die Finanzierung dieser Projekte war unklar, aber es konnte sich niemand vorstellen, daß sie an Geld scheitern würden.

Im November 1995 kam die langersehnte Geste der neu gewählten Landesregierung: Der Ministerpräsident Manfred Stolpe und der neue Kulturminister Steffen Reiche luden zusammen mit dem Stiftungsdirektor alle überlebenden Häftlinge von Sachsenhausen, Ravensbrück und Brandenburg ein, zu den 50. Jahrestagen der Befreiungen hierher zu kommen. Ende Dezember wurde eine Agentur mit der organisatorischen Durchführung der Veranstaltungen, der An- und Abreise der Gäste sowie deren Aufenthalt beauftragt. Auch eine Presseagentur wurde eingeschaltet. Sie sollte die Öffentlichkeitsarbeit koordinieren. Die Agenturen knüpften an die Vorarbeiten der Stiftung an.

Am Sitz der Stiftung in Oranienburg war in der Zeit vom Januar bis zum April 1995 Hochbetrieb: Die Geschäftsstelle, die Gedenkstätten, die „ABMler", die beiden Agenturen, ein vom Innenministerium abgeordneter Regierungsdirektor sowie ein abgestellter Mitarbeiter des Finanzamtes Oranienburg bereiteten die zahlreichen Veranstaltungen vor. In Potsdam wurde zudem eine interministerielle Arbeitsgruppe eingesetzt, und im Kulturministerium war ein Koordinierungsstab tätig. Für die Hauptaktivisten war das eine anstrengende Zeit.

Für die Stiftung war vor allem wichtig, daß sie für tausende von Überlebenden aus Europa Gastgeber und Repräsentant des vereinten Deutschlands sein würde, daß die Eingeladenen sich umsehen und Möglichkeiten der Begegnung suchen würden. Es waren psychologisch schwierige Situationen zu erwarten, weil viele der Ehemaligen zum ersten Mal nach der Befreiung an die Orte ihrer Qualen und Erniedrigungen zurückkehren wollten. Kenner rechneten damit, daß etliche von ihnen – jetzt an ihrem Lebensabend – zum ersten Mal Zeugnis ablegen würden von der bitteren Zeit. Dann würde es darauf ankommen, diese wichtigen Zeugnisse nicht mit kaltem Forscherblick entgegenzunehmen, sondern als mühsam abgerungene Lebensberichte. Aus den bisherigen Erfahrungen schließlich wußten die Mitarbeiter der Stiftung, wie sehr die ehemaligen KZ-Häftlinge in ihren eigenen Ländern als die zuverlässigsten Zeugen über den inneren Zustand Deutschlands betrachtet werden: Ihr Urteil über das Gastland würde nach der Rückkehr in die Heimat Gewicht haben bei der allgemeinen Öffentlichkeit dort und bei den politischen Repräsentanten.

Derart Heikles wurde neben Profanem auch in den Gremien der Stiftung erörtert. So war zum Beispiel das Erstaunen einiger ministerieller Planer groß, als ihre Absicht, auf den vorgesehenen Gedenkplätzen für den ja nicht unwahrscheinlichen Fall schlechten Wetters eine Überdachung zu schaffen, auf den Widerstand der Überlebenden stieß mit der Begründung, im Lager hätten sie jeden Tag und bei jedem Wetter unter freiem Himmel Appell stehen müssen: Das solle nach 50 Jahren nicht anders sein! Am Jahrestag selbst hatte Petrus in Sachsenhausen und Ravensbrück für schönstes Sonnenwetter gesorgt. Eine Woche später in Brandenburg war es allerdings regnerisch, kalt und ungemütlich. Manch ein Teilnehmer wünschte sich nun doch, die ministerielle Fürsorge wäre zustande gekommen...

Der Stiftungsrat, in dem die Landes- und Bundesregierung neben dem Vorsitzenden des Zentralrates der Juden und je einem Betroffenen- und Fachvertreter die Aufsicht über die Stiftung führen, tagte regelmäßig, ließ sich die Pläne für die Veranstaltungen und die Baumaßnahmen erläutern, tüftelte an Abfolge und Zeiten für die Rednerlisten bei den zentralen Gedenkveranstaltungen. Im Beirat, dem Gremium der Betroffenen-Organisationen, machten die Häftlingsvertreter deutlich, daß sie im Mittelpunkt der großen Treffen zu stehen wünschten und dort Politiker eigentlich nicht sehen wollten. Andererseits aber wußten sie, daß es insbesondere die Gäste aus dem Ausland interessieren würde, was die Repräsentanten der Bundesrepublik 50 Jahre nach der Befreiung zu sagen hätten. So hielten bei den großen Gedenkveranstaltungen Häftlingsvertreter die Eröffnungsreden. Aber danach hörte man genau hin, was Rita Süssmuth, Jutta Limbach und Klaus Kinkel zu sagen hatten.

Die Gedenkveranstaltungen selbst waren bewegend. Von diesen internationalen Gästen verständlicherweise mitgebrachtes Mißtrauen schmolz förmlich in der Frühlingssonne. Menschen aus Polen, aus den USA, aus der Ukraine, aus den Niederlanden, aus Frankreich, Israel, Deutschland und vielen anderen Ländern waren beisammen bei den Kundgebungen, bei den Exkursionen zu den Orten der Außenlager, in den Zelten der Begegnung, in den Hotels, in den Seminaren und am Abend des 23. April beim Empfang der Landesregierung. Daß sich Deutschland so generös den ehemaligen Häftlingen gegenüber verhielt, daß man sie für drei Tage eingeladen hatte, daß man sich bewußt und aktiv mit dem Nationalsozialismus auseinandersetzte, wurde anerkannt und sogar mit Geschenken unterstrichen an diesem Abend in Bogensee.

Eine sehr bewegende Veranstaltung der Stiftung Brandenburgische Gedenkstätten fand im Maxim-Gorki-Theater in Berlin statt. Die Gedenkstätte Sachsenhausen hatte das Staatstheater Reykjavik mit dem Ein-Mann-Theaterstück „Wohnt hier ein Isländer?" nach Berlin eingeladen. Auf der Bühne wurde beeindruckend gezeigt, wie ein Isländer von den Nazis aus Oslo nach Sachsenhausen verschleppt wurde in ein Land, mit dem der junge Mann bis dahin nichts zu tun hatte und dessen Sprache ihm nach überstandener Hölle verhaßt blieb.

Als alles vorbei war, die Gäste wieder daheim, erreichten die Landesregierung und die Stiftung zahlreiche Dankesbriefe. Nach diesen 50. Jahrestagen der Befreiung konnte niemand mehr behaupten, die Deutschen würden den Nationalsozialismus verdrängen. Auch skeptische Beobachter hatten ein differenziertes Bild, trotz Hoyerswerda, Rostock und Solingen.

Die 50. Jahrestage der Befreiung der Konzentrationslager im Land Brandenburg waren menschlich bewegende, schöne Ereignisse. Das Land Brandenburg hat sich dabei politisch und finanziell außerordentlich engagiert. Die Stiftung Brandenburgische Gedenkstätten ist für tausende von Überlebenden und viele andere, die an den Veranstaltungen teilnahmen, als Ort der ernsthaften Auseinandersetzung mit den Verbrechen der Nationalsozialisten wahrgenommen worden.

Der gewonnene Kredit ist hoch. Die Stiftung selbst, aber auch das Land Brandenburg und der Bund haben eine große Verantwortung, das erworbene Vertrauen zu erhalten und auszubauen. Dazu müssen gute Ausstellungen erarbeitet werden, insbesondere aber bedürfen wichtige Orte der Gedenkstätten wie die „Station Z“ in Sachsenhausen und die Schneiderei in Ravensbrück der Restaurierung. Denn diese wichtigen steinernen Zeugen der Vergangenheit drohen zu verfallen. Im In- und Ausland würde das so begriffen werden, als habe man mit den Veranstaltungen zu den 50. Jahrestagen der Befreiung das Kapitel Nationalsozialismus mit großem Aufwand doch abschließen wollen.

Das aber ist eben nicht die Absicht des Bundes, des Landes und der Stiftung gewesen: Gerade unmittelbar nach der deutschen Vereinigung waren die Veranstaltungen auch als Zeichen gemeint, daß man auch zukünftig die Verbrechen der Nationalsozialisten nicht vergessen will.

Zwei Teilnehmerinnen der Gedenkveranstaltung in Ravensbrück vor der Figurengruppe „Die Frauen von Ravensbrück" von Will Lammert

Orte des Gedenkens

CORDULA RINSCHE

Ravensbrück, Sachsenhausen und Brandenburg sind Orte, an denen sich der nationalsozialistische Terror vergegenständlichte. Hier waren Konzentrationslager beziehungsweise ein Zuchthaus angesiedelt, in denen die Nationalsozialisten Tausende von Menschen unter unmenschlichen Bedingungen gefangen hielten und für sich arbeiten ließen.

Tröbitz ist ein Ort, der aus anderen Gründen mit dem Nationalsozialismus verbunden ist: hier wurden Häftlinge des Konzentrationslagers Bergen-Belsen befreit, die ursprünglich zur Vernichtung nach Theresienstadt transportiert werden sollten.

Der nationalsozialistische Terror entwickelte sich in mehreren Schritten: War zunächst seit der „Machtergreifung" 1933 die massive Einschüchterung und Inhaftierung von Gegnern des Regimes durch die SA eher improvisiert erfolgt, änderte sich dies: zügig wurden Verordnungen erlassen, die derartige Maßnahmen scheinbar legitimierten. Schon mit der Verordnung zum Schutz von Volk und Staat, der sogenannten „Reichstagsbrandverordnung" vom 28. Februar 1933 wurden die bürgerlichen Grund- und Freiheitsrechte außer Kraft gesetzt und der Polizei praktisch unbegrenzt Zugriffsmöglichkeiten eingeräumt.

Die „Schutzhaft", die eine politische Haft zur vorbeugenden Bekämpfung potentieller Gegner bedeutete, wurde mit dieser Verordnung implementiert. Schutzhaft bedeutete zumeist die unbefristete Inhaftierung in einem Konzentrationslager oder auch Zuchthaus. Wie häufig das in dieser Form neugeschaffene Instrument angewendet wurde, belegt die Zahl von mehr als 27.000 „Schutzhäftlingen" im Jahr 1933.

Die Unterdrückung von Gegnern wurde zunehmend der SS übertragen. Durch die Personalunion von „Reichsführer-SS" und Chef der Deutschen Polizei (Heinrich Himmler) wurde die Voraussetzung dafür geschaffen. 1934 richtete Himmler den Posten des Inspekteurs der Konzentrationslager ein, der die alten SA-Lager auflösen und neue Konzentrationslager nach dem Vorbild des schon 1933 erbauten Lagers Dachau organisieren sollte. So wurden Strukturen zur planmäßigen Terrorisierung und Beseitigung von Menschen geschaffen, die den Nationalsozialismus ablehnten oder bei den Nationalsozialisten als „minderwertig" galten.

Am Beispiel Sachsenhausen kann die beschriebene Wandlung nachvollzogen werden. War das von März 1933 bis Juli 1934 in der Stadt Oranienburg in einer alten Brauerei von der SA betriebene Lager Oranienburg noch als eines von vielen „spontan" entstandenen, „wilden" Lagern zu bezeichnen, wurde das Konzentrationslager Sachsenhausen nach längerer Planungs- und Abstimmungsphase außerhalb der Stadt errichtet.

Ab circa 1938 änderte sich die Funktion der Konzentrationslager. War zunächst in den ersten Jahren der nationalsozialistischen Diktatur der „Erziehungsgedanke" vorherrschend, wonach Gegner durch Drill und Propaganda umerzogen werden sollten, wurden die Lager nun als Orte genutzt, in denen neben politischen Oppositionellen immer stärker jene Bevölkerungsgruppen interniert wurden, die aufgrund von Rasse-

oder sozialen Merkmalen nicht in das nationalsozialistische Gesellschaftsgefüge paßten.

Der „Erziehungsgedanke" wich der Vorstellung, daß diese „überflüssigen" Menschen zumindest als billige Arbeitskräfte zu gebrauchen seien. Entsprechend wurden die Häftlinge zur Zwangsarbeit herangezogen. Dabei erstreckte sich dies nicht allein auf Häftlinge in den „ausgewiesenen" Konzentrationslagern: so mußten auch beispielsweise die Häftlinge des Zuchthauses Brandenburg Zwangsarbeiten leisten.

Die Produktionsziele standen nicht ausschließlich im Vordergrund. „Vernichtung durch Arbeit" bedeutete die Ausbeutung und Zermürbung der Gefangenen in unmenschlichen Arbeitskommandos bis zum Tode. Die Gestapo brachte in den Akten von Häftlingen, die so umgebracht werden sollten, sogenannte R.U.-Vermerke an. „Rückkehr unerwünscht" hatte die Einteilung in härteste Kommandos zur Folge, wie zum Beispiel die Arbeit im Klinkerwerk in Sachsenhausen.

Mit dem Kriegsbeginn 1939 erlangte die Zwangsarbeit eine stärkere Bedeutung: die Häftlinge wurden gezielt für die Rüstungsproduktion eingesetzt und verstärkt an zivile Betriebe „ausgeliehen". Die Zahl der inhaftierten Menschen stieg seit Kriegsanfang stark an. Oppositionelle, Juden, Sinti und Roma und andere, besonders aus den okkupierten Staaten, wurden zu Tausenden in Konzentrationslager gesperrt, später kamen Kriegsgefangene hinzu. Bei Kriegsbeginn befanden sich rund 25.000 Menschen in den Lagern, 1942 schon 100.000. Trotz der hohen Sterblichkeitsrate nahm die Zahl stetig zu. Die Zusammensetzung änderte sich ebenfalls: zum Kriegsende waren mehr als 90 Prozent der Gefangenen Angehörige anderer europäischer Nationen.

Die gezielte, planmäßige Vernichtung von Häftlingen bildete das furchtbarste Kapitel in der Geschichte der Lager. Verschiedene grausame Tötungsarten wurden ersonnen, um Juden, Sinti und Roma, geistig Zurückgebliebene, Homosexuelle und Kriegsgefangene zu töten. Neben den explizit für die Vernichtung erbauten Lagern auf besetztem polnischen Gebiet nutzte die SS zunehmend auch die Lager in Deutschland für systematische Tötungsaktionen, insbesondere zum Ende des Krieges 1944/ 1945.

Ravensbrück

Männliche und weibliche Häftlinge der Konzentrationslager Sachsenhausen und Lichtenburg erbauten von November 1938 bis April 1939 im Fürstenberger Ortsteil Ravensbrück dieses Frauenkonzentrationslager. Umgeben von der reizvollen uckermärkischen Landschaft, direkt am Ufer des Schwedtsees, mußten Häftlinge unter kaum vorstellbaren Bedingungen existieren. Ursprünglich für 3.000 Insassen geplant, brachte man hier bis zu 50.000 Häftlinge unter, die trotz stetiger Erweiterung des Lagers auf engstem Raum zusammengepfercht waren. Zwei Jahre lang war Ravensbrück nur von Frauen belegt; ein kleineres Männerlager kam 1941 hinzu. Im „Jugendschutzlager Uckermark" inhaftierte man weibliche Jugendliche.

In Ravensbrück waren Frauen, Männer und Kinder aus über 40 Nationen, darunter Tausende Juden sowie Sinti und Roma. Nachdem zunächst deutsche Bibelforscherinnen, „Asoziale" und „Kriminelle" hierher geschafft wurden, folgten österreichische Oppositionelle und nach der Besetzung Polens eine Vielzahl polnischer Frauen. Gruppen aus Frankreich, Holland und Belgien deportierte man gleichfalls in das Frauenkonzentrationslager, ebenso sowjetische Frauen in großer Zahl.

Der „Alltag" der Häftlinge in Ravensbrück war charakterisiert durch schwerste Zwangsarbeit und ständige Schikanen und Mißhandlungen seitens der SS. Die Frauen wurden gezwungen, in den 70 Außenlagern und -kommandos des Konzentrationslagers für die Kriegsproduktion zu arbeiten. Die Firma Siemens & Halske richtete dazu eigens einen elektrotechnischen Betrieb unmittelbar neben dem Lager ein, der Nachrichtengeräte für die Wehrmacht herstellte.

Seit 1942 verschlimmerte sich die physische wie psychische Situation noch: zu den durch vielfache Überbelegung herrschenden hygienischen Zuständen, dem ständigen Hunger, den zerstörerischen Arbeitseinsätzen und den Schikanen der SS-Wachleute (darunter viele SS-Aufseherinnen) kamen die medizinischen Versuche. Hier wurden vor allem polnische Frauen furchtbaren, mit einem vorgeblichen, pseudowissenschaftlichen Forschungsansatz unterlegten Experimenten ausgesetzt. So infizierten SS-Ärzte Verletzungen mit Bakterien, unterkühlten Frauen, um die Wiederbelebung zu beobachten, und nahmen Operationen wie Amputationen vor. Der Tod der Häftlinge wurde nicht allein billigend in Kauf genommen, sondern bewußt herbeigeführt. Sterilisationen wurden namentlich an Jüdinnen sowie Frauen der Sinti und Roma vorgenommen.

Auch in Ravensbrück fanden Tötungsaktionen im Rahmen der sogenannten „Aktion 14 f 13" statt. 1943-44 ermordete man zahlreiche Häftlinge mittels Phenolininjektionen. Gefangene wurden exekutiert, starben an den Folgen von Foltern. Tausende wurden ab Dezember 1944 in einer Gaskammer umgebracht. Von mehr als 130.000 Frauen und mehr als 20.000 Männern überlebten schätzungsweise zwischen 50.000 und 92.000 das Konzentrationslager nicht.

Kaum vorstellbar erscheint es, daß in dieser Umgebung Frauen den Mut und die Disziplin hatten, sich selbst nicht aufzugeben, anderen zu helfen und ihre Solidarität zu vermitteln. Widerstand wurde unter größtem persönlichen Risiko geleistet, indem

Häftlinge beispielsweise an ihren Arbeitsplätzen den Ausschuß bei kriegstechnischen Materialien erhöhten.

Durch Initiative des Internationalen Roten Kreuzes gelang es Anfang April 1945 erstmals, für 300 Häftlinge die Befreiung zu erreichen. Das Schwedische Rote Kreuz konnte schließlich mit der „Aktion Bernadotte" insgesamt 7.500 Frauen retten. Als im April 1945 der Vormarsch der sowjetischen Truppen zur Gewißheit wurde, begann man das Lager zu evakuieren. Außer 3.500 zurückgelassenen Schwachen und Kindern wurden 20.000 Menschen auf den Todesmarsch Richtung Schweriner Bucht getrieben. Auch auf diesen Märschen starben noch viele. Das Lager befreiten sowjetische Soldaten am 30. April 1945.

In den folgenden Wochen sorgten sowjetische Truppen mit Unterstützung zurückgekehrter ehemaliger Häftlinge für die Versorgung der Kranken, bis diese in ihre Heimatländer zurückkehren konnten. Danach wurde das Gelände von den sowjetischen Truppen genutzt, die dort unter anderem Kasernen erbauten.

Die „Nationale Mahn- und Gedenkstätte Ravensbrück" ließ die Regierung der DDR 1959 errichten. Das Gelände der Gedenkstätte entsprach nur zu einem kleinen Teil dem Lager. Lediglich die Kommandantur, der Zellenbau, das Krematorium sowie der Zugang zum Schwedtsee und ein Teil der Lagermauer waren als authentische Orte in die Gedenkstätte integriert. Am Ufer des Sees befindet sich als zentrales gestalterisches Element die von Will Lammert geschaffene Gedenkstele „Die Tragende".

Eine Ausstellung im früheren Kommandanturgebäude informierte über die Geschichte des Lagers und seiner Insassen. Im Zellenbau wurde ab 1982 die „Ausstellung der Nationen" gezeigt, die in Zusammenarbeit mit den einzelnen Länderorganisationen und -häftlingsverbänden erstellt worden war. Das Lagermuseum in der Kommandantur thematisierte vor allem den Widerstand der deutschen Kommunistinnen im Konzentrationslager und bot damit einen sehr reduzierten Blick auf die Lagerrealität, während die von den einzelnen Ländern gestalteten Ausstellungen im Zellenbau unterschiedlich konzipiert waren.

Ravensbrück wurde zu Zeiten der DDR – ebenso wie die anderen „Nationalen Mahn- und Gedenkstätten" – zur Selbstdarstellung von Staat und Partei benutzt. Jugendweihen und Aufmärsche hielt man auf dem Mahnplatz am Schwedtsee ab, um die antifaschistische Legitimation der DDR zu unterstreichen.

Die Expertenkommission von 1991 empfahl bezüglich der Neugestaltung der Gedenkstätte Ravensbrück, die Ausstellung im Kommandanturgebäude wegen ihrer wissenschaftlichen Mängel zu schließen und neu zu konzipieren. Die Ausstellung im Zellenbau sollte nur in Absprache mit den jeweiligen Ländern aktualisiert werden. Der Mahnplatz und weitere künstlerisch gestaltete Teile sollten nicht verändert, jedoch mit Hinweistafeln und Kommentaren versehen werden.

Vordringliches Ziel ist die Erweiterung des Geländes um das eigentliche Lager, das von den sowjetischen Truppen bis 1993 genutzte Terrain. Dieses weist viele Spuren des Konzentrationslagers auf. Erhalten sind neben den Lagerstraßen auch Gebäude wie die Pathologie, die Desinfektionsanlage und Teile der Schneiderei. Baumreihen markieren den Appellplatz, Fundamente von Baracken sind sichtbar.

Zu der Gedenkveranstaltung in Ravensbrück am 23. April 1995 anläßlich des 50. Jahrestages der Befreiung konnten die Besucher der Gedenkstätte wieder eine der rekonstruierten Lagerstraßen betreten. Zu diesem Zeitpunkt war auch die Renovierung der „Tragenden" vollendet, die 1994 wegen Baufälligkeit abgenommen werden mußte. In Planung sind die weitere Erschließung und Markierung des hinzugewonnenen Geländes sowie der dort befindlichen KZ-Gebäude und -Spuren. Sie sollen gekennzeichnet und kommentiert werden. Dabei ist auch daran gedacht, Hinweise zum Umgang der DDR und der sowjetischen Truppen mit dem Lagergelände zu geben. Ein Rundweg soll um die Standorte des „Jugendschutzlagers", des Männerlagers und der Siemensproduktionsstätten führen.

Neben der 1993 neu eröffneten Ausstellung zur Lagergeschichte im ehemaligen Kommandanturgebäude wird seit 1994 eine zweite namens „Ravensbrückerinnen" gezeigt, die die Lebensgeschichte von 27 Frauen nachzeichnet. Anläßlich der Gedenkveranstaltung zum 50. Jahrestag präsentierte man außerdem die Ausstellung „Ich grüße Euch als freier Mensch" mit Dokumenten und Fotos zur Befreiung im Jahre 1945.

Geplant ist weiterhin, eine Tagungs- und Begegnungsstätte in einem der früheren SS-Wohnhäuser einzurichten.

Sachsenhausen

In Sachsenhausen bei Oranienburg wurde 1936, zeitgleich zur Olympiade in Berlin, mit dem Bau dieser als „Muster-Konzentrationslager" konzipierten Anlage begonnen. Häftlinge des Lagers Esterwegen im Emsland erbauten das von dem NS-Architekten Kuiper entworfene Lager. In der architektonischen Idee manifestierte sich das Streben nach absoluter Macht und Terror. Von einem Punkt des wie ein gleichschenkeliges Dreieck angelegten Lagers konnte der gesamte Komplex überwacht werden, durch einen Maschinengewehrposten im Turm A am Eingang.

Sachsenhausen war das „Konzentrationslager der Reichshauptstadt", in dem bis Kriegsbeginn vor allem deutsche Häftlinge aus politischen und „rassischen" Gründen gefangengehalten wurden. Hier erfolgte die Ausbildung der SS-Wachmannschaften in großem Umfang, die später in anderen Konzentrationslagern eingesetzt wurden. Architektonisch verband man die Gebäude im Lager mit Verwaltungsgebäuden, Kasernen und Wohnhäusern der SS.

Als die „Inspektion der Konzentrationslager" 1938 von Berlin nach Oranienburg verlegt wurde und im sogenannten „T-Gebäude" ihren Sitz bezog, wurde die Stadt zu einer der Zentralen des Terrors. Nach dem Willen Himmlers trug Oranienburg den Namen „Stadt der SS", analog zur „Stadt der Reichsparteitage" Nürnberg. Die Inspektion plante und organisierte akribisch die „Verwaltung" sämtlicher Häftlinge in Konzentrationslagern, was nicht nur Arbeitseinsätze oder Transporte, sondern auch medizinische Versuche und Tötungsaktionen an Häftlingen beinhaltete.

Waren zunächst vor allem Kommunisten, Sozialdemokraten und Gewerkschafter, waren Christen, Juden, Sinti und Roma, Pazifisten, Zeugen Jehovas, Homosexuelle und später, in der Diktion der Nationalsozialisten, „Berufsverbrecher", „Asoziale" und „Arbeitsscheue" inhaftiert, internierte die SS ab Beginn des 2. Weltkriegs dort außerdem viele Menschen aus den von Deutschland okkupierten Staaten sowie Kriegsgefangene. In den letzten Jahren stammte in Sachsenhausen der überwiegende Teil der Insassen aus anderen Ländern. Das für ungefähr 12.000 Insassen angelegte „Musterlager" faßte bald schon mehr als 60.000 Personen, und die ohnehin schlechten Lebensbedingungen wurden durch diese Überfüllung noch verschlimmert. Hunger, verschiedenste Strafen und Folterungen gehörten zum Alltag.

Die Häftlinge hatten in den berüchtigten, über 100 Außenlagern sowie Strafkommandos zu arbeiten, so unter anderem im sogenannten Klinkerwerk, in denen unter unmenschlichen Bedingungen schwerste Arbeit geleistet werden mußte. Die Zwangsarbeiten änderten sich allmählich: ging es zunächst noch um die Herstellung von für Bauvorhaben der Nazionalsozialisten benötigte Materialien, wie für die geplante Reichshauptstadt „Germania", setzte man bald die Häftlinge in immer stärkerem Maße in der Rüstungsproduktion ein.

1941 richtete die SS außerhalb der Lagermauer ein sogenanntes „Sonderlager" ein, in dem prominente Persönlichkeiten inhaftiert wurden. Unter ihnen waren der frühere österreichische Bundeskanzler Kurt Schuschnigg, der Unternehmer Fritz Thyssen sowie der Sohn Josef Stalins.

Spätestens seit 1941 verschärfte sich die Situation für einige Häftlingsgruppen noch. Psychisch Kranke wurden im Namen der „Euthanasie" selektiert und in Sachsenhausen sowie an anderen Orten ermordet („Aktion 14 f 13"). Mehr als 12.000 sowjetische Kriegsgefangene wurden unter anderem mittels einer „Genickschußanlage" umgebracht. Die seit 1941 beschlossene systematische Vernichtung der Juden und die Deportation aller jüdischen Gefangenen in die auf okkupiertem polnischen Terrain errichteten Vernichtungslager bedeutete den Tod für die meisten von ihnen.

1942 wurde in Sachsenhausen die „Station Z" erbaut, in der 1943 eine Gaskammer installiert wurde. Entsprechend der Logik der SS wählte man den Buchstaben Z, um die Endgültigkeit des Schicksals der hierhin geschickten Häftlinge zu symbolisieren. So waren die Voraussetzungen für systematisches Töten geschaffen, wurde auch Sachsenhausen zum Vernichtungslager.

Vor dem Herannahen der Front räumte die SS die Lager im Osten und brachte die Gefangenen unter anderem auch nach Sachsenhausen. Viele von ihnen wurden schließlich kurz vor Ende des Krieges hier ermordet. Als sich der Sieg der Alliierten abzeichnete, zwang man die Insassen von Sachsenhausen auf einen Todesmarsch Richtung Lübecker Bucht. Die Häftlinge sollten im Meer ertränkt werden. Lediglich die zu Schwachen und Kranken, ungefähr 3.000, ließ man im Lager zurück. Die geplante Vernichtung aller Zeugen scheiterte. Dennoch wurden selbst auf diesem letzten Weg noch Tausende Häftlinge erschossen, starben viele an Entkräftung.

Sowjetische und polnische Verbände befreiten Sachsenhausen am 22. beziehungsweise 23. April 1945. Sie nahmen das Lager kampflos ein, da die SS auch hier geflohen war. Etliche Häftlinge überlebten die Befreiung nur um Tage oder Wochen, weil sie völlig ausgezehrt und entkräftet waren. Insgesamt haben rund 200.000 Menschen aus 47 Nationen – darunter große Gruppen aus Polen, Rußland, Frankreich, Skandinavien – Sachsenhausen durchleiden müssen, die Hälfte von ihnen überlebte nicht.

Von August 1945 bis 1950 nutzte die sowjetische Militärverwaltung Sachsenhausen als Speziallager. Dort waren insgesamt mehr als 60.000 Menschen inhaftiert, darunter neben Nationalsozialisten auch zunehmend solche, die als „Klassenfeinde" galten. Durch Hunger und Entbehrungen kamen mehr als die Hälfte der Inhaftierten um, ihre Leichen wurden in Massengräbern bestattet. Nach der Auflösung des Speziallagers wurde der Kasernierten Volkspolizei das Gelände übergeben.

1961 fand die Eröffnung der Nationalen Mahn- und Gedenkstätte Sachsenhausen statt. Sie war mit den anderen Nationalen Mahn- und Gedenkstätten Buchenwald und Ravensbrück dem Ministerium für Kultur unterstellt, das durch seine Weisungsbefugnis Einfluß auf die konzeptionelle Gestaltung nehmen konnte. Im Statut von 1961 wurde die Funktion dieser Gedenkstätten formuliert. Bezeichnend ist, daß in einem Sieben-Punkte-Katalog erst an vierter Stelle die Darstellung „des SS-Terrors im Lager und seine Mißachtung des menschlichen Lebens" als Aufgabe formuliert wurde, während die weiteren Punkte die Darstellung des Widerstands, des Kampfes der Arbeiterklasse, „des wiedererstandenen Faschismus und Militarismus in Westdeutschland" sowie der „historischen Rolle der Deutschen Demokratischen Republik" umfaßten.

Die Gedenkstätte Sachsenhausen war mit neu errichteten Bauten gestaltet, die teilweise die authentischen Gegebenheiten veränderten. So errichtete man eine Mauer, die die Giebel der Lagerbaracken andeutet, nahm aber in Kauf, daß erhaltene Lagergebäude wie der Zellenbau oder die Krankenbaracken dadurch kaum mehr sichtbar waren. Die Station „Z" erhielt eine Bedachung, die einen Gedenkhallencharakter an diesem Ort suggerierte. Allerdings mußte für eine derartige Gestaltung die alte Lagermauer abgerissen werden, was nun vermuten ließ, daß man von den Lagerbaracken direkt auf die Station Z blicken konnte. Dies war aber nicht der Fall.

Nach der Wiedervereinigung 1990 war eine Neukonzipierung der Gedenkstätte dringend notwendig. Der grundsätzlich zu konstatierende „verordnete Antifaschismus" in der DDR war zu thematisieren. Problematisch waren unter anderem die Ausstellungen, die bestimmte Häftlingsgruppen in den Mittelpunkt rückten. Insbesondere die kommunistischen Widerstandskämpfer wurden in dieser Gedenkstätte ausführlich dargestellt, während andere Opfergruppen kaum beziehungsweise gar nicht erwähnt wurden. Damit ergab sich ein verzerrtes Bild der Situation in Sachsenhausen. Folglich galt es, Ausstellungen wie zum Beispiel diejenige in der Häftlingsküche zur Geschichte des Lagers und der Menschen im Lager zu überarbeiten. Die Problematik der nicht mehr authentischen Orte mußte ebenfalls bedacht werden.

In Sachsenhausen wurde damit begonnen, die Idee einer dezentralen Gedenkstätte zu realisieren. Danach werden hier an mehreren Orten Ausstellungen installiert, die in unmittelbarem räumlichen Bezug zum Thema stehen. Die jüdischen Baracken 38 und 39 wurden im September 1992 durch einen Brandanschlag beschädigt beziehungsweise zerstört. Die mutmaßlich neonazistischen Kreisen verbundenen Täter wurden zunächst freigesprochen, schließlich dann nach Revision und Wiederaufnahme des Verfahrens 1995 zu Haftstrafen verurteilt. Die Baracken sollen baulich neugestaltet werden. Ende März 1995 konnte man mit Sanierungsmaßnahmen beginnen, was auch im Hinblick auf die Gedenkveranstaltungen zum 50. Jahrestag der Befreiung von großer Bedeutung war.

Bei den Vorhaben der Stiftung im Jahr 1996 haben in Sachsenhausen der Aufbau der Baracken 38 und 39 sowie die Gestaltung der Lagerküche mit einer Ausstellung zur Geschichte der Gedenkstätte Priorität. Das von 1945 bis 1950 auf dem Lagergelände befindliche Speziallager des NKWD wird ebenfalls thematisiert. Da die Dokumentierung dieses Zeitabschnittes nicht zu einer Relativierung oder Gleichsetzung der beiden Lagersituationen führen darf, soll diese Ausstellung in einem Neubau neben dem sogenannten Kommandantenhof plaziert werden.

Brandenburg-Görden

Brandenburg an der Havel wird vor allem mit zwei der furchtbaren Unternehmen der NS-Zeit verbunden. Zum einen wurden hier fast 10.000 Menschen im Rahmen der grausamen „Euthanasie"-Aktion „T4" ermordet. Behinderte und Anstaltspatienten brachte man in das „Alte Zuchthaus" und tötete sie dort durch Gas.

Das Zuchthaus Brandenburg steht für ein weiteres Kapitel der nationalsozialistischen Geschichte. Mit dem Bau wurde 1927 in der Weimarer Republik begonnen. Die Planung sah vor, eine Justizvollzugsanstalt nach modernen Maßstäben zu gestalten. Die Fertigstellung erfolgte jedoch 1935 unter den Nationalsozialisten, was eine entsprechend andere Funktion nach sich zog. Vor allem zur Inhaftierung politischer Gefangener und Widerstandskämpfer wurde diese „Straf- und Sicherungsanstalt" genutzt. Aber auch andere Häftlinge wie Bibelforscher, Christen, Homosexuelle, Sinti und Roma mußten hier unter schwierigen Bedingungen leben. Tatsächlich wies die Situation in Brandenburg Parallelen zu derjenigen eines Konzentrationslagers auf. Das ursprünglich für 1.800 Häftlinge konzipierte Gebäude war bis 1940 mit rund 3.000 Personen belegt; gegen Kriegsende waren hier sogar, unter Berücksichtigung der Außenlager, 4.500 Häftlinge untergebracht. Neben der drangvollen Enge prägten Mißhandlungen und Strafen die Lebenssituation der Gefangenen. Sie wurden für kräftezehrende Zwangsarbeiten eingesetzt und an Betriebe der NS-Wirtschaft „ausgeliehen". Ab 1939 mußten in immer stärkerem Maße Arbeiten für die Rüstungsproduktion geleistet werden.

In den Jahren von 1940-45 wurden hier mehr als 1.700 Häftlinge aus politischen Gründen exekutiert, wobei die Zahl als nicht gesichert gilt, da die Unterscheidung in politische und „nichtpolitische" Hinrichtungen nicht exakt nachvollzogen werden kann. Entsprechend ist eine noch höhere Anzahl denkbar. Hier vollstreckte man hauptsächlich Todesurteile des Volksgerichtshofes, darunter etliche an Mitgliedern verschiedener Widerstands-Gruppierungen wie zum Beispiel des 20. Juli. Menschen aus vielen Ländern Europas fanden so ihren gewaltsamen Tod.

Als sich das Herannahen sowjetischer Verbände ankündigte, gelang es den schon zuvor in illegalen Strukturen operierenden Häftlingen, die Wachmannschaften zu entwaffnen. Befreit wurde das Zuchthaus am 27. April 1945 von sowjetischen Truppen. Nach vorübergehender Nutzung durch die Sowjets als Gefängnis für Kollaborateure, fand es im DDR-Strafvollzug ab 1949/50 seine Verwendung. Neben NS- sowie Kriegsverbrechern inhaftierte man zunehmend auch politische Oppositionelle der DDR.

Eine Möglichkeit zum Gedenken an die Opfer der Nationalsozialisten wurde relativ spät geschaffen. Zwar hatte schon 1950 der ehemalige Häftling Walter Hammer gesammelte Archivalien zur Verfügung gestellt und präsentiert, offizielle Gedenkräume richtete man jedoch erst 1975 im historischen Hinrichtungstrakt ein. 1988 wurde im Gefängnis Brandenburg-Görden eine der „Nationalen Mahn- und Gedenkstätten" der DDR errichtet. Geplant war ein großes Museum in der Stadt Brandenburg, was bedingt durch die Auflösung der DDR nicht mehr umgesetzt wurde. Entsprechende Empfehlungen der Expertenkommission führten zur Umformung der Gedenkstätte in eine

Dokumentationsstelle unter der Trägerschaft der 1993 gegründeten Stiftung Brandenburgische Gedenkstätten.

Auch heute stellt die Situation der Gedenkräume insofern eine Besonderheit dar, als Brandenburg-Görden weiterhin als Justizvollzugsanstalt genutzt wird. Im authentischen Hinrichtungsraum befindet sich neben einem Fallbeil ein Großfoto mit Perspektive in das Innere einer Todeszelle. Die Ausstellung im Vorraum gibt Informationen zu einzelnen Opfern sowie Opfergruppen. Aufgabenschwerpunkte der Dokumentationsstelle werden unter anderem Ausstellungen zu Justiz und Justizvollzug im Dritten Reich sowie zur „Euthanasie", die Erforschung der Geschichte der Außenlager, die Forschung zu jüdischen Gefangenen 1933-1945 und die Geschichte der politischen Strafjustiz der DDR bilden. Hierzu ist es erforderlich, in der Stadt Brandenburg einen Ausstellungsraum einzurichten.

Tröbitz

Im April 1945 wurden nicht nur die Konzentrationslager Sachsenhausen und Ravensbrück evakuiert, vielmehr mußten auch Häftlinge anderer Lager „auf Transport" gehen. Bei dem Tröbitzer Transport handelte es sich um Häftlinge des Lagers Bergen-Belsen in der Lüneburger Heide. Da laut Anweisung Himmlers kein Häftling lebend in die Hände des Feindes gelangen sollte, wurden sie bei Herannahen der britischen Truppen Anfang April von der SS in drei Eisenbahnzüge gezwungen. Sie sollten nach Theresienstadt gebracht und dort ermordet werden. Der letzte Zug mit 2.500 jüdischen Häftlingen verließ Bergen-Belsen am 10. April. Eine Irrfahrt begann: über Lüneburg und Lauenburg fuhr der Transport Richtung Berlin, und von dort Richtung Süden über Lübben, Lübbenau und Schipkau in Richtung Falkenberg. Angriffe der alliierten Luftwaffe forderten Tote. Außerdem war im Zug Flecktyphus ausgebrochen, was viele Gefangene während der Fahrt das Leben kostete.

Nach vermutlich zehn Tagen durchquerte der Zug Tröbitz und mußte schließlich an der Schwarzen Elster halten, da die Brücke über den Fluß gesprengt war. Am nächsten Tag wurde er ein Stück zurückgefahren, die SS floh schließlich, der Lokführer verschwand mitsamt der Lok. In der Nacht vom 22. auf den 23. April wagten sich einige Menschen aus dem Zug und erbaten Nahrung auf umliegenden Gehöften. Am folgenden Tag erreichten sowjetische Soldaten Tröbitz; sie fanden den Zug am Bahnkilometer 106,7 auf. Sie entdeckten zwischen 200 Toten kaum noch Lebendige, Hungernde, Kranke. Man brachte die mehr als 2.000 Menschen in Tröbitz unter und versuchte, sie zu retten und eine Typhusepidemie zu verhindern.

Die 700 Bürger der Gemeinde wurden im Augenblick der Befreiung direkt mit dem Vernichtungsdrang der Nationalsozialisten konfrontiert. Ein Dorf, in dem zuvor kein Jude gelebt hatte, erlebte nun unmittelbar die furchtbaren Auswirkungen des Genozids. Die Tröbitzer wurden von den sowjetischen Soldaten dazu angehalten, die Befreiten zu pflegen und mit Nahrungsmitteln zu versorgen. In Tröbitz-Nord richtete man in einem ehemaligen Zwangsarbeiterlager ein Krankenlazarett ein. Dennoch starben 320 Menschen an den Folgen von Typhus. Die letzte Tote aus Bergen-Belsen setzte man im Juni 1945 bei. Auch 26 Tröbitzer konnten nach ihrer Infizierung nicht mehr gerettet werden.

Die Toten wurden von den überlebenden Befreiten auf einem Friedhof beigesetzt, und 1966 weihte man hier den jüdischen Ehrenfriedhof ein. In Tröbitz markiert ein Gedenkstein den Ort, an den Opfer aus anderen Gräbern umgebettet wurden. Die Inschrift ist sehr allgemein gehalten und im Stil der in der DDR üblichen Sprachregelung verfaßt: „...unsere Toten / die Bannerträger namenloser Kameraden". Beide Stätten wurden von Tröbitzer Bürgern gepflegt. Weitere Zeugnisse des Zuges sind ein Gedenkstein in Langennaundorf, der an hier begrabene Tote aus dem Zug erinnert, und einige Einzelgräber in der Umgebung.

Anhand der Gräber auf dem jüdischen Friedhof erstellte die Tröbitzerin Erika Arlt Listen mit den Namen und Daten der Verstorbenen. Ihre Arbeit bildete die Grundlage für die 1995 errichtete Gedenkwand.

Die in Israel ansässige Organisation „Lost Transport" Victims Memorial Society Bergen-Belsen-Tröbitz bereitete anläßlich der 50. Wiederkehr des Datums der Befreiung eine Gedenkreise vor, die der damaligen Route des Zuges folgte und in Tröbitz endete. Am 28. April 1995 fand auf dem jüdischen Friedhof eine bewegende Zeremonie mit 160 Überlebenden und Angehörigen statt. Dort enthüllte man eine Gedenkwand mit schwarzen Granittafeln, worauf in hebräischen und deutschen Schriftzeichen die 521 bekannten Namen der Toten des „lost transports" graviert sind. Diese Tafeln hatte die Memorial Society in Israel in Auftrag gegeben und nach Tröbitz mitgeführt. Mit der Stätte richtete die Gemeinde und das Land Brandenburg eine Möglichkeit des Trauerns um jedes Opfer als Inidividuum ein.

Die guten Beziehungen zwischen Tröbitzern und der jüdischen „Lost Transport Society" konnten durch diese Begegnung noch vertieft werden. Von Bedeutung war für den Austausch von Überlebenden und Angehörigen mit Tröbitzer Bürgern auch eine von Schülern der 11. Stufe des Finsterwalder Sängerstadtgymnasiums zusammengestellte Ausstellung mit Dokumentation über den Zug. Bei ihren Recherchen erhielten die Schüler Informationen sowie Fotos und Dokumente von Überlebenden, von Museen und Gedenkstätten.

Zukünftiges Gedenken

Nachdenken über den Umgang mit Erinnern und Gedenken

War es 1995 möglich, gemeinsam mit sehr vielen überlebenden Opfern des nationalsozialistischen Regimes zusammenzutreffen und zu gedenken, so wird in den nächsten Jahren eine andere Erinnerungsform entwickelt werden müssen, die nicht durch den Austausch und das Gespräch mit Überlebenden geprägt sein wird.

Wie wird sich Erinnern verändern, wenn die meisten Zeugen in absehbarer Zeit nicht mehr unmittelbar Zeugnis werden ablegen können? Stellen deshalb diese Jahre bezogen auf die „Gedenkkultur" eine Zäsur dar? Welche Bedeutung kommt den in Deutschland so zahlreichen „authentischen Orten" zu, an denen die Nationalsozialisten ihre Verbrechen verübten? Wie kann in Deutschland nach dem 50. Jahrestag der Befreiung gedacht werden?

Die Diskussionen um die Gedenkstätten an den Orten der nationalsozialistischen Verbrechen und ein zukünftiges Holocaust-Mahnmal in Berlin verweisen auf die Schwierigkeit, einen Konsens über „das Gedenken" zu finden. Gedenken kann in verschiedenen Formen praktiziert werden. Zweifellos gehört neben den notwendigen datumsorientierten öffentlichen Gedenktagen auch die individuelle Beschäftigung mit dem Nationalsozialismus und seinen Opfern dazu.

Fachleute haben für dieses Kapitel Stellungnahmen verfaßt, in denen sie anhand der oben angeführten Fragen Thesen zum Gedenken nach dem 50. Jahrestag der Befreiung formulieren. Neben Gedenkstättenleitern aus anderen Bundesländern wie Berlin, Hamburg und Bayern äußern sich Wissenschaftler und berufene Persönlichkeiten, die sich seit Jahren mit unterschiedlichen Aspekten des Nationalsozialismus und insbesondere mit der Gedenk-Thematik befassen.

Konsens besteht über die besondere Bedeutung der authentischen Orte sowie der dort befindlichen Gedenkstätten als wichtigste Bezugspunkte für die Auseinandersetzung mit der nationalsozialistischen Geschichte. Unterschiedliche Akzentuierungen und Interpretationen illustrieren die Vielschichtigkeit der Thematik und eröffnen Perspektiven für eine kontiniuerliche Erinnerungsarbeit.

Formen der Erinnerung

IGNATZ BUBIS

Gedenken in Deutschland macht doppelten Sinn:

zum einen sollte dabei der Opfer, die durch den deutschen Nationalsozialismus umgekommen sind, in einer würdigen Form gedacht werden;

zum anderen ist dieses Gedenken auch notwendig, damit künftige Generationen aus der Geschichte lernen.

Ob dem in „angemessener" Weise gedacht werden kann, wird immer vom Veranstalter des Gedenkens abhängig sein, und es darf nicht der Eindruck einer Routineveranstaltung entstehen.

Ich glaube, daß es eine solche angemessene Form sehr wohl gibt. Die Gedenkveranstaltungen zum 50. Jahrestag der Befreiung vom Nationalsozialismus haben dies deutlich gemacht. Sicherlich hätten manche Kreise das Jahr 1995 mit den Gedenkveranstaltungen gern als eine Zäsur beziehungsweise als Abschluß gesehen.

Tatsächlich entstanden durch diese Veranstaltungen Denkanstöße, die auch beinhalteten, ob das nicht der Beginn einer anderen Form der Erinnerung sei.

Die Jüdische Gemeinschaft in aller Welt begeht den „Yom Hashoa we gwurah", den Gedenktag zur Erinnerung an das ermordete europäische Judentum und den heldenhaften Widerstand in der Nazizeit.

Dieser Tag geht zurück auf den 19. April 1943, den Tag der Zerstörung des Warschauer Ghettos. Wir denken dabei an die Männer, Frauen und Kinder, die es vorgezogen haben, in einem ungleichen Kampf mit der Waffe in der Hand zu sterben, als sich willenlos in die Gaskammern deportieren zu lassen. Wir vergleichen sie mit den Helden von Massada, die ebenfalls bis zum letzten Mann kämpften und sich nicht ergeben wollten.

Wir, die wenigen Überlebenden dieser Zeit, sind nicht in der Lage, einen Tag zur Erinnerung an unsere eigene Befreiung zu feiern, und dennoch ist der 8. Mai 1945 der Tag der Befreiung der Menschheit vom Nationalsozialismus und dessen Barbarei.

Zu wenige von uns haben überlebt, und zu viele von uns wurden ermordet. Wie soll ich den Tag meiner eigenen Befreiung feiern – es war der 16. Januar 1945 –, wenn ich weiß, daß mein Vater, mein Bruder, meine Schwester diesen Tag nicht erlebt haben? Wie sollen wir unsere Befreiung feiern, wenn wir wissen, daß Millionen von uns diesen Tag nicht erlebt haben?

Es ist ein Tag, an dem wir alle der Ermordeten, der Vernichteten unseres Volkes gedenken. Wir gedenken dabei zugleich und gemeinsam auch allen anderen Opfern der Nazi-Barbarei, die geknechtet, gequält, geschändet und umgebracht wurden, weil sie nach nationalsozialistischem Sprachgebrauch „andersrassig", „andersartig", „Untermenschen" oder politisch Andersdenkende waren. Gleiches galt für das sogenannte „unwerte Leben".

Viele Überlebende fragen sich, ob wir denn überhaupt das Recht haben, im Namen dieser Opfer zu sprechen, und ob schweigendes Gedenken nicht angemessener wäre. Ich meine eindeutig nein, und ich will dieses auch begründen:

Nach dem 8. Mai 1945 haben wir alle geglaubt, daß Krieg und Unrecht nach den Lehren der Zeit des Nationalsozialismus mit mehr als 50 Millionen Toten und einem zerstörten und verwüsteten Europa die Menschheit gelehrt hätte, in Frieden untereinander zu leben. Heute wissen wir, daß dem nicht so ist.

Viele haben Jahrzehnte ihr eigenes Erleben verschwiegen. Das war nicht nur bei den Tätern der Fall, sondern auch bei den Opfern, die wie durch ein Wunder überlebt haben. Eli Wiesel, selbst Überlebender von Auschwitz und Buchenwald, meinte, „man kann es nicht erzählen, aber man darf es nicht verschweigen".

Wir dürfen es nicht der Toten wegen, aber wir dürfen es auch nicht wegen der heutigen Generation und auch nicht wegen der künftigen Generationen. Wie wollen wir auch sonst aus der Geschichte lernen.

Werden die nächsten Generationen sich überhaupt das eigentlich Unvorstellbare vorstellen können, wo doch schon wir gar nicht oder kaum in der Lage sind, das Geschehene zu begreifen?

Wie sollen künftige Generationen begreifen, daß es nach Schätzungen der Hamburger Forschungsstelle für die Geschichte des Nationalsozialismus, 1944 im Reichsgebiet etwa 38.000 Lager mit 5.721.833 ausländischen Zwangsarbeitern, überwiegend aus Polen und der Sowjetunion – davon in Berlin 700 Lager mit etwa 350.000 Insassen – gegeben hat? Dazu kamen noch die vielen Lager mit 1,9 Millionen Kriegsgefangenen, die als Beschäftigte galten.

Wie sollen unsere Kinder und Enkelkinder über die Vernichtungslager wie Auschwitz, Treblinka, Majdanek, Sobibor und andere oder über die „nur" Konzentrationslager wie Bergen-Belsen, Sachsenhausen, Buchenwald oder Dachau erfahren und wie es in diesen Lagern zugegangen ist? Solche, sogenannte Konzentrationshauptlager, gab es 22 mit 1.202 KZ-Außenkommandos.

Wie sollen unsere Kinder erfahren, daß zum Beispiel in Bergen-Belsen die unmenschlichen Verhältnisse so waren, daß noch nach der Befreiung bis Juni 1945 13.000 Menschen starben, die durch die Haftzeit so geschwächt waren, daß sie teilweise keine Nahrung mehr aufnehmen konnten? Müssen wir ihnen nicht erzählen, daß die britische Armee nach der Befreiung des Lagers Zehntausende von Toten vorgefunden hat, die noch nicht bestattet waren?

Der Drang zur Vernichtung war so ausgeprägt, daß noch 1945, als der Krieg längst verloren war, immer noch Hunderttausende von KZ-Insassen aus Lagern in Polen nach Deutschland transportiert wurden oder auf Fußmärsche, die auch Todesmärsche genannt wurden, geschickt wurden, und deren Arbeitskraft bis zur Vernichtung ausgebeutet wurde, bevor sie starben.

Andrzej Szczypiorski sagte in Sachsenhausen bei der dortigen Gedenkveranstaltung: „Gerade deswegen sind wir auf dem Appellplatz. Die, die dem Tod entronnen sind, sollen mit ihrer Gegenwart, mit ihrem Gedächtnis, mit ihrem ganzen Leben bezeugen das Leid und den Tod derer, die umgekommen sind. Die, die am heutigen Appell teilnehmen, wurden durch das Schicksal bestimmt, die Abwesenden für immer zu vertreten."

Über die Formen der Erinnerung sollte diskutiert werden, sonst besteht die Gefahr, daß tatsächlich dem offiziellen Gedenken eine Alibifunktion zugewiesen wird.

Dabei sollte der Unterricht an den Bildungsanstalten nicht vernachlässigt werden. Es muß aber auch weitere Kreise umfassen, denn es darf nicht übersehen werden, daß auch das Elternhaus eine wichtige Rolle in diesem Kontext spielt.

Der authentische Ort spielt für das Gedenken eine ganz wichtige Rolle. Es sind die authentischen Orte, die mehr aussagen als jede museale Einrichtung. Dabei muß konzeptionell so verfahren werden, daß den Gedenkstätten Begegnungsorte für junge Menschen aus aller Welt angeschlossen werden sollten. Das Lernen und der Dialog vor Ort spielen eine entscheidende Rolle.

Aufgrund der Geschichte der letzten 50 Jahre spielt die Situation in den Gedenkstätten der neuen Bundesländer eine besondere Rolle. Dort teilt sich die Geschichte in die Jahre 1933 bis 1945 und 1945 bis 1989. Diese beiden Geschichten dürfen nicht miteinander vermischt werden, und jeder dieser Zeitabschnitte muß in einer gesonderten Form dargestellt werden.

Die Um- beziehungsweise Neugestaltung der Gedenkstätten in den neuen Bundesländern benötigen viel Sensibilität und sind eine wichtige Aufgabe.

Gedenken nach dem Jahrestag

ROMANI ROSE

Ohne Zweifel ist der 50. Jahrestag der Befreiung der nationalsozialistischen Konzentrations- und Vernichtungslager ein historischer Einschnitt. Vollends nach dem Tod der letzten Überlebenden wird es schwieriger sein, die Erinnerung an die Opfer der nationalsozialistischen Schreckensherrschaft aufrecht zu erhalten und ihr Vermächtnis zu bewahren – wird doch trotz gegenteiliger politischer Beteuerung der 50. Jahrestag der Befreiung von vielen als „Schlußstrich" verstanden. Den in den letzten Jahren immer stärker werdenden Versuchen, die in deutschem Namen begangene Schuld aufzurechnen und die NS-Völkermordverbrechen zu relativieren – erinnert sei nur an die Gleichsetzung der Opfer des NS-Völkermords mit den Opfern des Stalinismus – werden wir uns künftig wohl immer stärker widersetzen müssen. Historisches Gedächtnis ist gleichbedeutend mit dem Bewußtsein, daß deutsche Identität auch nach der Vereinigung untrennbar mit der geschichtlichen Erfahrung des Holocaust an Sinti und Roma sowie an Juden verbunden bleibt: als Versuch der vollständigen Vernichtung einer Gruppe von Menschen aufgrund ihres bloßen Daseins.

So sehr wir offizieller Gedenkakte bedürfen, so wenig können diese eine breite Bewußtseinsbildung ersetzen. Historische Erinnerung kann nicht nur in den Parlamenten oder an Jahrestagen stattfinden. Hier kommt der Schule sowie den Gedenkstätten im Rahmen der politischen Bildung eine besondere Bedeutung zu. Gerade an den ehemaligen Orten der Verfolgung lassen sich die mörderischen Folgen von Ausgrenzung und Rassismus jungen Menschen vor Augen führen; als internationale Begegnungsstätten machen sie Toleranz und Verständigung immer wieder von neuem erfahrbar. In diesem Zusammenhang darf nicht verschwiegen werden, daß viele Mahn- und Gedenkstätten – exemplarisch sei nur Dachau genannt – noch immer über eine völlig unzureichende finanzielle Ausstattung verfügen, welche in diametralem Widerspruch steht zu ihrer geschichtlichen und politischen Bedeutung.

Was die Situation der Gedenkstätten in den neuen Bundesländern betrifft, so zeugen die neu erarbeiteten Ausstellungen nicht nur vom Engagement der dortigen Mitarbeiter, sondern auch von der kritischen Auseinandersetzung mit dem Umgang des NS-Erbes nach 1945. Bei aller berechtigten Kritik am staatlich verordneten Antifaschismus der ehemaligen DDR dürfen indes die bundesrepublikanischen Defizite bei der Aufarbeitung des NS-Erbes nicht verschleiert werden – der jahrzehntelang verdrängte Völkermord an den Sinti und Roma ist hierfür das beste Beispiel. Überdies zeigt sich, daß gerade die konkreten regionalen Bezüge viele Menschen dazu veranlassen, sich intensiv mit der NS-Vergangenheit ihres Heimatortes oder ihrer Region auseinanderzusetzen. NS-Verbrechen haben nicht nur in den großen Konzentrationslagern stattgefunden, sie vollzogen sich in unzähligen Außenkommandos vor aller Augen. Wir haben es den vielen Privatinitiativen von engagierten Bürgern zu verdanken, daß Geschichte vor Ort aufgearbeitet wurde und Stätten der Erinnerung eingerichtet worden sind: Auch diese Arbeit verdient unsere Beachtung und unseren Respekt.

Vor allem erscheint es mir wichtig, historische Erinnerung nicht nur als einen rückwärts gewandten Akt zu begreifen, sondern die Brücke zur Gegenwart zu schlagen. Kann die Auseinandersetzung mit den NS-Verbrechen zur Immunisierung gegen rechtsextremes Gedankengut beitragen? Ich denke, der Blick zurück kann zumindest sensibel machen für heutige Formen von Ausgrenzung und Gewalt. Gedenken schließt immer mit ein das Besinnen auf die humanitären Grundlagen unserer demokratischen Kultur. Nicht zuletzt der europaweit wiedererstarkte Terror von rechts – wie auch der furchtbare Bürgerkrieg im ehemaligen Jugoslawien – haben uns gezeigt, daß Demokratie und Menschlichkeit nicht selbstverständlich sind, sondern daß es Menschen bedarf, die engagiert für diese Werte eintreten. Bei dem Bemühen, uns unserer demokratischen Grundwerte immer wieder neu zu vergewissern, spielt das Gedenken an die Opfer der nationalsozialistischen Schreckensherrschaft eine wesentliche Rolle.

Noch ein Wort zur Bedeutung der authentischen Orte. Ihre Bedeutung als ursprüngliche Stätte der Verfolgung – und damit zugleich als Symbole für die nationalsozialistischen Verbrechen schlechthin – kann keinesfalls als Einwand gegen die Notwendigkeit eines zentralen Holocaust-Mahnmals für Sinti und Roma sowie für Juden in Berlin gelten. Schließlich befand sich die Zentrale des nationalsozialistischen Terrorapparats mitten in der ehemaligen Reichshauptstadt; von hier nahmen die größten Verbrechen in der Geschichte der Menschheit ihren Ausgang. Auch mit Blick auf künftige Staatsbesuche ist es daher unabdingbar, ungeachtet der Mahn- und Gedenkstätten auf deutschem Boden ein nationales Holocaust-Mahnmal für Sinti und Roma wie für Juden im Zentrum Berlins zu errichten: als unübersehbares Zeichen der Erinnerung und Mahnung zugleich.

Zukünftiges Gedenken

WOLFGANG BENZ

Monumentale Zeichen der Erinnerung sind wichtig als öffentlicher Ausdruck des Gedenkens und der Trauer. Um so peinlicher, daß (und wie) im Gedenkjahr 1995 das Projekt eines Holocaust-Denkmals in Berlin ins Stocken geraten ist. Im Ausland können sich jetzt alle bestätigt fühlen, die daran festhalten, daß „die Deutschen" sich der bösen Erinnerung verweigern, daß in deutschen Schulen angeblich vom Holocaust keine Rede ist, daß die Deutschen unverbesserlich sind. Das Vorurteil ist bequem und international konsensfähig, und es läßt sich durch flüchtige journalistische Eindrücke immer wieder leicht bestätigen. Eine Kampagne zur Errichtung eines zentralen Holocaust-Museums in Deutschland macht sich durch Appelle an Prominente und an Politiker solches Unbehagen und den gelegentlichen Druck aus dem Ausland zunutze. Aber das Projekt ist so unnötig wie kontraproduktiv. Denn was in Washington sinnvoll und in Jerusalem unerläßlich ist, die Stätte des Gedenkens, die wegen der geographischen Ferne von den Orten der Verbrechen mit musealen Mitteln arbeiten muß, das würde in Europa allenfalls den Schrecken verharmlosen und Unerträgliches erträglicher zu machen suchen.

Als Stätten des Gedenkens dienen in Deutschland authentische Orte, Dachau und Buchenwald, Ravensbrück und Sachsenhausen und viele andere, das Haus der Wannseekonferenz in Berlin oder das Nürnberger Parteitagsgelände: Orte, die nicht nur den Terror des NS-Systems repräsentieren, sondern auch die Hinnahme und Teilnahme der Deutschen an den Verbrechen. Diese Gedenkstätten, Lernorte und Räume der Erfahrungen, die über Geld- und Personalmangel klagen, von denen einige kaum den Ansturm der Schulklassen und anderer Besucher bewältigen, haben die Aufgabe, durch Konkretisierung historischen Geschehens rational und emotional Hilfen zu leisten beim Erkennen und Verstehen von nationalsozialistischer Herrschaft, von Zustimmung, Verfolgung und Widerstand. Ein schickes Museum kann diese Funktion des öffentlichen Erinnerns nicht zentral und repräsentativ erfüllen.

Öffentliche Erinnerung ist notwendig zur Sinnstiftung in der politischen Kultur, sie bedarf bestimmter Formen der Ritualisierung und Konkretisierung. Dazu dient auch der Gedenktag zum Holocaust, der künftig begangen wird. Zu fürchten ist freilich, daß Monumentalisierung und Ritualisierung der Anlässe dem Pathos der einmaligen Betroffenheit mehr dienen als nachdenklicher Erinnerung, daß die allgemeine Ergriffenheit als Medienereignis abgefeiert wird, worauf man beruhigt zur Tagesordnung übergeht.

Statt der Aufwallung am Jahrestag, statt zentraler und medienwirksamer Stilisierung, die sich den Geboten der Arithmetik der runden Zahl unterwirft, ist alltägliche Erinnerung als Teil öffentlichen Bewußtseins anzustreben: Feiertägliche Beschwörungen und Beschwichtigungen ohne individuelles Erinnern bleiben wirkungslos, öffentliche Inszenierung ersetzt nicht die private Auseinandersetzung. Und dazu sind vor allem Gedenkstätten notwendig, authentische Orte, an denen Historisches anschaulich wird, an denen sich nachvollziehen läßt, was geschah. Das gilt für die sowjetischen

Soldatengräber und Denkmale in brandenburgischen Dörfern ebenso wie für nationalsozialistische KZ-Außenlager in Bayern, für die Überreste von Auschwitz und anderen Vernichtungsstätten in ganz Europa, für die Zeugnisse monumentaler nationalsozialistischer Bauwut wie für Orte, an denen Menschen von entarteter Justiz im Namen menschenfeindlicher Ideologie zu Tode gebracht wurden.

Erinnerung braucht Orte mit der Aura des Geschehenen als Kristallisationskerne des Verstehens, braucht Gedenkstätten, die darüber hinaus Erklärungen anbieten und über das rationale Verstehen persönliche Aneigung ermöglichen.

...die einzig angemessene Form des Gedenkens...

HENRYK M. BRODER

Ich verstehe Ihr Anliegen und wünsche Ihnen dafür alles Gute. Nur bin ich nicht willens, mich an einer virtuellen Debatte zu beteiligen, die zum Selbstzweck geronnen ist. Noch eine Gedenkstätte, noch ein Mahnmal, noch eine Diskussion über den Sinn und Unsinn des Gedenkens in Deutschland.

Ich schlage vor, das Land Brandenburg ergreift die Initiative für eine Initiative zur materiellen Entschädigung der letzten noch lebenden Opfer des Nationalsozialismus – der Juden in Polen, die durch alle Fristenregelungen gefallen sind, wie der deutschen Wehrmachtdeserteure, die bis heute als Kriminelle gelten.

Das hielte ich für die einzig angemessene Form des Gedenkens, und an einer solchen Aktion würde ich mich sofort beteiligen.

Lernen für Gegenwart und Zukunft

STEFANIE ENDLICH

Einen bisherigen Höhepunkt der öffentlichen Aufmerksamkeit für das Thema Gedenken sehe ich in den Veranstaltungen zum 50. Jahrestag. Sie bieten besonderen Anlaß für kritische Bilanz und für Perspektiven-Diskussion. Allen, die sich seit vielen Jahren um kontinuierliche Aufklärungs- und Vermittlungsarbeit bemühen – gerade auch um Gedenkstätten-Arbeit –, ist natürlich die Diskrepanz schmerzhaft bewußt, die zwischen den politischen und publizistischen Anstrengungen für die Feiern und den restriktiven Rahmenbedingungen der Alltagsarbeit klafft. Und berechtigt scheint die Sorge, die Jahrestags-Veranstaltungen könnten „Schlußstrich-Inszenierungen auf hohem Niveau" gewesen sein (wie Detlef Garbe, Leiter der KZ-Gedenkstätte Neuengamme, fragend formuliert hat) und nicht Ausdruck gesellschaftlichen Verantwortungsbewußtseins für die Zukunft.

Ein Kraftakt waren die Feiern zwar für alle Personen, die sie organisierten, die sie betreuten und die sie finanziell überhaupt erst möglich gemacht haben. Doch einmalige Großereignisse sind grundsätzlich leichter realisierbar als die dezentralen, alltäglichen Auseinandersetzungen ohne spektakuläre Medienwirkung. Erkennbar ist dies gerade bei den neu definierten Orten der gesamtstaatlich angelegten „Gedenkkultur": bei der Berliner Nationalen Gedenkstätte Neue Wache zum Beispiel, vom Kanzler persönlich durchgepowert. Oder beim geplanten „Denkmal für die ermordeten Juden Europas", selbstbewußte Projektion eines zentralen deutschen Gedenkortes schlechthin, für dessen Realisierung Bund und Land Berlin großzügig Gelder und Filetgrundstück zur Verfügung stellen wollen. Wie in anderen kulturellen Sparten gilt auch im Gedenkstättenbereich, daß angebliche Mittelknappheit faktisch ein Verteilungsproblem ist. Gelder fließen dorthin reichlich, wo politische Prioritäten gesetzt sind.

Bewußt wurde während der Befreiungs-Festveranstaltungen die aktuelle Nachricht verschwiegen, daß Mittelkürzungen für die zukünftige Gedenkstättenarbeit schon beschlossene Sache waren. Das hätte kritische Nachfragen provozieren können bei der internationalen Presse und nicht zuletzt auch bei den eingeladenen Überlebenden. Die Restriktionen wurden dann später öffentlich gemacht, als angesichts der Vielzahl der Gedenkjahr-Berichte das öffentliche Interesse schon ermattet war. Daß die Betreuung von Schülergruppen nicht mehr gewährleistet ist und Mittel für notwendigste Instandsetzungen fehlen, wird überdeckt von politischen good-will-Erklärungen bis hin zur kostenlosen Proklamation eines nationalen Gedenktages, der demonstrieren soll, wie hoch das Thema angesetzt ist.

Wo bleibt das Positive? Vor allem im qualitativen Unterschied zwischen den in diesem Buch dokumentierten Gedenkfeiern und den beiden genannten – und weiteren – Großprojekten. Bei allen Diskrepanzen und Defiziten, die nicht verschwiegen werden dürfen, waren die Feiern doch eingebunden in die kontinuierliche Gedenkstättenarbeit. Sie waren durch diese erst möglich geworden und geben Impulse zurück. Es wird darauf ankommen, solche Verbindungslinien wahrzunehmen, auch wenn sie leise und verletzlich sind, sie zu stärken und sie in der oft merkwürdig abgehobenen gegenwärtigen Auseinandersetzung um Formen des Gedenkens gewissermaßen als Wegweiser zu nutzen.

Beim Versuch, diese qualitativen Besonderheiten kurz zu umreißen, geht es vor allem um die Rolle der einzelnen Orte und um die Menschen, die hier einst gequält wurden. Mit den Gedenkfeiern ist es gelungen, die Aufmerksamkeit der Öffentlichkeit auf die authentischen Stätten zu konzentrieren. Diese Orte sind konkret. Sie sind keine artifiziellen Sinnbilder, sondern – als Gesamtareal und in ihren Einzelelementen – „topoi" im realen und übertragenen Sinn, Tatorte in der „Topographie des Terrors". Sie verweisen – ungeachtet mancher symbolhafter Setzungen und Überformungen – auf die Realität der historischen Ereignisse, auf Verfolgung und Mord, auf Entstehungsbedingungen, Folgewirkungen und Verflechtungen.

Die ehemaligen Konzentrationslager, Gefängnisse, Folterstätten, Todesstätten mit ihren Massengräbern, baulichen Relikten und Dokumentations-Ausstellungen erlauben nicht eine diffuse, von Selbstmitleid und Erhabenheitsgefühlen durchtränkte Trauer, wie sie an abstrakten Gedenkorten gern zur Schau gestellt wird. Sie geben einen Eindruck vom Funktionieren des Systems, vermeiden es jedoch, die hieraus erwachsenden Fragen unter einem nebulösen Kranz von Antworten zuzudecken. Im besten Fall soll es um „erinnernde Gerechtigkeit" gehen und nicht um „historische Tragik" und „allmenschliche Erschütterung", wie Micha Brumlik in kritischer Auseinandersetzung mit der „Neuen Wache" formulierte.

„Erinnernde Gerechtigkeit" kann jedoch nur ein Ausdruck für eine Form der Annäherung sein, für eine Sichtweise, die die Analyse der historischen Ereignisse mit den – damals von den Tätern außer Kraft gesetzten – Werten menschlichen Zusammenlebens verbindet. Gerechtigkeit ist den überlebenden ehemaligen Häftlingen nie zuteil geworden. Daß so viele von ihnen 1995 an den Orten ihrer Leiden zusammenkommen konnten, daß sie samt Begleitung zu Reise und Aufenthalt eingeladen wurden, war keine großzügige Geste, die Politiker schmückt und Bürger beeindruckt, sondern ein Stück allzu spät gekommener Selbstverständlichkeit. Mit dieser Einsicht – und nur mit ihr! -konnte es gelingen, die Gedenk-Orte auf eine andere Weise zu sehen als bisher. Das zweite wichtige Verdienst der Gedenk-Feiern war daher, den Blick der deutschen Teilnehmer, Zuschauer, Zuhörer, Leser, den Blick der jungen Besucher und der Gedenkstätten-Mitarbeiter auf die Menschen zu richten, die als Überlebende aus vielen Ländern hierher gekommen waren.

Haben wir diese Chance genutzt? Haben wir zugehört? Haben wir uns ihre Biographien, ihre Leidens-Erfahrungen vor Augen gehalten? Zerstörte Lebensjahre, ruinierte Gesundheit, Ängste bis in die Gegenwart hinein. Hatten wir die Geduld und den Mut, mit ihnen ins Gespräch zu kommen? Haben wir die Anstrengung unternommen, die vermeintlich bekannten Orte mit ihren Augen neu zu sehen und ihre Erinnerungen anzuhören?

Allzu gut haben wir uns daran gewöhnt, die Gedenkstätten-Diskussionen als selbsternannte „Anwälte" der Betroffenen zu führen, mit bestem Wissen und Gewissen, weil es ja nicht nur um würdige Mahnmale für die Opfer geht, sondern um Lernen für Gegenwart und Zukunft. Kunst und Architektur, historische Analyse und pädagogische Vermittlung sind in diesem Sinne „professionalisiert".

Dieses erste und sicherlich wohl letzte Treffen der Überlebenden bot viele bewegende Augenblicke. Die gingen manchen ans Herz, die meinten, das Thema längst im Griff zu haben. Die Schiffsfahrt mit den alten Männern aus Polen und Rußland zum Klinkerwerk von Oranienburg-Sachsenhausen, ihre Suche nach Erkennungspunkten, ihre Nervosität, ihr Schweigen und ihre Freundlichkeit gegenüber den deutschen Begleitern – diese Erlebnisse wurden für mich zum Prüfstein für weitere Arbeit an dem Thema und hoffentlich zum Korrektiv für vorschnelle Selbstsicherheit.

Die Befreiungs-Feiern konnten nicht mehr sein als ein kleines Zeichen der Hochachtung. Umso schmerzlicher das Wissen und die Scham um die jahrzehntelang versäumten Möglichkeiten, diesen und unzähligen anderen Überlebenden die finanziellen Entschädigungen zukommen zu lassen, die ihnen als allermindestes Zeichen gerechterweise zustehen.

Zur Frage künftigen Gedenkens

BERND FAULENBACH

Die Gedenkveranstaltungen zum 50. Jahrestag der Befreiung der Konzentrationslager haben noch einmal eine recht große Zahl von – heute betagten – überlebenden früheren Häftlingen und anderen Zeitzeugen mit den nachkommenden Generationen zusammengebracht. Zwangsläufig wird die Rolle der existentiell mit den NS-Verbrechen verbundenen Menschen, der Opfer, die im Zentrum bisheriger Gedenkkultur standen, in den nächsten Jahren rapide abnehmen. Dies wird auch das Verhältnis der Gesellschaft zur NS-Vergangenheit verändern.

Die demokratische politische Kultur des vereinigten Deutschland wird jedoch auch künftig die Erinnerung an das Geschehen der NS-Zeit pflegen wollen und müssen, da die Erfahrung des Totalitarismus und seiner Verbrechen ihr Selbstverständnis mit prägt. Die Gedenkstätten werden -mit dem Verschwinden der Zeitzeugen – als authentische Orte kollektiver Erinnerung eher noch an Bedeutung gewinnen, da sie Spuren des Geschehens konkret erfahrbar machen, sie werden auch in Zukunft Orte der Erinnerung und der Trauer sein. Dabei wird dieses Gedenken weiterhin – etwa an Gedenktagen – in institutionalisierten „ritualisierten" Formen ablaufen, die dazu auffordern, sich mit dem Undenkbaren auseinanderzusetzen.

Zugleich bedarf es neuer Wege, das Geschehen zu vergegenwärtigen. Dazu sind die Gedenkstätten teilweise umzugestalten. In den Gedenkstätten bedarf es besonderer Anstrengungen, die Spuren des historischen Geschehens zu entschlüsseln. Das Geschehene wird zunehmend den Besuchern nicht mehr geläufig sein – andere schreckliche Ereignisse werden ihnen näher liegen; es muß samt seiner historischen politischen-gesellschaftlichen Kontexte – auch wenn dies nur bedingt möglich ist – visuell dargestellt werden.

Die historischen Dokumentationsausstellungen werden deshalb an Gewicht gewinnen; vieles spricht dafür, sie zu historischen Museen auszubauen, in denen die Ausstellungen jeweils dem wissenschaftlichen Forschungsstand ebenso anzupassen sind wie dem museumsdidaktischen Diskussionsstand, was ebenso entsprechende finanzielle Mittel wie qualifiziertes Personal erfordert. Die Gedenkstätten werden nicht umhin können, auch die Geschichte der Gedenkstätten – auch ihre politisch bedenkliche Funktionalisierung und Instrumentalisierung – zu dokumentieren, doch sollte diese Dokumentation die Dokumentation des Geschehens nicht zudecken. Sie müssen sich als Teil einer – nicht auf Deutschland beschränkten, vielmehr mit Einrichtungen anderer Länder vernetzten – Erinnerungskultur begreifen, die das Bewußtsein für die totalitären Verbrechen des 20. Jahrhunderts wachhält.

Sicherlich liegt die Hauptaufgabe der Gedenkstätten darin, die Spuren des Geschehens zu bewahren, Zeugnisse zu sammeln und auszuwerten und als Kristallisationskerne der Erinnerungskultur zu dienen. Zugleich jedoch arbeiten sie in einer Gegenwart, in der Unmenschlichkeit vielfältig unübersehbar ist. Sie dürfen nicht bei der Erzeugung von Betroffenheit über das Leid der Vergangenheit stehen bleiben. An Gewicht gewinnen sollte in der Arbeit der NS-Gedenkstätten das diskursive Moment, das für die Bestimmung der Gegenwartsbedeutung des historischen Geschehens unabdingbar ist. Sicherlich sind kurzschlüssige Aktualisierungen abzulehnen, doch darf umgekehrt das historische Geschehen auch nicht eingemauert, in einem spezifischen Sinne musealisiert, d.h. stillgestellt werden, vielmehr ist an den Orten dieses Geschehens – etwa in Wechselausstellungen, Tagungen etc. – zu fragen, was die Geschichte der NS-Zeit für die Gegenwart bedeutet. Diese Frage ist nicht ein für alle Mal zu beantworten, sondern immer wieder neu aufzuwerfen. Gegenwärtig stellt sie sich etwa im Hinblick auf unser Verhalten bei genozidalen Aktionen, gegenüber Diktaturen, gegenüber rassistischen Tendenzen.

Die Gedenkstätten und ihre Museen müssen zu Orten lebendiger Auseinandersetzung mit der Vergangenheit im Hinblick auf eine den Menschen- und Bürgerrechten verpflichtete demokratische Kultur der Gegenwart und Zukunft in Deutschland und Europa weiterentwickelt werden.

Angesichts der Generationenfolge und der wachsenden Distanz zur NS-Zeit ist die Stärkung des kollektiven Gedächtnisses, in dem die Erfahrungen des 20. Jahrhunderts im Hegelschen Sinne „aufgehoben" sind, eine der zentralen Aufgaben politischer Kultur heute und morgen.

Zukünftiges öffentliches Erinnern

PETER REICHEL

Kaum einer leugnet oder verharmlost die nationalsozialistischen Gewaltverbrechen. Und das Bekenntnis von Schuld und Verantwortung gehört inzwischen zum guten politischen Ton. Das im Jahr 1995 an vielen Gedächtnisorten inszenierte Totengedenken hat allerdings eine seit langem zu beobachtende Tendenz verstärkt. Die Nobilitierung aller Toten des Weltkrieges und der nationalsozialistischen Gewaltherrschaft als Opfer geht einher mit der Nivellierung der soziologischen Differenzen zwischen verschiedenen Gruppen. Zwangsarbeiter und zivile Bombenopfer, Widerstandskämpfer und Mitläufer, SS-Leute und KZ-Opfer werden so gleichermaßen in das öffentliche Gedenken aufgenommen. Diese Tendenz wird dadurch verstärkt, daß der 2. Weltkrieg zum katastrophischen Großereignis, zum „Krieg als solchem" stilisiert wird, zum Symbol der „Sinnlosigkeit moderner Kriege" (R. Herzog am 13. Februar 1995 in Dresden).

In den vielerorts aufwendig inszenierten Gedenkakten einer selbstversöhnlichen Selbstdarstellung gab es darüber hinaus manche Mißtöne, Defizite und Revisionsversuche. Wie unversöhnlich unser Verhältnis zur NS-Vergangenheit immer noch sein kann, zeigte sich im Gedenkjahr 1995 an wenigstens zwei Beispielen der Opfer-Entschädigung. Während die lettischen SS-Veteranen von der Bundesrepublik Invalidenrente beziehen, sind die noch lebenden NS-Opfer der baltischen Staaten bis heute ohne jede Entschädigung, trotz einer fraktionsübergreifenden Initiative im Bundestag.

Ebensowenig gelang es auf der Bayer-Hauptversammlung im Frühjahr in Köln, einen Entschädigungsfonds für ehemalige ZwangsarbeiterInnen der IG Farben einzurichten.

Was die verdienstvolle Jenninger-Rede 1988 angestoßen hatte, über die Rolle der Mitläufer im Dritten Reich zu diskutieren und damit auch im Zusammenhang von Massenfaszination und Massenbewegung, Gewaltbereitschaft und Massenmord, hätte in diesem Jahr fortgesetzt werden müssen. Aber die Rhetorik des Gedenkens '95 verkürzte die Perspektive auf das Ende des Krieges und der Gewaltverbrechen. Die bis und über 1933 hinausreichende Vorgeschichte kam kaum in den Blick. Ebensowenig gelang es, aus der elenden Entstasifizierungsdebatte eine vergleichende Erörterung zu machen über das Problem von Anpassung an totalitäre Regimes und Amnestie unter posttotalitären Bedingungen.

Auch die großen Medienbeiträge – wie zuletzt der mehrteilige Hitler-Film im ZDF – tendierten dazu, den Blick auf das Kriegsende und den Krieg zu fixieren, also den historischen Zusammenhang aufzulösen bzw. zu verkürzen. Das beherrschende Thema der Gedenkveranstaltungen war die Frage, ob das Kriegsende – heute – mehr als Zusammenbruch oder eher als Befreiung angesehen werden soll. Vielleicht hat die Debatte aus den kontroversen konvergierende Positionen gemacht. In jedem Fall aber ist in diesem Jahr in den Hintergrund getreten, daß das Ende des NS-Staates nur aus seinem Anfang und dieser wiederum nur aus dem Kontext der Weimarer Krisen angemessen verstanden werden kann.

In engem Zusammenhang damit steht die deutlich zu beobachtende Tendenz einer Revision des Deutschlandbildes durch das konservative Lager. Mit dem Konkurs des Realsozialismus wird ein bis dahin gesicherter und weithin akzeptierter historischer Tatbestand relativiert: Daß die Hauptverantwortung für die „Machtergreifung" bei den deutschen Oberklassen und deutschnationalen Parteien liegt und nicht bei der gespaltenen Arbeiterbewegung, auch nicht bei der KPD. Art und Ausmaß der kriminellen Komplizenschaft zwischen Großwirtschaft und Nationalsozialismus werden kaum einmal vor einem größeren Publikum erörtert.

Mit dieser Umdeutung geht eine weitere revisionistische Tendenz einher, die sich gleichfalls aus dem Ende des Realsozialismus herleitet: der Versuch einer Korrektur des Widerstandsbildes. Der lange vor 1989 begonnene Versuch, in der Berliner Gedenkstätte Deutscher Widerstand ein „integrales Widerstandsbild" zu dokumentieren, also den „linken" neben den „rechten" Widerstand zu stellen und gleichermaßen als Widerstand gegen Hitler zu würdigen, ungeachtet weitreichender Ziele, geriet 1994/95 wiederholt in politische und publizistische Bedrängnis. Einstweilen ist noch nicht abzusehen, ob sich auf geschichtspolitischem Feld erfüllt, was Willy Brandt für alle anderen Politikfelder gefordert hat, daß zusammenwächst, was zusammengehört.

So sehr heute noch verschiedene Wahrnehmungen und Bewertungen in der Debatte über das Dritte Reich und seine Folgen miteinander konkurrieren, es ist doch abzusehen, daß sie an Schärfe und Intensität in dem Maße abnehmen werden, wie die Zeitzeugen aussterben und es gelingt, in Museen und Gedenkstätten eine Art pluralistische Erinnerungskultur zu etablieren. Kunst und Wissenschaft, Gedenktagsritual und musealer Gedächtnisort, die wichtigsten Medien öffentlicher Erinnerung, werden das, was sie stärken wollen und sollen, langfristig eher schwächen: das Pathos und die

Politisierung der Erinnerung. Die künstlerische Vergegenwärtigung nimmt so oder so Rücksicht auf die Lebenden, die das Erinnerte akzeptieren müssen, auch genießen und benutzen wollen. Und Wissenschaft tendiert ihrem ganzen Wesen nach zur Versachlichung und Objektivierung. Wir erleben in diesem Jahr den Übergang von einem primär durch die Zeitgenossen geprägten kommunikativen hin zu einem kulturellen Gedächtnis. Dieses Gedächtnis ist für die Darstellung unseres Selbstverständnisses, für die Vergewisserung über unsere Herkunft, unsere, sei es kultur-, sei es staatsnationale Identität von zentraler Bedeutung, nach außen wie nach innen. Dem wiedervereinigten Deutschland, der Wirtschaftsgroßmacht, dem Land, das aus einem totalen Zusammenbruch inzwischen einen doppelten Sieg gemacht hat, ihm stünde es gut an, sich und seinen Nachbarn selbstbewußt und selbstkritisch zugleich zu präsentieren. Wir hätten zu zeigen, daß und warum wir Erben eines schwierigen Vaterlandes sind und in einem Land leben, das zu seiner jüngeren Vergangenheit eine zwiespältige Einstellung hat. Schon die zusammengesetzte Staatsbezeichnung macht das deutlich. „Bundesrepublik" steht für Zäsur, für Neuanfang, für die Neugründung eines Staatstyps westlich-demokratischen Zuschnitts. „Deutschland" steht für die kultur- und volksnationale Kontinuität, für Rechtsnachfolge und gesamtschuldnerische Haftung für die Folgen totalitärer Gewaltherrschaft.

Die beiden Geschichtsmuseen in Bonn und Berlin sind – gewollt oder ungewollt – musealer Ausdruck dieser Zweideutigkeit. Einer Zweideutigkeit, die das NS-Bild gleichsam aus zwei Perspektiven in den Blick nimmt, historisiert und unscharf werden läßt. Im Bonner Haus der Geschichte ist die NS-Zeit kaum mehr als Trümmerschutt und chimärenhafter Schatten über dem raschen und erfolgreichen Wiederaufbau und Wiederaufstieg Westdeutschlands zur Wohlstandsgesellschaft. Im Berliner Deutschen Historischen Museum wird die NS-Zeit zu einer unter vielen Perioden der deutschen Geschichte relativiert.

Die verschiedenen kalendarischen Anlässe der letzten Zeit, die Lagerbefreiungen, die Bombenzerstörungen, das Kriegsende, sind für das zukünftige nationale öffentliche Erinnern an die NS-Vergangenheit deshalb keine angemessenen Gedächtnisorte, weil ihre Bedeutung begrenzt ist und den Blick auf die Vergangenheit verkürzt. Ein Gedächtnisort tut das nicht: der 9. November. Als nationaler Gedenktag wäre er wie kein zweiter geeignet zur Selbstverständigung der Deutschen über ihre Herkunft und die Hinterlassenschaft des zu Ende gehenden Jahrhunderts. Dazu gehören zwei halbe Revolutionen, Gewaltverbrechen und Kriegszerstörung, mißglückter Widerstand und Fremdenbefreiung. Mit dem unbequemen und deshalb auch nur kurzzeitig erwogenen 9. November als nationalem Gedenk- und Feiertag hätten die kollektiven Erinnerungsaktivitäten einen Rahmen. Das jährliche Gedenkritual bekäme einen gedanklichen Zusammenhalt. Wir müßten über die Höhen und Tiefen unserer Geschichte reden, über Brüche und Widersprüche, über ein Jahrhundert im Zusammenhang, zusammen, Jahr für Jahr.

Gedenken nach dem Jahrestag
PETER JOCHEN WINTERS

Die zentralen Gedenkveranstaltungen in Sachsenhausen, Ravensbrück und Brandenburg-Görden sowie in Tröbitz, die das Land Brandenburg im April 1995 ausgerichtet hat, haben deutlich gemacht, daß ein halbes Jahrhundert nach dem Ende der nationalsozialistischen Herrschaft in Deutschland die Gedenkstätten mehr sein müssen als Denkmale einer vergangenen Zeit, an denen die überlebenden Opfer und die Angehörigen der von den Nationalsozialisten verfolgten und ermordeten Opfer einschließlich der „vergessenen Opfer" sich an Gedenktagen versammeln. Die Gedenkstätten – originale Schauplätze des tatsächlichen Geschehens, die durch kein noch so perfekt gestaltetes „Holocaust-Museum" und kein noch so bombastisch, alle Dimensionen sprengendes „Holocaust-Mahnmal" ersetzt werden können – müssen Lern- und Denkorte für künftige Generationen sein. Ihre Aufgabe ist es, als Stätten der Rassismus- und Totalitarismus-Pädagogik vor allem Jugendlichen die Kenntnis von der Entstehung des Rassismus in Deutschland und seinen gesellschaftlichen Voraussetzungen, seiner Verbreitung und seinen Folgen ebenso zu vermitteln wie die Kenntnis von Bedingungen, Entstehung, Festigung und Auswirkung totalitärer Herrschaft.

Die Originalschauplätze Sachsenhausen, Ravensbrück und Brandenburg-Görden müssen durch historische Dokumentationen erschlossen werden, die die Besucher dazu anregen, ihre eigenen Fragen zu formulieren, sich aktiv mit der Geschichte auseinanderzusetzen und Lehren für die eigene Gegenwart zu ziehen. Für diese gegenwartsbezogene Erinnerungsarbeit sollten in den Gedenkstätten ausreichend wissenschaftlich und didaktisch ausgebildete Fachkräfte für Führungen, Diskussionen und Einzelgespräche zur Verfügung stehen.

Archive und Bibliotheken als spezielle Materialsammlungen sollten in den einzelnen Gedenkstätten nicht nur Fachleuten zu Forschungszwecken zugänglich sein, sondern auch für interessierte Besucher aufbereitete vertiefende Informationen bereithalten.

Eine nicht zu unterschätzende Aufgabe der Gedenkstätten ist es, alle verfügbaren Aussagen von Zeitzeugen – und zwar diejenigen der Opfer ebenso wie diejenigen der Täter – zu sammeln und zu dokumentieren. Dabei ist es wichtig, daß Zeitzeugenbefragungen von Fachleuten vorgenommen werden, die sich mit der Geschichte des jeweiligen Ortes auskennen.

Die Authentizität des Ortes, die den Gedenkstätten als Denk- und Lernorte eine besondere Qualität verleiht, erfordert unter allen Umständen die Erhaltung der noch vorhandenen baulichen Originalsubstanz und die Sicherung und Erhaltung originaler Reste – wie der Station „Z" in Sachsenhausen. Unerläßlich ist auch die Unterschutzstellung historischer Orte außerhalb der eigentlichen Gedenkstätten wie zum Beispiel des Todeslagers „Klinkerwerk" in Oranienburg. Eine besondere Rolle kommt der Gedenkstätte Sachsenhausen zu, weil sich hier ein „Ort der Täter" in unmittelbarer Nähe des Konzentrationslagers befindet. Das ausgedehnte Gelände mit den originalen Gebäuden der SS-Wachmannschaften einschließlich des Gebäudes, in dem von 1938 bis 1945 die „Inspektion der Konzentrationslager" ihren Dienstsitz hatte – das sogenannte T-Gebäude – und die „Villa Eicke" sollten ebenfalls unter Denkmalschutz gestellt und einer Veränderungssperre unterworfen und durch eine historische Dokumentation zum Sprechen gebracht werden.

Ravensbrück und Sachsenhausen waren – wie auch Buchenwald – zu DDR-Zeiten „Nationale Mahn-und Gedenkstätten". Die zwischen 1957 und 1961 begonnenen baulichen Veränderungen der nationalsozialistischen Konzentrationslager Ravensbrück und Sachsenhausen und ihre künstlerischen Überformungen sollten als Dokumente jener „Inszenierungen" erhalten werden, die in erster Linie der kommunistischen Agitation und Propaganda dienten und nicht der Darstellung der historischen Tatsachen.

Selbstverständlich ist es auch, daß die Geschichte Sachsenhausens als „Speziallager Nr. 7" des sowjetischen NKWD zwischen 1945 und 1950 – als eine Art Außenstelle des „Archipel GULag" -am historischen Ort ebenso dokumentiert werden muß wie die Geschichte des nationalsozialistischen Konzentrationslagers – wobei freilich jede Gleichsetzung und Vermischung vermieden werden muß. Weder dürfen die Verbrechen des Nationalsozialismus durch die Verbrechen des Stalinismus relativiert, noch die Verbrechen des Stalinismus mit dem Hinweis auf die nationalsozialistischen Verbrechen bagatellisiert werden.

Als „Konzentrationslager der Reichshauptstadt", als Ort der Opfer (Häftlingslager) und der Täter (Verwaltungszentrale für alle Konzentrationslager) und als eine Außenstelle des „Archipel GULag" zwischen 1945 und 1950 nimmt das vor den Toren der deutschen Hauptstadt gelegene Sachsenhausen – mit dem Vorgänger-Lager Oranienburg – einen besonderen Rang ein. Diesen Ort als aufgeschlagenes Buch der Geschichte künftig für die Rassismus- und Totalitarismus-Pädagogik zu nutzen, sollte nicht nur von Berlin-Brandenburg, sondern auch vom wiedervereinigten Deutschland als nationale Verpflichtung verstanden werden.

Gedenken nach 1995

BARBARA DISTEL

Das Jahr 1995 hat ein unerwartetes hohes Ausmaß an öffentlichem Interesse ausgelöst und vor allem die Geschehnisse der grauenvollen Schlußphase der nationalsozialistischen Konzentrationslager ins deutsche öffentliche Bewußtsein gerückt. Es hat auch nicht zuletzt die KZ-Gedenkstätten als bedeutsame Orte europäischer Geschichte sichtbar gemacht. Sie sind heute nicht nur Lernorte für deutsche Jugendliche, sondern ebenso Friedhöfe für die Opfer aller Länder, deren Vertreter dort ermordet wurden.

In Dachau riefen die Vorbereitungen zu den Gedenkfeiern in den Reihen der Überlebenden ein überwältigendes Echo hervor. Fünfzig Jahre nach dem Zusammenbruch des „SS-Staates" verspürten sie das Bedürfnis, noch einmal – die meisten von ihnen wohl zum letzten Mal – an diesen Ort zurückzukehren. Mehr als 2000 ehemalige Häftlinge aus nahezu allen Ländern Europas machten dann den 50. Jahrestag der Befreiung des Konzentrationslagers Dachau zu einem bewegenden Fest der Begegnung. Gleichzeitig zeigte sich jedoch, daß im Vergleich zu vorangegangenen Jahren die Präsenz deutschen Überlebens kaum noch bemerkbar war. Die deutschen politischen Gegner der Nationalsozialisten, die ab März 1933 die ersten gewesen waren, die im Konzentrationslager Dachau litten, waren im Durchschnitt ein Jahrzehnt, oftmals aber eine ganze Generation älter als die ausländischen Gefangenen, die während des Krieges nach Dachau deportiert worden waren. Die deutschen Überlebenden hatten nach 1945 über Jahrzehnte hinweg versucht, dem Thema Verfolgung und Widerstand innerhalb der Bundesrepublik Deutschland Gehör zu verschaffen und zusammen mit ihren Freunden im internationalen Häftlingskomitee für die Schaffung der Gedenkstätte gekämpft. Dort hatten sie dann für lange Zeit die Arbeit entscheidend mitgetragen und geprägt. Im Laufe der letzten Jahre war der Kreis der ehemaligen Häftlinge, die noch aktiv an der Arbeit teilnehmen konnten, allmählich immer kleiner geworden. Ohne daß die Öffentlichkeit davon Notiz genommen hätte, hatten sie sich für immer verabschiedet. Und die Gedenkfeiern haben den Verlust, der durch den Tod nahezu der gesamten ersten Generation der Dachauer Häftlinge entstanden ist, dann sehr deutlich gemacht.

Es wird sich erst zeigen müssen, inwieweit die deutsche Gesellschaft das Gedenkjahr 1995 als Schlußpunkt wahrnehmen wird, oder ob die Notwendigkeit eines fortwährenden Prozesses der Auseinandersetzung an den Orten der Erinnerung zukünftig Anerkennung findet. Die Vermittlung der Geschichte der Jahre 1933-1945 an Jugendliche wird mit zunehmendem zeitlichen Abstand schwieriger, wenn auch nicht weniger wichtig. Auch an den Gedenkstätten verändern sich die Fragestellungen, werden neue inhaltliche Prioritäten gesetzt. Aber erst wenn die letzten Überlebenden verstummt sein werden, wird sich herausstellen, ob die Gedenkstätten für die politische Bildungsarbeit und als Orte der kollektiven Erinnerung weiterhin Bestand haben werden.

Gradmesser der Glaubwürdigkeit. Gedenkstätten im 51. Jahr der Befreiung

DETLEF GARBE

50 Jahre nach dem Kriegsende fanden landauf, landab eine große Zahl von Veranstaltungen statt, mit denen der NS-Opfer, der Zerschlagung des Regimes und des „Geburtstags der Freiheit" gedacht wurde. Auf den Fernsehkanälen wurden zwischen Januar und Mai 1995 Hunderte von historischen Dokumentationen und Gesprächen mit Zeitzeugen ausgestrahlt. Die Mehrzahl der mittlerweile in Deutschland existierenden 60 Gedenkstätten erinnerte mit Sonderausstellungen an Todesmärsche und andere Verbrechen der letzten Kriegswochen, an die Rettungsaktionen der alliierten Befreier und das Schicksal der Überlebenden. Besonders hervorzuheben: Tausende KZ-Überlebende nahmen – großteils auf Einladung der jeweiligen Landesregierungen – an den Veranstaltungen in den KZ-Gedenkstätten teil, an denen sich auch – anders als in den vier Jahrzehnten zuvor – nahezu die gesamte bundesdeutsche Politikerprominenz be-

teiligte. Der Bundespräsident redete in Bergen-Belsen, die Bundestagspräsidentin in Ravensbrück, der Bundesaußenminister in Sachsenhausen. Nahezu alle Ministerpräsidenten traten auf; in der KZ-Gedenkstätte Dachau, die zu Zeiten des CSU-Vorsitzenden Franz-Josef Strauß von keinem bayerischen Ministerpräsidenten aufgesucht wurde, hielt Edmund Stoiber bei der im Bayerischen Fernsehen live übertragenen Kundgebung des „Comité International de Dachau" eine vielbeachtete Ansprache. In einer Erklärung zum 8. Mai unterstrich der Bundeskanzler, daß das Ende der nationalsozialistischen Gewaltherrschaft nicht nur den KZ-Häftlingen die „ersehnte Befreiung" gebracht habe: „Es kann keinen Zweifel daran geben, daß die Befreiung von der Hitler-Barbarei notwendig war, um in Deutschland einen freiheitlichen Rechtsstaat und in Europa Frieden und Versöhnung zwischen den Völkern zu ermöglichen."

Bedeutet die hohe politische Aufmerksamkeit, die den KZ-Gedenkstätten in Deutschland 1995 über alle Parteigrenzen hinweg zuteil wurde, daß diese sich nunmehr von einem gesamtgesellschaftlichen Konsens, von einem unbestrittenen politischen Willen getragen fühlen können?

Es gibt Gründe, daran zu zweifeln. Die Tribünen und Rednerpulte waren kaum abgebaut, da wurden bereits die ersten Berichte über zukünftige Mittelkürzungen bekannt. Die Stiftung Brandenburgische Gedenkstätten teilte mit, daß sie nahezu ein Fünftel der in den Gedenkstätten Ravensbrück und Sachsenhausen tätigen Mitarbeiterinnen und Mitarbeiter entlassen müsse. In einem Appell an die politischen Gremien verwies Stiftungsdirektor Prof. Jürgen Dittberner darauf, daß es politisch unverantwortlich sei, wenn Deutschland 50 Jahre nach dem Ende des Nationalsozialismus nicht alle Voraussetzungen dafür schaffen würde, ein ehrendes Gedenken an die NS-Opfer an den authentischen Orten zu ermöglichen. Den Blick auf das Kernproblem richtend, fuhr Dittberner fort: „Wir wissen, daß sich in diesen Zeiten sehr viele Kulturinstitutionen nach der Decke strecken müssen. Dennoch bleibt es unverständlich, daß unsere Aufgaben nur dann hinreichend honoriert werden, wenn die Weltöffentlichkeit auf die Bundesrepublik schaut."

Einerseits sind heute das Bekenntnis zur Aufarbeitung der nationalsozialistischen Vergangenheit und Ehrungen der Opfer des NS-Regimes selbstverständlicher Bestandteil politischen Handelns geworden. Die offizielle Politik ist sich mittlerweile der Tatsache bewußt, daß sie der Gedenkstätten bedarf – und zwar nach der Vereinigung in steigendem Maße, als Demonstrationsobjekt dafür, daß das ökonomisch und politisch mächtige und nunmehr auch wieder geographisch größere Deutschland die Abkehr von jenem Deutschland der Jahre 1933 bis 1945 sichtbar und glaubwürdig vollzogen hat. Andererseits wird den Gedenkstätten nicht der in Reden so oft beschworene Stellenwert als Orte der historisch-politischen Aufklärung beigemessen. Betrachtet man ihre Situation in der Bundesrepublik, so verbindet sie alle – neben dem drohenden Verfall der baulichen Überreste – eine ungenügende Ausstattung und begrenzte archivarische und museumspädagogische Möglichkeiten. Ein Vergleich der Aufwendungen für Gedenkstätten mit jenen für andere museale Einrichtungen verweist auf die beschriebene Diskrepanz. Die Freie und Hansestadt Hamburg subventioniert beispielsweise einen Besuch im Museum für Vor- und Frühgeschichte oder im Norddeutschen Landesmuseum mit einem Zwei- bis Dreifachen von dem, was für einen Besucher aufgewendet wird, der sich in der Gedenkstätte Neuengamme über die Geschichte dieses Konzentrationslagers und den Herrschaftsvollzug des Nationalsozialismus informieren will. Prof. Hans Mommsen machte bei einer Anhörung in der Gedenkstätte Sachsenhausen im März 1994 darauf aufmerksam, daß die Bundesregierung allein für ein einziges Museum, das von Bundeskanzler Kohl initiierte Haus der Deutschen Geschichte in Bonn, bei weitem mehr Mittel aufwendet als für alle deutschen KZ-Gedenkstätten zusammen.

Die Haltung der politischen Entscheidungsträger entspricht weitgehend dem Bewußtseinsstand der Bevölkerung. Zwar zeigen die hohen Besucherzahlen ein großes Interesse an Gedenkstätten, und die gesellschaftliche Lobby jener, die in der Aufarbeitung der historischen Lehren aus der NS-Zeit einen wichtigen Beitrag für die Bewältigung gegenwärtiger und zukünftiger Fragestellungen sehen, ist in den vergangenen Jahren gewachsen; aufs ganze gesehen ist sie aber immer noch vergleichsweise klein. Dies gilt auch im Blick auf die Beteiligung an den Gedenkveranstaltungen zum 50. Jahrestag der Befreiung. Sie war im Vergleich zu derjenigen in der alten Bundesrepublik groß (die Massenaufmärsche des „verordneten Antifaschismus" in der DDR bieten keine realistische Vergleichsgröße), doch selbst zu den Manifestationen in den großen ehemaligen Konzentrationslagern kamen über die ehemaligen Häftlinge und Angehörigen hinaus nur jeweils wenige tausend Menschen. Jedenfalls scheint das Gewicht, das den Veranstaltungen von der Politik und den Medien beigemessen wurde, noch immer eher durch außenpolitische Überlegungen als durch das öffentliche Interesse in der Bundesrepublik bedingt gewesen zu sein.

Im Januar 1996 wurde in Deutschland erstmals der von Bundespräsident Roman Herzog auf Initiative des Vorsitzenden des Zentralrats der Juden in Deutschland, Ignatz Bubis, ins Leben gerufene „Gedenktag für die Opfer des Nationalsozialismus" begangen. Dieser Tag bot erneut die Chance zu demonstrieren, daß der Erinnerung an die Nazi-Verbrechen in unserem Land ein hoher Stellenwert beigemessen wird. Doch vieles wirkte eher peinlich und (auf)gezwungen: kurzfristig und eilig ausgerichtete Kranzniederlegungen in einigen Gedenkstätten; Kultusminister, die Mitte Januar Empfehlungen an die Schulen ausgaben, die teilweise erst eintrafen, als der Gedenktag schon stattgefunden hatte; eine aus sitzungstechnischen Gründen auf einen Werktag in der Vorwoche vorverlegte Gedenkveranstaltung im Bundestag, da es sich unglücklicherweise so fügte, daß sich die Befreiung des KZ Auschwitz am 27.1.1945 in diesem Jahr an einem Samstag jährte.

Und dann brannte es wieder in Deutschland, eine fürchterliche Katastrophe in einer Lübecker Asylbewerberunterkunft – einen Tag vor der Bundestagssitzung. In den Nachrichtensendungen von Rundfunk und Fernsehen lebte die Erinnerung auf, an Rostock, Solingen und Mölln. Daß der Ungeist noch keimt, war wieder gegenwärtig. Vor diesem Hintergrund gewann der Gedenktag in den Medien an Bedeutung. Hätte es nicht ihre Meldungen gegeben, so wäre er von der Öffentlichkeit wohl weitgehend unbemerkt geblieben, denn zuweilen war die angeordnete Halbmastbeflaggung vor öffentlichen Gebäuden die einzige Aktivität, das einzige sichtbare Zeichen des Gedenktages.

Gedenken muß aufrichtig sein, sonst wird es zum inhaltslosen Ritual oder gar zur Farce. Diejenigen, die man anzusprechen sucht, werden den Wert des Gedenkens an dessen Glaubwürdigkeit messen. Dies zeigt auch die Geschichte der nationalen Mahn- und Gedenkstätten in der DDR, die der SED-Staat nicht zuletzt zum Zwecke der Selbstinszenierung betrieb. Daß dort der Antifaschismus beschworen wurde, aber im Land die Menschenrechte wenig oder nichts galten, hat für das politische Bewußtsein mehr als nur einer Generation verheerende Folgen.

Der Gefahr einer Instrumentalisierung von Gedenkstätten zu Alibizwecken gilt es zu wehren. Dies ist ein Problem, das sich nicht nur in Deutschland stellt. Die 1994 getroffene Feststellung des seinerzeitigen österreichischen Innenministers, er könne auf die Zuständigkeit für die Gedenkstätte Mauthausen nicht verzichten, da diese in Zeiten wachsender Kritik an der Ausländerpolitik seines Ministeriums geradezu als Ausweis für eine den Grundsätzen des Antifaschismus verpflichtete Politik dienen könne, zeigt dies überdeutlich.

Gedenkstätten sind Orte individueller Trauer und kollektiven Gedenkens. Am authentischen Ort bewahren sie die Erinnerung an die Opfer. Sie dokumentieren und informieren. Als Lernorte möchten sie die Besucher dazu motivieren, nicht nur zu gedenken, sondern auch weiterzudenken. Das Vermächtnis der Opfer fordert dazu auf, gegenwärtigem Unrecht und zukünftigen Gefahren gegenüber nicht gleichgültig zu sein. Gedenkstätten zur Selbstlegitimation zu funktionalisieren oder sich ihrer lediglich zu bestimmten Anlässen als Instrument außenpolitischer Imagepflege zu bedienen, bedeutet nichts weniger als einen Mißbrauch der Erinnerung, eine Schändung des Gedenkens.

Ende eines Gedenkjahres – Was bleibt?
Thesen zur aktuellen und zukünftigen gesellschaftspolitischen Bedeutung und inhaltlichen Arbeit der KZ-Gedenkstätten

THOMAS LUTZ

Die Veranstaltungen zur Erinnerung an die NS-Verfolgung sind Ausdruck einer gesellschaftlichen Entwicklung in Deutschland – im Westen in den letzten 15, in Gesamtdeutschland in den letzten fünf Jahren. Sie müssen mit der insgesamt positiven Entwicklung der Auseinandersetzung mit den Verbrechen der nationalsozialistischen Vergangenheit in Teilen der Gesellschaft gesehen werden.

Im Widerspruch zu der positiven Entwicklung steht häufig die aktuelle politische Bewertung der unterschiedlichen Staatsverbrechen im Deutschland des 20. Jahrhunderts (Nationalsozialismus, DDR). Sie ist in vielen Bereichen den historischen Sachverhalten diametral entgegengesetzt. Dies hat selbstverständlich auch Auswirkungen auf die Intensität und die Art und Weise, wie die Geschichte aufgearbeitet werden kann; ein Beispiel: Während die Zentrale Stelle der Landesjustizverwaltungen zur Verfolgung der NS-Verbrechen in Ludwigsburg in der Hochzeit ihrer Tätigkeit etwa 70 Mitarbeiter hatte, arbeiten heute beim Bundesbeauftragten für die Unterlagen des Staatssicherheitsdienstes der ehemaligen DDR circa 3.000 Angestellte.

Ohne eine weltweite Zunahme der Beschäftigung mit dem Thema „Holocaust" wäre das große Interesse an den Jahresfeiern nicht nachzuvollziehen.

I. Gedenkjahr 1995 – Eine erste Bilanz

a. Die Durchführung des 50. Jahrestages mit zahlreichen Begleitveranstaltungen war ein Erfolg: Für die Überlebenden, die häufig zum zweiten Mal – diesmal eingeladen und freiwillig – nach Deutschland gekommen sind, war dies sowohl eine große gesellschaftliche Anerkennung als auch eine Möglichkeit, sich persönlich mit ihrem Schicksal auseinanderzusetzen. Diese humanitäre Leistung von deutscher Seite wurde in der ganzen Welt sehr dankbar aufgenommen.

Gerade der Vergleich mit den Feierlichkeiten an früheren runden Jahrestagen zeigt deutlich auf, von welch großer Bedeutung es war, daß die diesjährigen Veranstaltungen das erste Mal nahezu bundesweit an den Orten der Verbrechen stattfanden. Politiker und gesellschaftliche Würdenträger haben in historisch und politisch korrekten Reden die NS-Verbrechen dargestellt und verurteilt. Der Begriff „Befreiung" war an diesen Orten unumstößlich. Diese eindeutigen Aussagen sind für die Bewertung der NS-Zeit in Deutschland von großer Bedeutung.

Die Medien haben sehr ausführlich berichtet und damit Menschen erreicht, die sich sonst nicht mit dem Thema auseinandersetzen würden.

Die Gedenkstätten haben Sondermittel erhalten, um neue Dauer- oder Sonderausstellungen, Buchproduktionen und vieles mehr fertigstellen zu können, das über die Jahrestage hinaus Bestand hat.

b. Die Veranstaltungen anläßlich der Befreiungstage zeigen die „Dialektik des Erfolgs" der Erinnerung an die NS-Verbrechen und deren Opfer in den letzten Jahren auf. Zahlreiche Gedenkstätten in (West-)Deutschland sind aus gesellschaftskritischer Opposition heraus entstanden. Für Gedenkstätten war nie Geld vorhanden, und sie mußten immer gegen erhebliche Widerstände, insbesondere der Haushaltspolitiker und -bürokraten durchgesetzt werden. Mit der Verstetigung der Arbeit, der Forderung nach kontinuierlicher Finanzierung durch Gemeinden, Länder oder den Bund ist eine Änderung des politischen Gebrauchs der Erinnerung an die NS-Verbrechen eingetreten. Diese Tendenz läßt sich an den Feierlichkeiten im Gedenkjahr 1995 aufzeigen:

Ich persönlich habe nur zwei Reden gehört, in denen der Dank zuerst den Überlebenden dafür galt, daß sie wieder nach Deutschland an den Ort ihres größten Leidens zurückgekehrt sind. Politiker und Würdenträger haben die Versammlung der Überlebenden häufig dazu genutzt, um Reden an die Allgemeinheit zu halten, die das Postulat des „Nie wieder" in verschiedenen Formen und aktuellen Bezügen beinhaltet haben. Alle Rednerinnen und Redner haben die moralischen und politischen Maßstäbe für sich – auch im Vergleich zu anderen Veranstaltungen, etwa der Einweihung des Centrum Judaicum in Berlin am 8. Mai 1995 – außerordentlich hoch gelegt. Es bleibt der Beigeschmack, daß ihr tägliches persönliches und politisches Handeln diesen Maßstäben nicht gerecht wird.

Neben der korrekten Beschreibung der historischen Geschehnisse wurden immer wieder „Lehren", Bezüge zu heutigen Themen und Verhaltensweisen gezogen. Daß dabei nicht mehr das historische Ereignis, sondern die politische Nutzanwendung in den Vordergrund gerückt wurde, wird deutlich, wenn man sich die nach der politischen Couleur unterschiedlichen Äußerungen über denselben Gegenstand vor Augen hält. Den Veranstaltungen in Gedenkstätten wurde hierbei eine enorme emotionale und volkspädagogische Bedeutung zugeschrieben.

Die Glaubwürdigkeit der Hochschätzung der Gedenkstätten durch die Rednerinnen und Redner wird sich am 51. Jahrestag zeigen. Hier sind berechtigte Zweifel angebracht: Die SPD-Landesregierung von Brandenburg und die CDU/FDP-Bundesregierung haben bei der Stiftung Brandenburgische Gedenkstätten erhebliche Mittel gestrichen, der CDU-Stadtrat von Krefeld hat das dortige Gedenk-und Begegnungszentrum geschlossen.

Unmittelbar nach dem Ende der Gedenkfeiern ist es wieder möglich, mit finanzpolitischen Argumenten die Auseinandersetzung mit der NS-Zeit und deren Verbrechen zu verhindern.

Gerade die Berichterstattung in den Medien zeigt ein grundsätzliches Problem der Auseinandersetzung mit der NS-Geschichte auf: Es besteht die Gefahr, daß eine emotionale und sich an Symbolen festmachende Darstellung der NS-Verbrechen, die zudem immer oberflächlicher und reißerischer wird, zunimmt. Eine Ablehnung und Distanzierung in der Bevölkerung kann eine verständliche Folge sein.

II. Perspektiven der Erinnerung an die NS-Verbrechen und die Arbeit von KZ-Gedenkstätten

Die weitere Arbeit der Gedenkstätten kann sich nur in Abhängigkeit mit der Beschäftigung mit der NS-Geschichte in allen gesellschaftlichen Feldern (Schule, Universität, Medien, Politik, etc.) entwickeln. Die Gesellschaft darf diese gesamtgesellschaftliche Aufgabe nicht auf die Gedenkstätten – quasi als Recyclinginstitutionen – abwälzen. Die Beschäftigung mit diesem schwierigen und Abwehr evozierenden Thema bedarf einer gründlichen und ruhigen Beschäftigung.

Es steht zu vermuten, daß die gesellschaftliche Entwicklung dies erschweren wird: Insgesamt wird das Thema mit zunehmendem gesellschaftlichen und zeitlichen Abstand fremder. Zugleich ist jedoch ein Nachleben des Nationalsozialismus in vielen Bereichen der deutschen Gesellschaft -unbewußt – zu verzeichnen: im Sprachgebrauch, in den Vorurteilsstrukturen usw.

Weltweit ist mittelfristig noch eine Zunahme der Beschäftigung mit der NS-Verfolgung („Holocaust") zu erwarten. Die Beschäftigung mit dieser Geschichte wird dabei auch emotional und moralisch genutzt, um Parallelen mit aktuellen Ereignissen zu ziehen.

a. Die Anforderungen an die Gedenkstätten haben mit dem 50. Jahrestag zugenommen:

– Die Besucherzahlen sind im Durchschnitt 1995 um 25 Prozent gestiegen;

- die Korrespondenz mit den Überlebenden, das Festhalten ihrer Lebenserinnerungen und das Bewahren von Objekten aus der Lagerzeit hat stark zugenommen;
- große Forschungslücken müssen noch geschlossen werden, wobei die Öffnung der Archive in Osteuropa einen riesigen Quellenbestand zugänglich macht.

b. Auch weiterhin werden die Gedenkstätten als Friedhöfe genutzt. Zum einen von den Angehörigen als Orte individueller Trauer, da zumeist keine individuellen Grabstätten vorhanden sind. Zum zweiten für gesellschaftliche Rituale. Die Gedenkstätten sollten für letztere ein Forum bieten, ohne sich inhaltlich selbst einseitig festzulegen.

c. Trotz des zunehmenden zeitlichen und lebensgeschichtlichen Abstandes nicht nur der jüngeren Besucher kann bei guter Vorbereitung und einer auf die Bedürfnisse der Interessenten abgestimmten inhaltlichen Arbeit Interesse geweckt und Nachdenken angeregt werden. Gerade die „Aura" – wie von Walter Benjamin reflektiert – des „authentischen Ortes", an dem sich die Geschichte konkret ereignet hat, wird als Beweis für das tatsächlich Geschehene und als Ausgangspunkt für eine weitergehende Auseinandersetzung zunehmend wichtiger werden.

d. Überdidaktisierung ist in der Bildungsarbeit zu vermeiden, eine Moralisierung der historischen Darstellung und der Rückschluß auf eine Nutzanwendung für heutiges Denken und Tun ist von Seiten der Gedenkstätten abzulehnen.

Insbesondere die lineare Herstellung eines Bezuges von den NS-Verbrechen zu aktuellen Menschenrechtsverletzungen birgt die Gefahr der tagespolitischen Nutzanwendung in sich, die zur Unglaubwürdigkeit führen wird. Wieso braucht man den Vergleich mit dem NS-Terror, um sich heute für Demokratie und Menschenrechte einzusetzen?

e. In ihrer Tätigkeit werden sich die Gedenkstätten voraussichtlich immer stärker an guten zeitgeschichtlichen Museen orientieren: Bewahren, Sammeln, Dokumentieren bezeichnen ihre Hauptaufgaben.

Mit ihrem besonderen Thema bieten sie – im Sinne von Hannah Arendt – die Möglichkeit, die Konfrontation mit den von Deutschen begangenen Verbrechen zu führen und fordern dazu auf, dies aufzuhalten. Insofern leisten sie einen wichtigen Beitrag zum Geschichtsbild. Im Vergleich zu normalen Museen ist die finanzielle und personelle Ausstattung der Gedenkstätten – berechnet auf einen Besucher – jedoch schätzungsweise um das zehn- bis 20-fache schlechter. Mit dieser Ausstattung können Gedenkstätten nicht den professionellen Ansprüchen, die an sie herangetragen werden, gerecht werden.

f. Erst nachdem die Gedenkstätten den Anforderungen des „Standbeines" der historischen Information gerecht geworden sind, dürften sie ihren Möglichkeiten in der politischen Bildung mit vergleichenden und aktualisierenden Bezügen nachkommen. Die Auseinandersetzung muß vielschichtig sein und den Besuchern die Möglichkeit bieten, ihre Bezüge wählend zu ergreifen. Hierbei können die Einrichtungen vielfältige Hilfestellungen und Diskussionsanlässe bieten.

Die Arbeit der Gedenkstätten in Deutschland ist „germanozentriert" (Günter Morsch), und die „deutsche Erinnerung" an die NS-Vergangenheit bewegt sich in dem Dilemma, im erinnernden „Wir" die ethnische Verengung der Volksgemeinschaft fortzuschreiben (Dan Diner).

Neben der Darstellung der historischen Ereignisse wird in der Zukunft an diesen Orten – auch in der internationalen Diskussion – vermutlich stärker über Fragen von Menschheitsverbrechen diskutiert werden. Neben der spezifischen historischen Perspektive aus deutscher Sicht werden auch Vergleiche mit anderen Verbrechensregimen an Bedeutung gewinnen. Dies muß mit der gebotenen Sensibilität und Sorgfalt geschehen.

Die Gedenkstätten können die wichtige Rolle, die sie durch ihre Tätigkeit in den letzten Jahren gewonnen haben, nur dann beibehalten, wenn die Gesellschaft und ihre Entscheidungsträger insgesamt bereit sind, die Auseinandersetzung mit den NS-Verbrechen als einen Teil der deutschen Kultur und des Geschichtsbildes anzunehmen und die konkrete Arbeit finanziell und personell zu unterstützen.

Die weitere Bearbeitung der grundlegenden inhaltlichen Fragen muß in den Gedenkstätten losgelöst von der Tagespolitik mit der notwendigen Ruhe und Muße vorgenommen werden. Wie weit der Prozeß der Musealisierung oder der Aktualisierung dabei vorangetrieben wird, ist noch nicht entschieden und wird voraussichtlich auch in Zukunft immer wieder hinterfragt und verändert werden.

Gedenken und Erinnern – 50 Jahre danach

JOHANNES TUCHEL

Eine demokratische Gesellschaft ist nicht lebensfähig ohne die Besinnung auf ihre eigene Geschichte. Geschichte, also vergangene Realität, kann nur vorbehaltlos angenommen werden. Wir können uns nicht auf jene Teile unserer deutschen Geschichte beschränken, die wir für „gut" oder „traditionswürdig" halten. Insofern ist die Erinnerung an die Diktatur des Nationalsozialismus, an den Terror des NS-Regimes und seiner Opfer, aber auch an diejenigen, die sich dem Nationalsozialismus entgegenstellten, ein unverzichtbarer Bestandteil der demokratischen Kultur der Bundesrepublik Deutschland. Die Erinnerung an den 50. Jahrestag des Kriegsendes und die damit verbundenen Ereignisse sind daher wohl als ein Höhepunkt der Auseinandersetzung, nicht aber als deren Schlußpunkt zu betrachten.

Erinnern und gedenken sind aktive Formen der Auseinandersetzung mit der vergangenen Wirklichkeit. Insofern mahnen sie uns in besonderer Art und Weise, uns mit diesem Geschehen auseinanderzusetzen. Gedenkstätten als Orte der politischen Bildungsarbeit arbeiten jedoch nicht nur an einem Gedenktag, sondern dienen das gesamte Jahr über als Orte der Erinnerung, der Forschung und der Dokumentation. Wenn wir also der Erinnerung in der politischen Kultur der Bundesrepublik Deutschland einen besonderen Platz zuweisen, dann bedeutet dies auch, die Arbeit der Gedenkstätten in den Kontext unserer Gesellschaft zu stellen. Anders ausgedrückt: Gedenkstätten sind keine Museen, in denen man sich über eine entschwundene Vergangenheit „gruseln" kann, sondern sind eben Orte des Anstoßes. Sie machen deutlich, wie leicht demokratische Strukturen angegriffen werden können und wie schwer es ist, diese zu verteidigen. Gedenkstätten helfen uns dabei, denn sie zeigen nicht nur Repression und Terror der einen deutschen Diktatur, sondern sie zeigen auch, welche Handlungsmöglichkeiten und -spielräume der einzelne Mensch in dieser Diktatur besaß.

Gedenkstätten fordern so auf zum demokratischen Engagement, zur Partizipation und zur Einmischung in die Belange der demokratischen Gesellschaft.

Deutschland war in den Jahren 1933 bis 1945 das Land der Täter. In Deutschland liegen die Gedenkstätten für die Opfer der nationalsozialistischen Konzentrationslager, hier gibt es auch die Orte der Schreibtischtäter (Topographie des Terrors, Haus der Wannsee-Konferenz, Inspektion der Konzentrationslager) und die Gedenkstätten für den Widerstand gegen den Nationalsozialismus. Die authentischen Orte, vor allem die Gedenkstätten in den Konzentrationslagern, sind vom Verfall bedroht, wie etwa in Sachsenhausen, Buchenwald oder Ravensbrück, einige Gedenkstätten, wie etwa Dachau, haben eine vollkommen unzureichende personelle und materielle Ausstattung, an anderen Orten, wie etwa in Flossenbürg, findet fast keine politische Bildungsarbeit statt. Wenn wir uns um diese authentischen Orte kümmern, Entscheidungen treffen, was wir von der historischen Substanz erhalten wollen und nicht alles verfallen lassen, benötigen wir in Deutschland keine konstruierten Museen für dieses Geschehen der nationalsozialistischen Zeit. Selbst wenn klar ist, daß nicht jeder Rest der historischen Substanz in den großen Flächen von Ravensbrück und Sachsenhausen erhalten werden kann, so müssen doch die Entscheidungen über das, was erhalten werden soll, bald fallen – sonst ist alles ver- oder zerfallen, und man hat die Entscheidung nicht getroffen, sondern dem Zahn der Zeit überlassen. Dies wäre allerdings ein total unangemessener Umgang mit der Vergangenheit.

Historische Stätten verlangen aber auch Sensibilität. Wenn wir uns etwa daran erinnern, daß im Eingangsgebäude von Flossenbürg einige Zeit lang Sozialwohnungen untergebracht waren, daß auf weiten Teilen von Neuengamme eine Jugendstrafanstalt steht, und uns zudem die Diskussion über den Supermarkt in Ravensbrück und den unwürdigen Umgang mit dem Hafen und dem Klinkerwerk in Sachsenhausen vor Augen halten, dann wird deutlich, wie viele Fehler hier schon gemacht worden sind. Darum sollte man bald zumindest zu konzeptionellen Überlegungen kommen, welche Teile historischer Substanz man erhalten und welche man verfallen lassen will. Neubauten oder gar ein „Holocaust-Museum“ erübrigen sich vor diesem Hintergrund.

Gedenkstätten in den neuen Bundesländern waren nicht nur Orte der Erinnerung an die Opfer der nationalsozialistischen Herrschaft, sondern zugleich auch immer Orte der Selbstdarstellung des zweiten deutschen Staates. Hinzu kommt hier an vielen Stellen die Verquickung von nationalsozialistischem Lager und sowjetischem Internierungslager. Diese drei historischen Ebenen gilt es bei jedem Umgang mit den Gedenkstätten in den neuen Bundesländern zu beachten. Die architektonische Überhöhung der Gedenkstätten in der früheren DDR hat in vielen Fällen die historischen Reste verdeckt und zerstört. Es gilt, sorgfältig abzuwägen, in welcher Art und Weise hier noch die echten Spuren der Vergangenheit der Lager sichtbar gemacht werden können. Wenn wir bei der Interpretation nationalsozialistischer Texte schon fast auf die Techniken der mittelalterlichen Quelleninterpretation zurückgreifen müssen, weil die Überlieferung so lückenhaft ist, warum sollten wir dann nicht die Kenntnisse der Archäologie für den Umgang mit diesen Stätten nutzen?

Grundsätzlich gilt also: 50 Jahre danach ist die Erinnerung an den Nationalsozialismus nicht beendet, können wir von einer „Bewältigung" der Vergangenheit nicht sprechen, sondern bestenfalls intensive Versuche der Aufarbeitung konstatieren. Die Situation der Gedenkstätten ist in Ost und West vor dem Hintergrund der finanziellen Lage der öffentlichen Hand schwieriger denn je geworden. Wer aber länger- oder kurzfristig an Gedenkstätten sparen will, sollte sich der Folgen für die demokratische Kultur in unserem Land bewußt sein.

Die nationalsozialistische Diktatur kann heute in Gedenkstätten nicht als ein abstraktes Herrschaftssystem dargestellt werden; dazu sind 50 Jahre doch eine zu lange Epoche. Es muß deutlich werden, daß uns das Beispiel des Nationalsozialismus vor Augen führt, wie sich ein Mensch in einer Diktatur verhalten kann: Er kann als Täter, Mitläufer, Denunziant oder Oppositioneller agieren, er kann aber auch ausgegrenzt und zum Opfer definiert werden. Die grundsätzliche Frage nach den Motiven, die Menschen zu ihrem Verhalten in einer Diktatur veranlassen, weist aber weit über den Nationalsozialismus hinaus. Besuche in Gedenkstätten sind kein Allheilmittel gegen die Versuchung totalitärer Ideen; sie können aber Anregungen geben, sich für die vielfältigen Strukturen einer demokratischen Gemeinschaft einzusetzen.

„Warum aber bin ich hier, wo ich doch hier nicht sein wollte?“
Wortbeiträge

In diesem Kapitel werden die Reden der Gedenkveranstaltungen vom 23. April 1995 in Ravensbrück und Sachsenhausen wiedergegeben. Die Ansprachen bei der Zeremonie in Tröbitz zum Gedenken an den Zug jüdischer Gefangener aus Bergen-Belsen schließen sich an. Den Abschluß des Kapitels bilden die Reden, die am 28. April 1995 anläßlich der Befreiung des Zuchthauses Brandenburg-Görden gehalten wurden.

Die Reden sind in der tatsächlichen Reihenfolge und im Wortlaut dokumentiert. Ins Deutsche übersetzte Beiträge sind gekennzeichnet.

Polnische ehemalige Häftlinge gedenken in Sachsenhausen

Gedenkveranstaltung in Ravensbrück am 23. April 1995

„Die Moorsoldaten", vorgetragen vom Chor der Stadt Lychen

Dieses in den berüchtigten Emslandlagern entstandene Lied eröffnete auf Wunsch der Häftlingskomitees die Gedenkveranstaltung in Ravensbrück.

Wohin auch das Auge blicket
Moor und Heide nur ringsum
Vogelsang uns nicht erquicket
Eichen stehen kahl und krumm.

Wir sind die Moorsoldaten
und ziehen mit dem Spaten
ins Moor.

Hier in dieser öden Heide
ist das Lager aufgebaut
wo wir dann vor jeder Freude
hinter Stacheldraht verstaut.

Wir sind die Moorsoldaten
und ziehen mit dem Spaten
ins Moor.

Morgens ziehen die Kolonnen
in das Moor zur Arbeit hin.
Graben bei dem Brand der Sonne
doch zur Heimat steht ihr Sinn.

Wir sind die Moorsoldaten
und ziehen mit dem Spaten
ins Moor.

Doch für uns gibt es kein Klagen
ewig kann's nicht Winter sein.
Einmal werden froh wir sagen:
Heimat du bist wieder mein.

Dann zieh'n die Moorsoldaten
nicht mehr mit dem Spaten
ins Moor.

GERTRUD MÜLLER

Vorsitzende der Lagergemeinschaft Ravensbrück/Freundeskreis e.V.

Meine Damen und Herren,
ich begrüße Sie alle sehr herzlich hier auf dem Gelände des ehemaligen Frauen-Konzentrationslagers Ravensbrück, wo 132.000 Frauen und Kinder eine schwere Leidenszeit durchmachen mußten.

Liebe Kameradinnen des In- und Auslandes,
im Namen der Lagergemeinschaft Ravensbrück/Freundeskreis e.V. der Bundesrepublik Deutschland begrüße ich Euch alle ganz besonders herzlich an der Stätte, wo wir nur noch eine Nummer waren, wo wir gedemütigt, erniedrigt und gefoltert wurden.

50 Jahre sind seit der Befreiung durch die Rote Armee vergangen, und wir alle sind mit der Gewißheit nach Hause gegangen, daß es niemals wieder Faschismus und Krieg geben darf. Leider müssen wir feststellen, daß in vielen Ländern der Neofaschismus sein Unwesen treibt, daß in der Bundesrepublik das Zyklon B, mit dem man Millionen unserer Kameradinnen, Kameraden und Kinder ermordet hat, immer noch hergestellt wird, daß wieder Kriege geführt werden, Kriege, die durch Verhandlungen gelöst werden könnten. Frauen und Kinder sind wiederum die Leidtragenden.

Auf dem ehemaligen Apellplatz in Ravensbrück: Ansprache von Gertrud Müller

Kameradinnen und Kameraden,
Zehntausende unserer Kameradinnen und Kinder mußten wir bei der Befreiung durch die Rote Armee in Ravensbrück zurücklassen, weil sie von den Faschisten bestialisch ermordet wurden, ermordet, weil sie Juden, Sinti und Roma, Bibelforscher, Christen, Kommunisten und Sozialdemokraten waren und weil sie einer anderen Rasse und einem von den Faschisten okkupierten Land angehörten.

Wir gedenken heute aller unserer Ermordeten, und sie dürfen niemals vergessen werden.

Verehrte Anwesende, liebe Kameradinnen und Kameraden,
in unserer Mitte begrüße ich sehr herzlich einen Kraftfahrer des Schwedischen Roten Kreuzes, das noch vor Kriegsende Hunderte unserer Kameradinnen aus dem Lager holte und vielen somit das Leben rettete.

Nehmen Sie bitte die Grüße und den Dank an Ihre Kollegen mit nach Schweden.

Ebenfalls begrüße ich in unserer Mitte zwei Vertreter unserer Befreier von der Roten Armee, und zwar Frau Anna Kurlender aus Minsk und Prof. Jakow Szameilowitsch Drabkin, Mitglied des Stabs der 49. Armee der 2. Belorussischen Front.

Ich bitte Sie, den Dank und die Grüße an die Kriegsveteranen mit nach Rußland zu nehmen, aber auch an die Mütter und Frauen, die ihre Söhne und Männer im Kampf um unsere Befreiung verloren haben.

Ravensbrück und die Uckermark dürfen niemals in Vergessenheit geraten, denn Zehntausende Frauen und Kinder sind hier begraben, oder ihre Asche ist im Schwedtsee versenkt.

Uckermark ist ein großer Friedhof und darf nicht dazu verwendet werden, eine Straße durchzuziehen.

Ebenfalls muß das Siemensgelände in die Gedenkstätte miteinbezogen werden, denn Tausende unserer Kameradinnen und Kinder mußten dort in 20 Produktionshallen Sklavenarbeit leisten. Keiner unserer Kameradinnen wurde bisher von Siemens der gerechte Lohn bezahlt.

Nicht vergessen möchte ich, die hier anwesenden Bürgerinnen und Bürger von Fürstenberg sehr herzlich zu begrüßen, die damit bekunden, daß sie Ravensbrück annehmen und daß sie verstehen, weshalb wir den Supermarkt auf blutgetränkter Erde ablehnten.

Kameradinnen und Kameraden,
die Solidarität und Völkerfreundschaft, die wir im Lager gepflegt haben, besteht bis heute, und sie wird weiter bestehen.

Die von den Faschisten inhaftierten deutschen Frauen und Männer haben der Welt gezeigt, daß es noch ein anderes Deutschland gab als das faschistische.

Ich wünsche Euch nun allen einen den Verhältnissen entsprechenden Aufenthalt hier in Ravensbrück, und nehmt bitte die Grüße an die Kameradinnen und Kameraden mit nach Hause, die aufgrund ihres Alters oder Krankheit heute nicht unter uns sein können.

Unser Kampf gegen Faschismus und Krieg muß weitergehen, bis die Welt endlich begriffen hat, daß alle Menschen ein Recht haben, in Frieden und Sicherheit zu leben.

Niemals wieder Faschismus!

Niemals wieder Ravensbrück!

Niemals wieder Krieg von deutschem Boden!

ROSE GUÉRIN
Präsidentin des Internationalen Ravensbrück-Komitees
(übersetzt aus dem Französischen)

(...)
An dieser Stätte, wo mehr als 100.000 Frauen aus ganz Europa unter der grausamen Nazi-Barbarei gelitten haben, wollen wir all unserer Leidensgenossinnen ehrfurchtsvoll gedenken, die verhungerten, vergast oder erschossen wurden, an Krankheit, unmenschlicher Arbeit oder durch die Schläge der SS umgekommen sind. Gedenken wir auch der jüdischen, der Sinti- und Roma-Kinder, sowie all der Neugeborenen, die in diesem Lager erbarmungslos umgebracht wurden.

Durch den Sieg der Koalition, die sich gegen Hitler richtete und durch mutige Widerstandskämpfer aus ganz Europa unterstützt wurde, entdeckte die Menschheit mit Erschrecken vor fünfzig Jahren das Unvorstellbare: Die Wirklichkeit der Konzentrations- und Massenvernichtungslager, in denen die alliierten Truppen Leichenberge und ausgehungerte Überlebende vorfanden.

Wie ist Überleben überhaupt möglich gewesen? Die Solidarität, die wir hier organisieren konnten, hat uns geholfen – hauptsächlich eine moralische, aber trotz der Not auch eine materielle Solidarität.

Wir, die Überlebenden, haben seit 50 Jahren ununterbrochen die Erinnerung wachgehalten an die durch das Nazi-Regime verübten Greueltaten und Verbrechen gegen die Menschlichkeit. Dieses Regime ist im Nürnberger Prozeß unwiderruflich verurteilt worden.

Wir geben dies an die jüngeren Generationen weiter und mahnen sie zur Wachsamkeit gegen jegliches Wiederaufkommen von Rassismus, Antisemitismus, Faschismus und Krieg.

Wir wenden uns an die Jugend und rufen sie dazu auf, überall für Demokratie, Menschenrechte und Völkerverständigung einzutreten. Mit Freude und Zuversicht begrüßen wir die Jugendlichen, die so zahlreich hier erschienen sind, um mit uns des 50. Jahrestags unserer Befreiung zu gedenken.

Unser Dank gilt den alliierten Streitkräften, die das Hitler-Regime besiegt haben, und insbesondere den Angehörigen der sowjetischen Panzereinheit, die als erste dieses Lager betreten haben. Wir bedanken uns auch bei dem Schwedischen Roten Kreuz, das mit seinen Fahrzeugen einigen von uns in die Freiheit verhalf.

Wie alle fünf Jahre ist unser Internationales Komitee nach Ravensbrück gekommen, um unserer Toten zu gedenken und unsere wichtigste Botschaft erneut laut zu verkünden: Alles zu tun, damit so etwas nie wieder passiert.

Wir danken der Bundesregierung und der Regierung des Landes Brandenburg für die Unterstützung bei der Vorbereitung dieser Veranstaltung.

Wir vergessen nicht, daß die ersten Insassen dieses Lagers deutsche Frauen waren, die gegen den Faschismus gekämpft hatten. Diese Frauen sind, an der Seite der Überlebenden aus allen Ländern Europas, die von den Truppen Hitlers besetzt und gequält wurden, Mitglieder des Internationalen Komitees.

Vor einem Jahr hat unser Internationales Komitee folgenden Aufruf verabschiedet:

Wir, die in Freundschaft verbundenen Überlebenden von Ravensbrück, haben versprochen, uns zu erinnern, zu mahnen und vom Unbeschreiblichen zu berichten.

Im kommenden Jahr gedenken wir des 50. Jahrestags der Befreiung von Ravensbrück durch die sowjetischen Truppen im Jahre 1945.

Verschiedene Ereignisse haben in der Welt stattgefunden: Das Ende der Apartheid in Südafrika und das Abkommen zwischen der PLO und dem Staat Israel sind Friedenshoffnungen.

Jedoch stellen wir auch schreckliche Ereignisse fest, die Länder wie das ehemalige Jugoslawien oder Ruanda erschüttern. Wir sagen:

Der Krieg ist kein Mittel für die Lösung von Problemen!

Wir erheben uns gegen neofaschistische und neonazistische Tendenzen!

Wir lehnen die Perspektive eines abscheulichen Chaos ab, wie wir es schon einmal erlebt haben!

Bleiben Sie wachsam mit uns, den Ehemaligen von Ravensbrück!

MANFRED STOLPE

Ministerpräsident des Landes Brandenburg

Meine sehr verehrten Damen und Herren, liebe Gäste, die Sie aus aller Welt an diesem wichtigen Gedenktag den Weg nach Ravensbrück in Brandenburg fanden!

Ich möchte meiner Freude Ausdruck geben, daß so viele ehemalige Ravensbrückerinnen trotz der leidvollen Erfahrungen, die sie hier machen mußten, den Faden der Erinnerung wieder aufnehmen und sich in diesem denkwürdigen 50. Jahr der Befreiung noch einmal ihrem leidvollen Schicksal stellen. Ihr Kommen ist für uns verpflichtend.

Wir grüßen und ehren damit auch all jene, die nicht mehr die Kraft fanden, nach Fürstenberg zu kommen, und wir gedenken jener Frauen, die in Ravensbrück ihr Leben ließen. Wir stehen hier an einem Ort, der es nicht leicht macht, Worte zu finden für das, was sich hier abspielte. Ravensbrück war das einzige Frauen-Konzentrationslager auf deutschem Boden.

Konzentrationslager an sich sind schon Ausdruck einer pervertierten Ideologie von Rassenwahn, Terror und Vernichtung. Ein Frauen-Konzentrationslager ist in erhöhtem Maße unmenschlich.

Mädchen, Jugendliche und Frauen jeden Alters wurden hier inhaftiert für Verbrechen, die keine waren: Sie hatten sich am Widerstand gegen die Nazis beteiligt, hatten den Arbeitsdienst verweigert, sie waren Jüdinnen, Sinti oder Roma, stammten aus 20 Nationen, waren Anhängerinnen verbotener Glaubensrichtungen. Sie paßten eben nicht in das Nazi-Gesellschaftsbild und wurden verfolgt, gemartert, ermordet.

Sie haben gelitten. Sie mußten unbeschreibliche körperliche und seelische Qualen aushalten. Sie hatten ständig den Tod vor Augen und starben; viele Tausende.

Doch gerade auch aus Ravensbrück gibt es Zeugnisse dafür, daß in diesen Frauen die Menschlichkeit nicht gestorben war. Weder die Schinderei für die Rüstungsindustrie, noch die unzumutbaren Lebensbedingungen im Lager, noch die unmenschlichen ärztlichen Versuche konnten das Mütterliche in ihnen töten. Hier wurden auch Kinder eingeliefert und lebten unter den unwürdigsten, kaum vorstellbaren Bedingungen. Aber es gab immer eine Hand, die sie gestreichelt hat.

Die Frage, woher der Mut kam, können einzig die Frauen beantworten, die hier gelebt und gelitten und überlebt haben. Wir möchten nachfragen, denn Zivilcourage ist eine Tugend, die damals wie heute für ein menschliches Zusammenleben nötig ist. Und sie ist gefährdet.

So sagt Primo Levi, italienischer Jude und Widerständler, Überlebender von Auschwitz: „Es ist geschehen, und folglich kann es weiterhin geschehen: darin liegt der Kern dessen, was wir zu sagen haben. Es kann geschehen, überall."

Wir werden mit den Gedenkfeiern in Ravensbrück und Sachsenhausen an dieses Kapitel deutscher Geschichte erinnern, und wir wollen das Erinnerte bewahren. Deshalb wünsche ich mir, in Ihre Gesichter zu schauen, Ihre Geschichten zu hören.

Ich danke allen, die unsere Einladung nach Brandenburg angenommen haben. Nehmen Sie die Gewißheit mit nach Hause, daß Ihr Leben und Leiden 50 Jahre danach und auch künftig nicht vergessen sind.

RITA SÜSSMUTH
Präsidentin des Deutschen Bundestages

„Ich weiß, daß wenigstens Du mich nicht vergessen wirst.
Mit Dir darf ich weiterleben.
Du sagst den Menschen, wer ich war. ..."

Diese Worte schrieb die Tschechin Milena Jesenska, die Ravensbrück nicht überlebte, an ihre Vertraute Margarethe Buber-Neumann im Lager, um uns zu sagen: „Vergeßt mich nicht".

Nicht vergessen werden zu wollen, das heißt, nicht umsonst gelebt zu haben, als unverwechselbare Person, als unverwechselbares Ich zu bestehen, trotz der Erfahrung der totalen Ausschaltung und Vernichtung von Lebensrecht und Menschenwürde. Weiterleben, das heißt aber auch, das weiterzugeben, wofür Menschen gelitten und was sie durchlitten haben.

Reden an einer Stätte, an der wir 50 Jahre nach der Befreiung heute mit vielen überlebenden Häftlingen von Ravensbrück der Opfer gedenken, die in den Jahren 1938 bis 1945 hier auf schreckliche Weise gequält, gefoltert, ermordet wurden, verpflichtet, das zur Sprache zu bringen, was weder dem Schweigen noch dem Vergessen anheim fallen darf.

Ministerpräsident Manfred Stolpe, Bundestagspräsidentin Rita Süssmuth und die Präsidentin des Bundesverfassungsgerichtes Jutta Limbach am 23. April 1995 in Ravensbrück

Ravensbrück war ein „Frauenkonzentrationslager", von den Frauen selbst als ein „Ort des Grauens", als „die Hölle auf Erden" beschrieben. Ravensbrück, so schreiben und berichten überlebende Opfer, war ein Ort, an dem in Erfahrung zu bringen war, wie alle ursprünglichen und anerzogenen menschlichen Gefühle und Verhaltsweisen ausgeschaltet, vernichtet und umfunktioniert werden können. Was erlebten die Häftlinge an den Aufseherinnen?

Aus der Erinnerung einer Überlebenden wurde folgende Erfahrung beherrschend: „Ich lebte in einer Welt des Hasses, der Unterdrückung und Erniedrigung. Um uns herum waren Aufseherinnen mit Hunden und Peitschen." Von einer „Schande unseres Geschlechts" spricht eine andere Überlebende. Aber diese Erfahrungen lassen aus meiner Sicht nicht den vereinfachenden und fatalen Schluß zu: Ob männlich oder weiblich, das Böse, die aggressive, zerstörerische Triebkraft ist in uns, ist unser angeborenes Schicksal.

Isa Vermehren, die sich gerade angesichts ihrer Beobachtungen und Erfahrungen in Ravensbrück mit diesem Phänomen intensiv auseinandergesetzt hat, kommt zu dem Ergebnis, daß natürliche Gefühlsgebundenheit, daß alles, was wir dem Menschlichen in seinem ursprünglichen und anerzogenen Formen zurechnen, zusammenbricht, wenn es systematisch im Menschen zerstört und ausgeschaltet wird.

Daraus folgt: Es kommt entscheidend darauf an, Widerstand gegen Unrecht und Willkür zur Verhinderung von totalitärer Willkür und Unrechtsherrschaft zu leisten. Wenn sich die Diktatur durchgesetzt hat, wenn die Unterdrückungsmaschinerie in Gang, die Kontrollen außer Kraft gesetzt sind, ist Widerstand einzelner nahezu aussichtslos. Umso übermenschlicher waren jene Widerstandskämpfe, die von vielen Frauen in aussichtsloser Situation durchgehalten wurden. Sie bezahlten mit ihrem Leben, uns mahnend, rechtzeitig Zivilcourage zu zeigen und Widerstand zu leisten, Intoleranz, Diskriminierungen, Ausgrenzungen nicht zuzulassen, uns nicht schleichend zu gewöhnen an unheilvolle Tendenzen, an Verletzung von Menschenrechten, an platte, aber äußerst gefährliche Forderungen von einzelnen Gruppen nach mehr Autorität, weniger Demokratie und weniger Machtkontrolle.

Deswegen ist es wichtig, daran zu erinnern, daß Ravensbrück auch ein Ort des menschlichen und politischen Widerstandes von Frauen, von deutschen und nichtdeutschen Frauen war, deren Leistungen ebenso wie die der Frauen des 20. Juli lange unbeachtet blieben und deren Spuren sich zum Teil bis heute noch im Dunkel der Geschichte verlieren. Und gerade in Ravensbrück gab es jene Frauen, die mit ungeheurer Menschlichkeit und Solidarität Tag für Tag versucht haben, entgegen alle Widerstände Menschenwürde aufrecht zu erhalten, anderen zu helfen, Lagerleben mit dem Anzeichen von Menschenwürde zu versehen.

So gab es trotz aller Vernichtung von menschenwürdigem Leben den fast aussichtslosen Kampf um Würde in der Würdelosigkeit, um Zeichen kleinster Hoffnung inmitten von Hoffnungslosigkeit. Der stärkste Antrieb, durchzuhalten, war die Hoffnung auf Freiheit. Das Ende von Gewalt und Unfreiheit war das stärkste Lebensmotiv, durchzuhalten bis zum Tag der Befreiung. Beispielhaft drückt sich dies wiederum in den überlieferten Worten einer Sterbenden aus, die da sagt: „Ich geb' Dir meinen Mantel, daß Du ihn noch in der Freiheit tragen kannst."

Vergessen wir diese tapferen Frauen nicht, denn das ist das Erbe, das wirkliche Credo von Ravensbrück: Die Würde des Menschen ist unantastbar. Auch in den Stunden tiefster Verzweiflung und Pein, angesichts von Folter, Unterdrückung und Terror haben Menschen um der Würde willen Widerstand geleistet.

Wir haben heute, am 50. Jahrestag der Befreiung des Konzentrationslagers Ravensbrück, eine vor Jahren ungeahnte Chance, mit allen hier Teilnehmenden, mit den Opfern, ein Zeichen zu setzen für Wahrheit und Versöhnung, für ein zukunftsbezogenes Erinnern und Handeln, das der Freiheit und Demokratie, dem Frieden und der europäischen und globalen Zusammengehörigkeit gilt.

Der Befreiung des Konzentrationslagers Ravensbrück gedenken, das heißt an brutalste Verbrechen, Folter und Mord von Frauen aller Altersgruppen, an Kinder, aller sozialen Schichten, vieler Nationen zu erinnern. Sie wurden interniert, weil sie politisch Widerstand leisteten oder weil sie als Zwangsarbeiterinnen in und außerhalb der Waffenindustrie gebraucht wurden, weil sie als rassisch-biologisch minderwertig und gefährlich eingestuft wurden, als völkisch schädlich und unbrauchbar ausgebeutet oder umgebracht werden sollten, unendlich gequält durch medizinische Experimente.

Vergessen wir nicht den verächtlichen Umgang der Nationalsozialisten mit den Frauen. Auch Frauen, gerade Frauen waren Opfer, aber auch Täter. Auch sie wurden in diesem männlich autoritärischen Herrschaftssystem als nichts anderes eingestuft denn als Instrumente nationalsozialistischer Ideologie, der Macht und des Terrors, beherrscht, gedemütigt, sexuell mißbraucht und vergewaltigt, geschwängert die einen, die anderen als biologisch und rassisch „Unwertige" zur Abtreibung gezwungen, mit Berufsverbot belegt und zugleich für schwerste Arbeiten eingesetzt.

Die andere Seite ist die der Täter. Vergessen wir nicht, es waren viele, die das Naziregime aus Überzeugung, Verblendung und Verführung direkt oder indirekt unterstützten, auch Frauen. Sie haben die Verbrechen nicht ausgedacht, waren aber – wenn auch zu einem zahlenmäßig kleineren Anteil – direkt oder indirekt als Täterinnen beteiligt. Aus diesem Wissen erwächst gerade uns Frauen eine besondere menschliche und politische Verpflichtung: Aufgrund unserer spezifischen historischen Erfahrung mit Ungleichheit, Unterdrückung und Ausgrenzung haben wir die unantastbare Würde der Person, die grundlegenden Menschenrechte unseres Grundgesetzes in besonderer Weise zu schützen und zu verteidigen. Unsere Aufgabe ist eine eminent politische, im privaten wie im öffentlichen Bereich: den Anfängen zu wehren, wachsam zu sein, zu ermutigen zu Zivilcourage und Widerstand gegen jede Form von Unrecht und Gewalt.

Dieses Gedenken in Ravensbrück verdanken wir jenen Häftlingen, die sich schon in den ersten Nachkriegsjahren, lange vor dem in der DDR 1953 ergangenen Verbot der Vereinigung der Verfolgten des Naziregimes dafür eingesetzt haben, daß Ravensbrück als Gedenkstätte erhalten und zugänglich gemacht wurde.

Unser Gedenken gilt allen, die hier und in anderen Konzentrationslagern Opfer der Nationalsozialisten wurden, der rassisch, politisch, religiös Verfolgten, aber ebenso der Sinti und Roma, der Lesben, der Homosexuellen, der Kranken und Behinderten, der Desertierten. Grenzen wir niemanden aus! Suchen wir nicht länger nach Abgrenzungen, die nichts anders sind als neue Ausgrenzungen.

Es erfüllt mich mit Scham und zugleich mit großer Hoffnung, daß überlebende Opfer von überall aus Europa und anderen Kontinenten zum Teil erstmals hierher zurückgekommen sind, um öffentlich zu bekunden, was sie erlitten haben und welche Leiden und Verbrechen sie für immer verhindern wollen, daß sie sich hier gegen das Vergessen stellen und zur Versöhnung bereit sind, wo angesichts der grauenvollen Erfahrungen Versöhnung vielleicht erhofft, aber keinesfalls erwartet werden konnte.

Wenn ich mir bewußt mache, was den Polen und danach den anderen Völkern nach dem militärischen Überfall widerfahren ist, Vertreibung, massenhafte Erschießungen, Deportation wie auch Vernichtung der politischen Intelligenz, und was dann im weiteren totalen Krieg und der Vernichtung der Juden erfolgte, so kann ich kaum ausdrücken, welche Kraft daraus wachsen kann, was gemeinsames Gedenken heute bedeutet und welche Verpflichtung uns darüber verbindet.

Als der Krieg zu Ende ging, war ich ein Kind, acht Jahre alt. Damals wußte ich noch nichts von diesem grauenvollen Verbrechen. Und als der Krieg zu Ende ging, war es für mich das Ende der Bombennächte, aber auch Konfrontation mit heute noch nachwirkenden Ängsten. Wo war der Vater, lebte er noch? Es gab die nächtlichen Flucht- und Versteckungsaktionen, Hunger herrschte, alles lag in Trümmern, Hunderte von Flüchtlingen kamen in unseren Ort, ausgezehrt und verzweifelt ebenso wie die mir in Erinnerung gebliebenen später folgenden Heimkehrer aus der Kriegsgefangenschaft.

Was wirklich geschehen war, welche Verbrechen vom Naziregime, von Deutschen und in deutschen Namen begangen wurden, das erfuhr ich erst Jahre später. Umso beschämender und bedrückender und unverständlicher empfinde ich den jüngsten Streit in unserem Land um Befreiung oder Nichtbefreiung, um Leid und Unrecht der einen und der anderen. Es muß Schluß sein damit, das Leid und Unrecht der einen gegen das der anderen aufrechnen zu wollen. Niemand verkennt oder bestreitet das Leid, das durch Krieg und Nachkriegszeit auch den Deutschen widerfahren ist, aber wir sollten Ursachen und Folgen nicht miteinander verwechseln.

Angesichts der Entwicklung, die hinter uns liegt, der großen Aufgaben, aber auch Chancen, die vor uns liegen, ist es unverantwortlich, darüber zu streiten, ob wir befreit oder nicht befreit wurden. Arbeiten wir an der Versöhnung, beenden wir den Streit. Objektiv sind wir von dem verbrecherischen Naziregime befreit worden, subjektiv ist das von vielen am Kriegsende und angesichts der Kriegsfolgen anders erlebt worden. Sagen wir Nein zu einem spaltenden Vergessen, setzen wir auf die Kraft der Wahrheit und der Versöhnung und arbeiten wir an einer Zukunft ohne Diktatur und Krieg.

„Das Erbe von Ravensbrück muß weitergetragen werden..." waren die warnenden und mahnenden Worte von Erna Lugebiel, einer der im Lager inhaftierten Frauen, der wir ein persönliches Zeugnis aus dieser Zeit verdanken. Aber das Wichtigste ist, daß wir neben klarer Stellungnahme zu den aufkommenden Tendenzen, zu neuem Nationalismus, Rassismus, Antisemitismus und Fremdenfeindlichkeit, sich ausbreitendem Egoismus mit offenen Regelverstößen gegen die Gemeinschaft und ihre Verpflichtungen untereinander, in Erinnerung und Gedenken eine auffordernde Frage nicht außen vor lassen: Was tust Du heute, morgen, übermorgen, damit Vergleichbares, damit neues Unrecht, damit Ravensbrück sich nicht wiederholt?

Ich schließe mit der Botschaft der Überlebenden:

Nie wieder! Schweigt nicht! Prangert die Lager in aller Welt an! Seht nicht weg, wo Menschen gequält und vernichtet werden! Zieht euch nicht in die Nischen der unauffälligen Anpassung zurück!

Ich danke allen, die gekommen sind zu erinnern. Arbeiten wir am Werk der Versöhnung und des Friedens.

ROMANI ROSE

Vorsitzender des Zentralrates Deutscher Sinti und Roma

Zunächst möchte ich die anwesenden Überlebenden begrüßen.

Sehr geehrte Frau Bundestagspräsidentin,
sehr geehrter Herr Ministerpräsident,
sehr verehrte Frau Präsidentin Guérin,
meine sehr verehrten Damen und Herren,

Vor 50 Jahren wurden die letzten Überlebenden der nationalsozialistischen Konzentrations- und Vernichtungslager befreit. Dieses historische Datum verpflichtet uns, aller Opfer der NS-Vernichtungspolitik zu gedenken und gemeinsam dafür Sorge zu tragen, daß ihr Vermächtnis auch künftig bewahrt bleibt.

Das ehemalige Frauenkonzentrationslager Ravensbrück ist für uns Sinti und Roma eine wichtige Stätte der historischen Erinnerung und der Trauer um den Verlust unserer Angehörigen. An dem Ort, an dem wir heute stehen, wurden unsere Menschen aufgrund ihres bloßen Daseins mißhandelt und ermordet.

Diese mit der sogenannten „Rasse“ begründete Aussonderung und Verschleppung der Sinti und Roma, ihre beabsichtigte vollständige Vernichtung vom Säugling bis zum Greis, schließlich die fabrikmäßige Entmenschlichung und Ermordung von über 500.000 unserer Menschen im nationalsozialistisch besetzten Europa verdeutlicht die Einmaligkeit des Holocaust in der Geschichte der Menschheit. Es gibt keine Familie unter unseren Menschen, die im „Dritten Reich“ nicht den Verlust von Angehörigen zu beklagen hätte. Sie wurden aus ihren Lebensverhältnissen, aus ihren Berufen, aus ihrer Nachbarschaft herausgerissen und in die nationalsozialistischen Konzentrations- und Vernichtungslager verschleppt oder von den Mordkommandos der SS – den sogenannten Einsatzgruppen – hinter der Ostfront systematisch erschossen.

Auch das Konzentrationslager Ravensbrück war eines der Zentren der NS-Verfolgungs- und Vernichtungspolitik gegenüber unserer Minderheit. Die ersten Deportationen von Sinti und Roma in das eigens für Frauen errichtete Konzentrationslager erfolgten im Juni 1939, als Sinti- und Romafrauen mit ihren Kindern aus dem österreichischen Burgenland hierher verschleppt wurden, wo sie in SS-Betrieben unter unmenschlichen Bedingungen Zwangsarbeit leisten mußten. Unzählige wurden mißhandelt und zu Tode gefoltert.

Als ab April 1944 vor der sogenannten „Liquidierung“ des „Zigeunerlagers“ Auschwitz-Birkenau alle „Arbeitsfähigen“ ausselektiert wurden, kamen weit über 1.000 Sinti- und Romafrauen nach Ravensbrück, wo sie vor ihrer endgültigen Ermordung als Sklavenarbeiterinnen für die deutsche Rüstungsindustrie mißbraucht werden sollten – „Vernichtung durch Arbeit“ nannte man dies in der zynischen Sprache der SS.

Ein besonders grausames Kapitel der Leidensgeschichte der Angehörigen unserer Minderheit in Ravensbrück stellten die qualvollen Sterilisationsexperimente dar, die SS-Ärzte wie der SS-Brigadeführer Professor Clauberg an jungen Sinti- und Romamädchen skrupellos durchführten, oftmals ohne Narkose und mit tödlichem Ausgang. Auch diejenigen Frauen, die überlebten, blieben ihr Leben lang gezeichnet von den körperlichen und seelischen Wunden dieser grausamen Experimente.

Ihr Schicksal, das Leiden und das Sterben aller Verfolgten und Ermordeten, dürfen niemals in Vergessenheit geraten. Bis heute werden die Überlebenden des Holocaust von ihren schrecklichen Erinnerungen heimgesucht, trauern sie um den Verlust ihrer Angehörigen, werden sie von jener „Überlebensschuld“ gepeinigt, die der jüdische Auschwitz-Überlebende Arno Lustiger einmal eine „unheilbare Wunde“ genannt hat. Namen wie Auschwitz-Birkenau, Chelmo, Buchenwald oder Ravensbrück haben sich tief in das kollektive Gedächtnis unserer Minderheit eingegraben. Die historische Erfahrung des Holocaust wird die Identität auch unserer künftigen Generationen prägen. Die Erinnerung an den Völkermord an den Sinti und Roma im Nationalsozialismus beinhaltet zugleich die besondere Verpflichtung der Bundesregierung, die hier seit über 600 Jahren beheimateten deutschen Sinti und Roma als eine nationale Minderheit anzuerkennen und gleichberechtigt neben der dänischen und sorbischen Minderheit in die entsprechenden internationalen Vereinbarungen mit aufzunehmen.

Meine sehr geehrten Damen und Herren, auch 50 Jahre danach darf es keinen Schlußstrich geben, müssen wir uns allen Versuchen, die in deutschem Namen begangenen Völkermordverbrechen zu relativieren oder Schuld aufzurechnen, engagiert widersetzen. Auch künftig muß die historische Erinnerung an den Holocaust ein wesentlicher Bestandteil dessen sein, was deutsche Identität ausmacht.

Dabei kommt den heutigen Mahn- und Gedenkstätten eine herausragende Bedeutung zu: Als internationale Begegnungsstätten bringen sie jungen Menschen immer wieder von Neuem die mörderischen Folgen von Ausgrenzung und Diskriminierung zu Bewußtsein. Denn keineswegs haben Phänomene wie Antisemitismus und Rassismus mit dem Zusammenbruch des „Dritten Reiches“ im Jahre 1945 ihr Ende gefunden. Mit Sorge beobachten wir heute eine dramatische Zunahme rechtsextremer Gewalt gegen Ausländer, Behinderte oder Angehörige von Minderheiten. Im vereinigten Deutschland wird es für Menschen, die bedroht sind von Folter und Gewalt, zunehmend schwieriger, Zuflucht zu finden. An die NS-Verbrechen zu erinnern, beinhaltet daher zugleich die Verpflichtung, heutiges Unrecht anzumahnen und allen gegenwärtigen Formen von Ausgrenzung entschieden entgegenzutreten. Insbesondere erwächst aus der historischen Erfahrung der nationalsozialistischen Konzentrations- und Vernichtungslager eine besondere Verantwortung der Bundesrepublik Deutschland, sich sichtbarer als bisher für die Menschenrechte einzusetzen, die in weiten Teilen der Welt – auch in Europa – noch immer mißachtet werden. An einem Ort wie Ravensbrück dürfen wir nicht die Augen davor verschließen, daß heute erneut Verbrechen gegen die Menschlichkeit begangen werden, wie in Bosnien, Tschetschenien oder in der Türkei.

Ohne den Willen zur historischen Erinnerung kann es kein friedliches Miteinander geben, und Gleichgültigkeit gegenüber heutigem Rassismus kann ebenso mörderisch sein wie die unmenschliche Tat selbst. Gerade jetzt, wo der braune Ungeist wieder sein menschenverachtendes Gesicht zeigt, müssen wir daran erinnern, daß vor 50 Jahren nicht nur die letzten Überlebenden der Konzentrations- und Vernichtungslager befreit wurden, sondern daß Deutschland als Ganzes befreit wurde von der nationalsozialistischen Diktatur, die unermeßliches Leid über ganz Europa gebracht hat. Gemeinsam müssen wir alles dafür tun, daß sich Auschwitz, Ravensbrück und all die anderen Orte des Schreckens nie mehr wiederholen.

Ich danke Ihnen.

GUDRUN APPEL
Bürgermeisterin von Fürstenberg

(...)

Es bewegt mich, als Bürgermeisterin der Stadt Fürstenberg/Havel tief, überlebende Frauen, Kinder und Männer des ehemaligen Konzentrationslagers Ravensbrück und auch deren Befreier hier an diesem Ort nahe unserer Stadt Fürstenberg/Havel begrüßen zu können. In Fürstenberg und Ravensbrück kreuzten sich mehr als in anderen Orten der Welt unzählige Schicksale von Menschen unterschiedlichster Lebensweise und Weltanschauung.

Tausende Häftlinge konnten die Stunde der Befreiung nicht mehr erleben. Die sie erlebt haben, waren glücklich, die Hölle der Unmenschlichkeit und Menschenverachtung überlebt zu haben und verbanden zugleich Hoffnungen, Wünsche und ernstes Wollen damit, alles zu tun, so etwas Furchtbares nie wieder geschehen zu lassen, sondern wirkliche Humanität und gegenseitiges Verstehen über Grenzen und Anschauungen hinweg walten zu lassen.

Wenn wir heute Tausender Frauen, Kinder und Männer gedenken, die dieses Konzentrationslager Ravensbrück nicht überlebten, richten sich meine Gedanken auf die Worte Nachdenken und Gedenken, Erinnern und Ehren. All diese Worte sind verbunden mit der Vergangenheit und unserem heutigen Leben.

Gespräche mit ehemaligen Häftlingen und mit älteren Fürstenbergern halfen mir, das Nebeneinanderleben der Stadt Fürstenberg/Havel und des Konzentrationslager Ravensbrück besser zu verstehen.

Leben in scheinbarer Freiheit in einer Stadt mit herrlichen Seen und Wäldern und der Kampf um das Überleben in einer zusammengedrängten Sklaven- und Mördermaschinerie sind Kontraste eines Bildes von Deutschland, die zu Diskussionen aufrufen, aber auch Aktivitäten fordern, die sich gegen alle politischen Kräfte richten, die solche Unmenschlichkeit ermöglichten und die eine Fortsetzung der Menschenverachtung im sogenannten „neofaschistischen Kostüm" versuchen.

Unsere Welt benötigt auch noch nach 50 Jahren des militärischen Sieges über die faschistischen Großmächte Antworten für eine friedliche, demokratische Lösung unserer heutigen Probleme. Eine entscheidende Antwort ist, meiner Meinung nach, die aktive Auseinandersetzung mit der Geschichte.

Unsere Stadt Fürstenberg/Havel und das Konzentrationslager Ravensbrück – hier kreuzten sich Wege von Menschen vieler Nationen. Hier gibt es Menschen, die Häftlingskolonnen als „Kriminelle" vorbeiziehen sahen. Hier leben aber auch Menschen, die zu den Häftlingen Brot und Medikamente schmuggelten. Hier leben Menschen, die erst nach der Befreiung des Konzentrationslagers Ravensbrück erkannten, was dort geschehen sein muß.

Es gibt Bürger in Fürstenberg, die sich für die Verbrechen der SS in Ravensbrück schämen. Eine Aufgabe der Bürger unserer Stadt sollte es sein, insbesondere die junge Generation über das hier geschehene, menschenverachtende Unrecht aufzuklären und zur aktiven Auseinandersetzung mit der sie umgebenden Geschichte zu motivieren, damit ein Leben in Völkerverständigung und ohne Rassenhaß möglich wird.

Frauen auf dem Gelände der Gedenkstätte Ravensbrück

FRANZÖSISCHER SCHÜLER
(übersetzt aus dem Französischen)

Wir sind Schüler der dritten Gymnasialklasse und arbeiten bei einem Wettbewerb mit über die Résistance und die Deportation. Die Beschäftigung mit diesen Themen hat uns die Möglichkeit gegeben, etwas zu erfahren über die Schrecken, die in jener Zeit begangen worden sind und mehr zu erfahren und zu entdecken, als wir aus den Büchern kennen.

Dieser Besuch an dieser Stätte, an der so viel Schreckliches begangen worden ist, hat uns die Möglichkeit gegeben, in der kurzen Zeit, die wir hier sind, uns ein Bild davon zu machen, was hier geschehen ist. Welches Leid die Menschen hier zu erdulden hatten, aber auch, welche Solidarität sie geübt haben.

Ich glaube, es ist heute ganz besonders wichtig, sich mit dieser Vergangenheit zu beschäftigen und all derer zu gedenken, die hier umgekommen sind. Der Millionen Frauen, Männer und Kinder, die ermordet wurden und die dennoch die Botschaft an die nachfolgenden Generationen hinterlassen haben. Und dieser Botschaft wollen wir uns verschreiben: Alles zu tun, daß so etwas nie wieder geschieht.

Lagergebet, vorgetragen von der „Ravensbrückerin" Schwester Theodolinde:

Worte, Worte, Worte genügen nicht. Die Menschen erwarten eine Welt, die neu ist. Die Menschen hoffen auf eine Welt, die sich versteht. Wir sind da und fangen an, mit Ihnen, wenn Sie wollen.

Und jetzt darf ich ein Gebet sprechen von einer Lagerkameradin, die 1941 dieses Gebet in Polnisch gemacht hat, geschrieben hat, gebetet hat. Sie heißt Urszula Winska.

„Vater unser, der Du bist im Himmel
Und siehst unser heimatloses Leben
Nimm uns in Obhut, Deine treuen Kinder,
Stille die Tränen, die unsere Seele trüben.

Geheiligt sei Dein Name hier auf fremder Erde,
Wo wir, dem Vaterhaus gewaltsam entrissen,
Unter den Feinden und heimlich beten müssen.

Dein Wille geschehe, rufen wir demutsvoll,
Glaubend, daß Leid und Freude von Dir kommen müssen.
Daß Du uns alles gibst, Großer, Allmächtiger Gott,
und der tiefe Glaube wird unser Schicksal versüßen.

Herr, unser täglich Brot karge uns nicht!
Gib Kraft zum Überleben und für die Seele den Glauben,
Daß unsere Verbannung nicht ohne Ziel ist,
Daß wir vielleicht durch unsere alten Sünden leiden.

Vergib unsre Schulden, durch die Schwäche entstanden,
Wenn Zwiespalt, Schmerz, Verzweiflung unsre Seelen füllen,
Und wenn manche, o Herr, unter dem Kreuz fallen.

Führe uns nicht in Versuchung, die die Seele verdirbt,
Vor allem Bösen rette uns vielmehr
Und gib uns eine glückliche Heimkehr."

Denn Worte genügen nicht mehr. Wir sind da und wollen beginnen.

ERNST M. STEIN

Rabbiner i.R. der Jüdischen Gemeinde zu Berlin und Oberkantor Estrongo Nachama

An diesem Ort, wie an so vielen anderen in diesem Lande, an denen die Hölle von Menschen, von Unmenschen für so viele Frauen, Kinder, Männer zur Wirklichkeit gemacht wurde, da klingen Worte des Gebets hohl und unglaubwürdig.

So soll und darf unser vorsichtiger Versuch des Gebetes hier nicht dahingehend verstanden werden, daß Gott, der damals sein Gesicht verhüllte, nun von uns in die Geschehen und Verbrechen der Shoa, die von Menschen, von Unmenschen verübt wurden, einbezogen wird, oder gar als Zeichen und als Worte des Vergebens und Verzeihens.

Vor dieser Kulisse des Grauens und des Schreckens sprechen wir, stammeln wir Worte der Tradition, um uns, dem Überrest, einen Blick aus der Finsternis in eine Zukunft zu ermöglichen, in der das Leben „zum Trotz unsern Drängern" wieder unser ist.

Wir beten um das Erinnern von Mensch und Gott an die Leiden, das Vergessensein, den Tod der so vielen immer unschuldigen Opfer, deren Gräber namenlos, die im Rauch des Infernos verschwanden.

Für sie beten wir, nur für sie beten wir.

Kranzniederlegung am Mahnmal „Die Tragende"

Gedenkveranstaltung in Sachsenhausen am 23. April 1995

CHARLES DÉSIRAT
Präsident des Internationalen Sachsenhausen-Komitees
(übersetzt aus dem Französischen)

Sehr geehrter Herr Ministerpräsident des Landes Brandenburg!
Sehr geehrte Damen und Herren Landtags- und Bundestagsabgeordnete!
Sehr geehrte Bürgerinnen und Bürger der Länder Brandenburg und Berlin!

Im Namen meiner Kameraden, die aus allen überfallenen Ländern Europas deportiert und im Nazi-Konzentrationslager Sachsenhausen inhaftiert waren und jetzt brüderlich in unserem Internationalen Komitee vereint sind, möchte ich mich zuerst herzlich bei Ihnen bedanken, Herr Ministerpräsident.

Denn Sie, Ihre Minister sowie die Landtags- und Bundestagsabgeordneten haben Maßnahmen getroffen, die es sehr vielen Überlebenden und Familien unserer lieben Toten ermöglichen, gemeinsam des 50. Jahrestages unserer Befreiung durch die sowjetischen und polnischen Truppen und gleichzeitig des Sieges der Alliierten über das diktatorische, terroristische und unmenschliche Nazi-Regime zu gedenken.

Herzlichen Dank den Bürgerinnen und Bürgern aus Brandenburg und Berlin, die so zahlreich hier erschienen sind. Dieses Treffen ist das größte seit der Einweihung der Gedenkstätte an jenem Apriltag des Jahres 1961, als auch die Gedenkstätten in Ravensbrück und Buchenwald eingeweiht wurden.

Die heutige Veranstaltung steht unter der Schirmherrschaft des französischen Staatspräsidenten Francois Mitterand und genießt die Zustimmung zahlreicher Staatschefs.

Als ehemalige Häftlinge dieses KZ denken wir an die Tage unserer Befreiung

– Zurück an das Lager, in dem die Sterbenden und Invaliden unter dem Schutz inhaftierter Ärzte aller Nationen zurückgeblieben waren, die – selbst Häftlinge – dennoch so viele Leben gerettet haben.

– Wir gedenken auch der Zehntausende von Männern, Frauen und Kindern, die vom 20. April bis zum 10. Mai 1945 den grausamen und endlosen „Todesmarsch" nach Schwerin unternommen haben über Straßen gesäumt von Tausenden von Toten, die vor Erschöpfung umkamen oder von der SS ermordet wurden, und deren Leichen den Straßenrand säumten. Bis zum Ende des Marsches oder ihres Lebens sind jedoch alle solidarisch geblieben und haben sich gegenseitig unterstützt.

Denn selbst in der Tiefe des Infernos hat uns unser Glaube nie verlassen, der uns heute noch beseelt – der Glaube an eine strahlende, friedliche, solidarische Zukunft, die alle Völker, Bevölkerungsgruppen, Rassen und Menschen verschiedener Religionen und philosophischer Weltanschauungen brüderlich vereint.

Diese Gedenkstätte wurde nicht nur als Anklage gegen die grausamen und unmenschlichen Verbrechen der SS errichtet. Wir gedenken heute zugleich aller Frauen und Männer, die in Sachsenhausen, im Hauptlager sowie in allen Kommandos — Heinkel, Falkensee, Peenemünde, Klinker, Speer, KVA, Lichterfelde, Auer — inhaftiert waren. Wir gedenken auch der Inhaftierten des ersten Lagers in Oranienburg sowie der Frauen- und Kindertransporte, die Anfang 1945 hier aus Auschwitz eintrafen.

Alle bilden eine Familie.

Diejenigen, die seit 1933 in Oranienburg inhaftiert waren; jene, die später aus Esterwegen und ganz Deutschland kamen; die deutschen Juden, die nach der „Reichskristallnacht" inhaftiert wurden; die tschechischen Studenten und Professoren von 1939; diejenigen, die ab 1940 aus Krakau kamen; die französischen Bergleute aus den Departments Nord und Pas-de-Calais, die im Juli 1941 inhaftiert wurden; und die Tausenden sowjetischen Kriegsgefangenen, die im September 1941 systematisch ermordet wurden.

Sie alle sind unsere Brüder, genauso wie die Studenten und Professoren der Universität Oslo, die 1942 eintrafen; die französischen Geiseln und Widerstandskämpfer, die ab Januar 1943 massiv deportiert wurden; die Belgier, Luxemburger, Holländer, Dänen, Spanier, Italiener, Österreicher, Ungarn Bulgaren, Rumänen, Jugoslawen und die englischen Flieger, die nach ihrer spektakulären Flucht wieder inhaftiert wurden.

Das beispielhafte Verhalten dieser Gefangenen aller Nationen, die gegen die Nazi-Verbrechen Widerstand geleistet haben, sich dem Terror nicht beugen wollten und durch Solidarität das gemeinsame Überleben gesichert haben, muß vor dem Vergessen bewahrt und eine Lehre für die kommenden Generationen sein.

Im Januar 1943 konnte ich erste wertvolle Verbindungen mit inhaftierten und schon organisierten deutschen Kommunisten, Sozialdemokraten, Antifaschisten, Intellektuellen, Philosophen, und religiösen Kräften aufnehmen.

Alle bildeten eine Familie.

Ich denke da zum Beispiel an den Oktober 1941, als der Lagerälteste, Harry Naujoks, abgesetzt und zusammen mit den inhaftierten Sekretären mit dem Vermerk „R.U."(„Rückkehr unerwünscht") nach Flossenbürg abtransportiert wurde. Sie hatten versucht, möglichst viele sowjetische Kriegsgefangene zu versorgen und zu retten. Dieser internationalen Verständigung verdanken viele von uns ihr Leben, obwohl so mancher, der sich darum verdient gemacht hat, dies selbst mit seinem Leben bezahlen mußte.

Ich denke auch daran, als 24 deutsche und 3 französische Gefangene nach langen Verhören durch die Gestapo und den SD wegen Widerstand und Sabotage erschossen wurden, am 11. Oktober 1944, ein halbes Jahr vor der Befreiung.

Die Enttäuschungen haben sicherlich nicht gefehlt in diesen fünfzig Jahren.

Wie viele unserer Henker, wie viele der Verantwortlichen dieser unmenschlichen Taten sind, in allen Ländern, für ihre Verbrechen nicht zur Rechenschaft gezogen worden?

Und sehen wir heute nicht, wie manche die verbrecherischen Lehren erneut verbreiten?

Wie sich Jugendliche – orientierungslos durch Not oder vom Geist der Gewalt geleitet – in Banden organisieren?

Erschüttert und empört haben wir vom Brand der jüdischen Baracke und den schandhaften Hakenkreuzen auf den Mauern vernommen. Es freut uns zu sehen, daß die Spuren von Schäden und Schändungen, allmählich beseitigt werden, und daß unter der Leitung eines namhaften Historikers unsere Gedenkstätte ihre wahre geschichtliche und menschliche Bedeutung wiedergewinnt.

In diesem Konzentrationslager Sachsenhausen hatte die Verwaltung und die Generalinspektion ihren Sitz. Hier war die Befehlszentrale für alle Konzentrations- und Vernichtungslager im Nazi-Herrschaftsbereich, von Frankreich bis Rußland, von Norwegen bis zu den griechischen Inseln. Von hier aus gingen überall dorthin die tödlichen Befehle der Fanatiker der Herrenrasse.

Wir ehemaligen Häftlinge von Sachsenhausen erklären, gestützt auf einen Beschluß des Europaparlaments, daß die Erhaltung und Bewahrung eines Mahnmals an der Stelle, an der unsere Brüder und Schwestern aus allen Nationen ihren Tod fanden, nicht nur Sache der Deutschen, sondern der ganzen Menschheit ist.

Wir rufen sie alle auf, gemeinsam die Gebäude und Anlagen an diesem Ort zu bewahren, die nach uns die einzigen historischen Zeugen sein werden. Um wahrheitsgetreue Ausstellungen zu beherbergen, Orte zum Studium und für die Unterweisung künftiger Generationen im Zeichen der Solidarität, der Gerechtigkeit, des Friedens.

Paix, Frieden, Mir, das ist unsere Botschaft!

STEFFEN REICHE

Minister für Wissenschaft, Forschung und Kultur des Landes Brandenburg

Sehr geehrte Damen und Herren, verehrte Gäste, die Sie an diesen Ort Ihrer Leiden zurückgekehrt sind! Es ist gut, daß Sie gekommen sind. Dafür danke ich Ihnen ganz herzlich. Ihr Kommen versteht sich nicht von selbst.

Als wir darüber nachdachten, wie wir der Befreiung der nationalsozialistischen Konzentrationslager vor 50 Jahren und der unvorstellbaren Verbrechen und Leiden gedenken können, waren wir uns einig: Das geht nur, wenn wir allen, die heute noch leben, die Möglichkeit geben, zurückzukehren an den Ort Ihrer Qualen.

Aber, es gab Zweifel: Werden Sie unsere Einladung annehmen? Können wir Ihnen diese Rückkehr zumuten? Werden wir uns Ihres Kommens würdig genug erweisen, wenn wir Ihnen den Rahmen bieten, Ihre Mithäftlinge, Ihre Kameraden wiederzusehen, wenn wir mit Ihnen gemeinsam erinnern, gedenken und über das Unsagbare sprechen?

Ihre Briefe haben uns Mut gemacht – trotz mancher Ihrer Vorbehalte. Sie haben durch diese Briefe, aber auch durch die Vertreter der Verfolgtenorganisationen die heutigen Veranstaltungen mit vorbereitet.

Gestatten Sie mir, aus einem Ihrer Briefe vorzulesen:

„Daß ich erst Zweifel hatte, ob ich überhaupt zu Ihrer Gedenkfeier kommen sollte, werden Sie verstehen ... " Und weiter heißt es:

„Eine Weigerung, Ihre Geste zu akzeptieren, wäre eine Verneinung aller ernsten Bestrebungen, die seit Ende des Krieges in Deutschland, offiziell und inoffiziell, in Anerkennung der Vergehen der Vergangenheit gemacht worden sind. In der Tat, es wäre eine Beleidigung meiner vielen guten deutschen Freunde aus der Vor- und auch der Nachkriegszeit." Diese Worte haben uns bei der Vorbereitung dieses Gedenkens und Erinnerns sehr geholfen. Sie waren und sind für uns aber auch verpflichtend.

Sachsenhausen gehört zu den Brandenburger Orten, die sich wie Oranienburg, Ravensbrück und Brandenburg an der Havel in die Kette der von Deutschen errichteten Folter-, Mord- und Endstationen reihen. Sie, meine Damen und Herren, kennen viele der Schicksale, die sich hinter der großen Zahl von Häftlingen verbergen, die allein hier in Sachsenhausen gequält und ermordet wurden. Nur Sie können davon berichten und uns diese Schicksale nahebringen.

Monsieur Désirat, Sie haben eben auch von der Solidarität der Häftlinge gesprochen, einer Solidarität, die uns und die folgenden Generationen lehrt, wie Sie im Angesicht des Terrors die Menschenwürde bewahrten, und es waren Menschen, die Menschen halfen, aber es waren auch – so unerträglich das bleibt – Menschen, die Menschen gequält haben.

Worte fallen schwer – angesichts der Greueltaten, die Ihnen hier von Deutschen angetan wurden. Aber wir, die Nachgeborenen, müssen neben dem betroffen schweigenden Gedenken immer wieder – und jede Generation neu – ein angemessenes Sprechen finden. Wir können diesen Völkermord, Ursachen und Folgen unseren Kindern nicht schweigend vermitteln, auch wenn das Schweigen viel beredter sein kann, weil es das Unfaßbare nicht in Worte zwingt, in Worte, die immer nur Teile dieses unfaßbaren Ganzen aufnehmen.

Wir stehen in der Nachfolge Ihrer und all der Leiden, derer wir heute gedenken. – Nun müssen wir unseren Kindern helfen, zu verstehen, warum es lebenswichtig ist, an diese offene Wunde immer wieder zu erinnern, sie „inne werden zu lassen", wie das deutsche Wort „Erinnerung" bedeutet. Ein Erinnern also, das uns verstehen lehrt, wozu Menschen fähig sind, und das uns klar macht: als Menschen bleiben wir gefährdet.

Steffen Reiche, Minister für Wissenschaft, Forschung und Kultur des Landes Brandenburg, bei seiner Ansprache in Sachsenhausen

Wir brauchen nicht weit zu gehen. 1992 haben Rechtsextremisten hier in Sachsenhausen die Baracken 38 und 39 niedergebrannt. Wir sind alle von den Folgen betroffen – als Mitbürger – als Brandenburger – als Deutsche. Die Baracken werden zur Zeit zum Gedenken und Mahnen neu errichtet. Zu einem Gedenken und Mahnen an Ereignisse, deren neuerliche Anfänge uns längst eingeholt haben.
Aber wir haben – nicht zuletzt durch Ihre Gegenwart – gelernt: Wehret den Anfängen! Denn wir wissen heute, wozu sie führen können. Und wir haben gute Chan-

cen, unsere Freiheit und die Würde des Menschen zu sichern, wenn wir uns den Ursachen nicht verschließen, sondern uns energisch widersetzen, wenn wir schon frühzeitig Feindbildern sowie offenem und verstecktem Haß entgegentreten, wenn wir verächtliche und die Menschenwürde mißachtende Sprache entlarven.

In diesen Tagen gibt es Gelegenheiten zum gemeinsamen Gespräch. Dann werden Sie in Ihre Heimat zurückfahren. Eindrücke, Erzähltes und Erlebtes werden bleiben.

Auch Ihre leidvollen Erfahrungen von vor 50 Jahren bleiben. Mit beiden Erfahrungen werden sie erneut auf unser Land zurückblicken. Ihre Eindrücke, Ihre Gefühle und nicht zuletzt Ihr Urteil sind für uns wichtig, wichtig für die Auseinandersetzung mit dem von Ihnen erlebten Leiden, seinen Ursachen und Folgen. Bitte lassen Sie den Kontakt zu uns nicht abreißen. Wir sind auf Ihre Stimme angewiesen.

JUTTA LIMBACH
Präsidentin des Bundesverfassungsgerichts

Ich grüße alle jene unter Ihnen mit Demut und großem Respekt, die hier im Konzentrationslager Sachsenhausen gelitten oder ihre Angehörigen verloren haben.

Im Rückblick auf das menschenverachtende Geschehen in den Jahren 1933 bis 1945 sprechen wir gern von einer Katastrophe. Das hat seine Richtigkeit im Hinblick auf die Opfer des nationalsozialistischen Gewaltsystems. Denn diese sind in eine unmenschliche Maschinerie des Verderbens hineingerissen worden, in der es für sie keinen Halt mehr gab. Kein Gericht kümmerte sich um den Raub ihrer Freiheit, keine Polizei bewahrte sie vor Gewalt. Sitte und Recht, die Grundpfeiler einer jeden Zivilisation galten für sie nicht mehr, boten ihnen keinen Schutz gegen Willkür und Brutalität.

Eine unmenschliche Bürokratie, die hier im Lager Sachsenhausen ihr Unwesen trieb, versuchte, die Häftlinge ihres Menschseins zu berauben. Sie trachtete, die Häftlinge um ihre Individualität zu bringen, indem sie jene als Nummern abstempelte. Das geschah zynisch in der Erkenntnis, daß es der Name ist, der unsere Unverwechselbarkeit und Persönlichkeit ausmacht.

Die alltägliche Erfahrung totaler Rechtlosigkeit, ja des Ausgestoßenseins aus der menschlichen Gesellschaft muß gleichermaßen furchtbar gewesen sein wie die körperliche Qual. Und dieses Leid vervielfachte sich für Mütter, Väter und Geschwister noch dadurch, daß sie erleben mußten, daß selbst Kinder nicht mehr geschützt, Kranke nicht mehr geschont und Menschen durch die Anordnung einer gewissenlosen Verwaltung, Bürokratie, gerade hier in Sachsenhausen zur „Vernichtung durch Arbeit" ausgeliefert wurden. Dazu die Erfahrung der unbegreiflichen Trägheit des Herzens der Menschen draußen, außerhalb der Konzentrations- und Vernichtungslager. Dieser einzigartige Zivilisationsbruch und die eigene Ohnmacht sind daher von der Warte der Opfer nur als Katastrophe begreifbar.

Doch dieses Reden von der Katastrophe ist gefährlich, wenn es um die Frage der Verantwortung geht. Nach dem Zusammenbruch des nationalsozialistischen Gewaltsystems ist gern die These von der gemeinsamen Schuld bemüht worden, laut der in dieser Diktatur alle irgendwie schuldig geworden sind. Man tut so, als lasse sich eine Trennlinie zwischen Unterdrücker und Unterdrückten nicht mehr ohne Willkür ziehen. Der Begriff des Täters löste sich auf und verschwimmt mit dem des Opfers. Es schien, als hätten in dieser Diktatur nur Ohnmächtige den Herrschaftsapparat bedient und am Laufen gehalten. Die Handlanger wollen nur Rädchen im Getriebe gewesen sein, so als hätten sie „nur als gleichsam mechanisches Glied" in einem totalitären Herrschaftsapparat fungiert. Hannah Arendt hat diese „Herrschaft des Niemand" auf das trefflichste charakterisiert.

Gewiß darf nicht unbeachtet bleiben, daß es im Wesen des totalen Herrschaftsapparates liegt, aus Menschen Funktionäre, Rädchen im Getriebe zu machen und sie zu entmenschlichen. Unfreiheit, Angst und vorauseilender Gehorsam sind die Kennzeichen einer Diktatur. Unter deren Lebensbedingungen kann eine innere Abwehrkraft gegen die kriminellen Absichten des eigenen Staates nur schwer gedeihen. Diese Tatsachen schaffen jedoch nicht das Unrecht aus der Welt und machen nicht Täter ihrerseits zu Opfern. Ein überpersonales Systemunrecht gibt es nicht.

Darum ist die bohrende Frage nach individueller Schuld und Verantwortung so wichtig: weil sie das angebliche Rädchen im Getriebe in einen Menschen zurückverwandelt und deutlich macht, daß staatlicher Gewaltmißbrauch in einer Diktatur nicht einfach eine Naturkatastrophe ist, sondern ein Mosaik aus individuellen Einzelakten individueller verantwortlicher Menschen bildet.

Die Auffassung, daß dem Handelnden sein Tun und Lassen sittlich zuzurechnen ist, eint den christlichen und jüdischen Glauben. Auch das Grundgesetz, das in seinem Menschenrechtskatalog auf diesem Gedankengut aufbaut, geht von der sittlichen Verantwortungsfähigkeit des Menschen aus. Diese Einsicht ist nicht nur für die rückschauende Frage nach der Schuld an dem Völkermord der europäischen Judenheit und der Verbrechen gegen die anderen Gruppen NS-Verfolgter wichtig.

Wesentlich ist vor allem ihre in die Zukunft weisende Bedeutung: Verantwortliches Handeln erschöpft sich nicht darin, tunlichst Verstöße gegen Gebote der Sitte und des Rechts zu vermeiden. Verantwortung fordert immer auch zu aktivem Tun heraus. Denken wir an das Grundgebot beider Religionen: „Du sollst deinen Nächsten lieben wie dich selbst" in der Sprache Luthers oder „Halte lieb deinen Genossen, dir gleich" in der Sprache der Thora. Diese Gebote, die Menschen untereinander einhalten sollen, beziehen sich auf den Menschen schlechthin. Ihre Verpflichtungskraft ist unbedingt und gestattet keine Ausnahme oder Einschränkung je nach Rasse, Herkunft, oder politischer Anschauung unseres Gegenübers.

Die Verantwortung für den Mitmenschen trifft den Einzelnen nicht nur als Mitglied einer Glaubensgemeinschaft, sondern auch als Bürgerinnen und Bürger unseres politischen Gemeinwesens. Um der Erhaltung unserer Demokratie willen müssen wir dafür einstehen, daß Menschen nicht verfolgt werden, nur weil sie anders glauben, denken und leben, oder weil sie eine andere Heimat haben als wir. Denn Demokratie ist für uns eine Staatsform, die auf die Sicherung der Menschenwürde und Menschenrechte jedes Einzelnen zielt, der in unserem Land lebt. Jeder von uns ist ein Teil dieses Staates und leistet Selbstschutz, wenn er sich gegen Angriffe auf die Menschenwürde zur Wehr setzt.

Wir sollten uns immer wieder in Erinnerung rufen, daß das im Jahre 1949 in Kraft getretene Grundgesetz eine Antwort auf die Schreckensherrschaft des Nationalsozialismus war. Insbesondere das Formulieren der Menschen- und Freiheitsrechte geschah in der Absicht, Lehren aus einer furchtbaren Vergangenheit zu ziehen. Das Bekenntnis zur Unantastbarkeit der Menschenwürde und zur freien Entfaltung der Persönlichkeit in unserer Verfassung war und ist eine Antwort auf das Unrechtsregime der NS-Zeit und der im Schatten seines Unrechts arbeitenden Vernichtungsmaschinerie. Dieses Wissen und diese Geisteshaltung der Mütter und Väter des Grundgesetzes gilt es zu bewahren und alltäglich für sie einzutreten.

Unsere Verfassung gibt allen Bürgerinnen und Bürgern dieselbe Freiheit. Die Gleichheit ist das Wesenselement der Gerechtigkeit. Darum haben wir Andersdenkenden, Menschen anderer Herkunft und Rasse oder anderen Glaubens nicht nur Toleranz und Schutz zu bieten – das ist eine selbstverständliche Pflicht. Sie sollen vielmehr leben können in unserer Gemeinschaft, ohne Angst, wegen ihrer Andersartigkeit verfolgt, erniedrigt oder angegriffen zu werden.

Das ist das Vermächtnis von Sachsenhausen – für uns alle und für alle nachfolgenden Generationen.

ANDRZEJ SZCZYPIORSKI*

Der polnische Schriftsteller war in Sachsenhausen inhaftiert

Als ich die Einladung zur Teilnahme an der heutigen Feierlichkeit erhalten habe, wollte ich im ersten Augenblick entschieden absagen. Ich dachte, wie in all den vergangenen Jahren, daß ich durch dieses verdammte Tor nie mehr freiwillig gehen werde. Aber ich habe doch eine andere Entscheidung getroffen. Ich stehe jetzt hier, auf diesem Appellplatz, wie ich hier jeden Tag in jenem Winter um die Jahreswende 1944/1945 stand. Ich schaue mich um, ich sehe die Landschaft meiner bösen Träume. Ich bin hier.

Warum aber bin ich hier, wo ich doch hier nicht sein wollte?

Ich hatte Glück, wie wir alle hier Versammelten, denn ich kam doch lebendig davon, obwohl ich schon hinter dieser Mauer, hinter diesem Draht war. Tausende andere, die vor mir hierher kamen, und auch nach mir, die von allen Ecken und Enden Europas hergejagt wurden, sind für immer in Sachsenhausen geblieben.

Gerade deswegen sind wir heute auf diesem Appellplatz. Die, die dem Tod entronnen sind – sollen mit ihrer Gegenwart, mit ihrem Gedächtnis, mit ihrem ganzen Leben bezeugen – das Leid und den Tod derer, die umgekommen sind.

Die, die an dem heutigen Appell im KZ Sachsenhausen teilnehmen, wurden durch das Schicksal bestimmt, die Abwesenden für immer zu vertreten.

Wären wir heute nicht hier – gäbe es auch keine Seelen dieser anderen, kein riesengroßes, anklagevolles Heer von denen, die auf dem Schlachtfeld in unserem Kampf um Freiheit und Menschenwürde gefallen sind – in dem Kampf, den Europa auf diesem Appellplatz gegen das Dritte Reich Hitlers ausgetragen hat.

Ich war nicht lange Gefangener von Sachsenhausen. Ich kam hierher mit dem Transport der Warschauer Aufständischen. Das war am 2. September 1944. Ein trüber Himmel, Nebel, ein kühler Nieselregen.

Ich habe die Lagernummer 96936, was bedeutet, daß vor mir fast hunderttausend Menschen in Nummern verwandelt wurden. Hier war damals das ganze Europa: Polen, Russen, Ukrainer, Holländer, Tschechen, Franzosen, Belgier, Dänen, Norweger. Und auch Deutsche. Einst, vor dem Krieg, seit 1934, war hier übrigens ein rein deutsches Lager, nur Deutsche saßen in ihm. Mit der Eroberung Europas durch Hitler kamen hierher die anderen, und bald übertraf ihre Zahl mehrfach die der ältesten deutschen Schicksalsgefährten.

Erinnert Ihr euch, daß unser KZ Sachsenhausen ein elegantes Lager war...? Hier wuchsen an manchen Fußwegen Blümchen in schönen Beeten. Hier wurden mitten in den Blümchen die Menschen gefoltert...

Und erinnert Ihr euch an diese langen, frostigen Appelle auf diesem Platz, im Schnee, im Sturm, im Regenguß, als wir standen und standen, standen und standen, standen und standen – denn etwas an dem Zählen stimmte nicht – die Blockführer zählten und zählten, fuhren mit Fahrrädern zwischen den Kolonnen der Gefangenen und schimpften auf das verdammte Wetter...

Und erinnert Ihr euch an den Galgen? Er steht wohl genau dort, wo er damals stand, aber ich erinnere mich daran nicht mehr so deutlich, denn der Mensch verdrängt solche Bilder aus dem Gedächtnis, sonst könnte er nicht leben.

Am 23. April 1945 war auch Nebel und Regen. In der letzten Nacht lag ich im Revier mit meinem zerschlagenen Bein. Ich blieb hier. Ich dachte damals, daß ich hier alleine war, denn das ganze Lager war doch auf diesem berühmten Todesmarsch nach Lübeck. Erst am Morgen erwies sich, daß hier fast dreitausend Menschen waren.

An jenem Tag kamen die Russen und die Polen. Der erste Mensch aus der realen Welt, den ich sah – war ein russischer Soldat mit verfallenem Gesicht und sehr traurigen, müden Augen.

Gerade er hat mich damals befreit und mir für immer ein merkwürdiges warmes Gefühl für diesen zerfetzten russischen Frontmantel eingeprägt, den ich im April 1945 für die Fahne der Freiheit hielt. Und gleich danach erblickte ich einen Jungen in polnischer Uniform, er hatte an der Mütze den polnischen Adler ohne Krone, er sagte mir, sein Name sei Sienkiewicz, aber gleich fügte er hinzu, daß er in Wirklichkeit Goldsztain

(Goldstein) hieße und sein Vater einen Kürschnerladen in der Miodowa-Straße in Warschau hatte. Und ich wohnte doch als Knabe nicht weit von diesem Laden – und deswegen weinte ich bitter in den Armen dieses Sienkiewicz-Goldstein, denn beide waren wir Jungen aus derselben Stadt, die zwar nicht mehr existierte, schon ausgebrannt, zerstört und tot war, aber sie kam doch zu mir, hinter diesen Draht von Sachsenhausen, um mich zu befreien.

Ich will meine Erinnerungen nicht weiterführen. Ich will die Frage stellen: Was ist damals mit uns allen, mit Europa, mit der Welt geschehen, daß es ein solches Lager wie Sachsenhausen und viele ähnliche gab?

Als vor einem halben Jahrhundert der Krieg zu Ende war und wir uns an die makabre Verlustrechnung machten, erwies sich, daß Millionen von Menschen vergast, Hunderttausende an der Hinrichtungsmauer und am Galgen umgebracht wurden, andere dagegen starben auf Schlachtfeldern vom Atlantik bis zur Wolga und zum Kaukasus. Wie konnte es geschehen, daß fast das ganze jüdische Volk vergast wurde, daß die Russen, die Polen, die Jugoslawen, die Deutschen dezimiert wurden, daß alle Völker Europas solche ungeheuren Verluste erlitten...

Wo blieb damals die schöne Tradition und Kultur Europas, wenn den Menschen etwas so Unbegreifliches in den Sinn kommen konnte, Blumen um den Galgen zu pflanzen und die vor Hunger, Kälte und Foltern Sterbenden mit Wolfgang Amadeus Mozart zu vergnügen...

Wo war damals das Europa der großen Deutschen, die bei unseren Vätern so beliebt waren – das Europa von Goethe und Schiller, von Heine und Kleist?

Wo war damals die deutsche Philosophie, die deutsche Musik geblieben, aber – um Gottes willen – nicht nur die deutsche, denn jeder hat damals auf seine Weise gesündigt.

Denn man kann doch fragen: womit machten sich diese armen Menschen schuldig, die in den Trümmern von Oranienburg und Berlin durch die Bomben der Alliierten umkamen... Sicher hatten viele von ihnen kein reines Gewissen, denn sie haben jahrelang Hitler unterstützt und das Dritte Reich für ihren großartigen Staat gehalten. Aber es gab auch ganz unschuldige Menschen, die nur deswegen umkamen, weil das Schicksal sie zu Deutschen bestimmt hat.

Im moralischen Sinne gibt es keine solche Unterscheidung, daß die einen damals berechtigt und die anderen unberechtigt starben – denn der Mensch darf den Menschen nicht töten.

Was ist also damals mit Europa geschehen? – Ich weiß nicht. Vielleicht fühlte sich Gott beleidigt und wandte sein entsetztes, leidvolles Antlitz von uns.

Ich weiß nur eines – daß der Mensch kein Unkraut, sondern eine Achse des Alls ist. Wenn ein Mensch stirbt – stirbt das ganze All, das der Mensch in sich trug.

Der Schriftsteller Andrzej Szczypiorski

Und noch eines weiß ich, daß das künftige Europa ohne Gedenken an all diejenigen – abgesehen von ihrer Nationalität – nicht existieren kann, die in der damaligen Zeit voller Verachtung und Haß umgebracht, zu Tode gefoltert, ausgehungert, vergast, verbrannt, aufgehängt wurden und auf den Schlachtfeldern gefallen sind.

Deswegen sind wir heute hier.

Gott fragte Kain: „Wo ist dein Bruder Abel?"
Und Kain antwortete trotzig: „Bin ich denn meines Bruders Hüter?"

Auf ganz Europa lastet das Kainszeichen. Niemand von uns ist ganz ohne Schuld angesichts dessen, was damals, in den Jahren des Krieges gegen Hitler, mit den Menschen geschehen war. Wir sollten für immer Hüter des Gedenkens an unseren Bruder Abel bleiben, der umgebracht wurde...

KLAUS KINKEL
Bundesminister des Auswärtigen

Es ist schwer, nach Andrzej Sczcypiorski zu sprechen. Er war selbst Opfer des Schrecklichen, das hier geschehen ist. Ich selbst war im April 1945, als dieses Lager befreit wurde, neun Jahre alt.

Sachsenhausen war Ort des Leidens, des Grauens, des Todes. 104.000 Menschen wurden hier ermordet: qualvoll, gedemütigt, alleingelassen, ungetröstet. Sie hatten Familien, Angehörige, Freunde. Allen geschah unsagbares Leid.

Die äußerlichen Wunden der Überlebenden mögen verheilt sein, aber viele Opfer leiden für immer an den Verletzungen, die ihnen zugefügt wurden. Warum, wozu? In deutschem Namen geschah Schreckliches, Unfaßbares. Uns bleibt das Entsetzen, Scham und Verpflichtung.

Nie wieder!

Wir Deutsche dürfen und werden niemals vergessen, was geschah.

Für ganz Europa war Sachsenhausen ein Ort des Grauens. Im August 1938 wurden die ersten österreichischen Staatsangehörigen eingeliefert. Wenige Monate später kamen die ersten Opfer aus der Tschechoslowakei; Studenten, nach einer Demonstration in Prag und Brünn wahllos aufgegriffen. Im November 1939 dann der erste große Gefangenentransport aus Polen. Wohin die Nazis auch kamen: überall wüteten ihre Greifkommandos. Ihr besonderer Haß galt deutschen und polnischen Juden, Sinti und Roma, sowjetischen Kriegsgefangenen. Die Gewalt traf ganz Europa. Der II. Weltkrieg, als territorialer Eroberungskrieg begonnen, war längst zu einem beispiellosen, furchtbaren Ausrottungs- und Verwüstungskrieg geworden. Die Schreckensgeschichte von Sachsenhausen hat Opfer von allen europäischen Ländern gefordert. Alle diese Länder sind heute unsere Partner, Verbündete, Freunde. Besonders zu Israel haben wir ein Verhältnis besonderer Freundschaft gefunden, wofür wir dankbar sind.

Weil wir mit der Vergangenheit gebrochen haben, wurden wir wieder in die Völkergemeinschaft aufgenommen. Diejenigen, die das Lager überlebten, ihre Angehörigen und Freunde, haben daran entscheidenden Anteil. Wer hätte nicht verstanden, wenn sie sich in Abscheu und Haß verhärtet hätten? Aber das ist die eigentliche Niederlage der Nationalsozialisten: daß es ihnen trotz grenzenloser Gewalt und Verfolgung nicht gelang, den Menschen ihre Seele zu nehmen, ihre Menschlichkeit, ihren Glauben an eine neue, bessere Welt. Gerade diejenigen, die am meisten gelitten haben, waren unter den Ersten, die auf uns zugingen und neue Brücken bauten.

Nicht alle konnten vergeben. Das verstehen wir.

Wir gedenken heute der Befreiung vom 23. April 1945. Aber Sachsenhausen wurde damals nicht geschlossen; es kamen wieder Gefangene hierher. Neues Leid geschah. Auch das dürfen wir nicht vergessen.

Wir gedenken in Ehrfurcht derer, die im Inferno von Sachsenhausen die Gebote der Menschlichkeit nicht vergessen haben, die das wenige teilten, das sie hatten, die, obwohl selbst schutzbedürftig, andere geschützt haben, deren Widerstand darin bestand, daß sie sich ihre Würde nicht nehmen ließen. Als Europa am dunkelsten war, schien das Licht der Hoffnung am hellsten. Was uns als Menschen verbindet, ist stärker als alles, was uns voneinander unterscheidet.

An uns Deutschen ist es, die daraus folgende Verpflichtung einzulösen. Wir tragen aus unserer Vergangenheit eine besondere Verantwortung für die Zukunft. Wir dürfen niemanden vom Aufbau des neuen Europa ausschließen, müssen denen besonders helfen, die Furchtbares durch uns erlitten haben.

Ganz Europa muß ein Ort des Friedens, der Partnerschaft und der Freundschaft werden. Wir müssen unsere ganze Kraft daran setzen, im Leben der Völker und der Menschen Haß abzubauen und aufzulösen. Die Ideologie der Nazis war eine Ideologie der Feindbilder; Feindbilder gegenüber der Überzeugung, dem Glauben, der Lebensweise, der nationalen Zugehörigkeit. Am schrecklichsten aber war der Rassenwahn.

In dem Buch eines Überlebenden von Sachsenhausen heißt es: „Das Böse ist wie das Feuer, das von einem dürren Holz auf das andere überspringt." Eine Mahnung, die wir für immer in Erinnerung behalten müssen.

Sachsenhausen ist ein Ort, an dem die dunklen Seiten unserer Geschichte besonders sichtbar sind. Im September 1992 wurde die „Jüdische Baracke" durch einen Brandanschlag zerstört. Unmittelbar nach dem Anschlag war ich das erste Mal in Sachsenhausen. Bei mir waren Ignatz Bubis und Max Willner, der im Alter von über 80 Jahren zum ersten Mal wieder an den Ort früherer Demütigung und Pein zurückkehrte. Er zeigte uns neben der ausgebrannten Baracke den Ort seiner Qualen. Ein für mich bewegender Augenblick, den ich nie vergessen werde.

Die Nazis waren in ihrer Brutalität und Menschenverachtung unendlich zynisch. Arbeit macht frei – steht über dem Tor; „Rückkehr nicht erwünscht" wurde in die Personalkarten eingetragen; weil es der letzte Buchstabe im Alphabet ist, hieß die Vernichtungsanlage „Station Z“; die Worte „Sport“ und „Einkleidung“ hatten in Sachsenhausen eine entsetzliche, schreckenverbreitende Bedeutung.

Diese Sprache wird von den Neonazis wieder benutzt, genauso menschenverachtend und zynisch. Wehret den Anfängen! Wir müssen wachsam bleiben. Diejenigen, die im neonazistischen Ungeist gefangen sind, fordere ich auf: Befreien Sie sich davon, befreien Sie sich von Haß und Gewalt, von Rassismus und Verblendung. Bekennen Sie sich zur Achtung der Menschenwürde. Sie muß unantastbar sein.

Uns bleibt die Mahnung: Von diesem Land dürfen nie wieder Ausländerhaß, Intoleranz und Antisemitismus ausgehen!

Nie wieder!

MARK TEELEVICH

Vertreter der russischen Häftlingsverbände
(übersetzt aus dem Russischen)

Liebe Freunde,
wir haben heute tief erregt diese mit dem Blute unserer Kameraden Antifaschisten getränkte Erde betreten. In den Jahren des Krieges wurde sie für uns ein Ort der Qualen, des Leids und der Verluste. Und heute, nach 50 Jahren, kommen mir unweigerlich wieder Fragen in den Sinn, was war es, was uns half, damals die Kraft zu finden, auszuhalten, zu überleben. Es war vor allem ein Wort – Hoffnung.

Ja, die Hoffnung darauf, daß die richtige Sache siegen wird, daß das Hitlerreich zerschlagen und uns eines schönen Tages die Freiheit wieder haben wird.

Das erste, was ich heute mit großer Freude tun will, ist, eine ehrenvolle Aufgabe zu erfüllen – Ihnen allen viele Grüße und Wünsche für Gesundheit und ein langes Leben von denen zu überbringen, die am 22. April in der Früh, nach langen und schweren Kämpfen das Lagertor aufmachten und uns zuriefen: „Kameraden, ihr seid frei!“ Es waren die Kämpfer des 7. Kavallerieregiments, einer im Krieg ruhmvollen Einheit der Roten Armee. Unter ihnen war der Aufklärer Viktor Spodarez, den ich unlängst traf. Er war es, der mit seinen Kameraden als erster das Lagertor öffnete, die Lagerkartei sicherte und den Widerstand der SS brach und sie entwaffnete. Leider erlaubt es der Gesundheitszustand Viktor Spodarez

Mark Teelevich, Vertreter der russischen Häftlingsverbände

heute nicht, mit uns hier zu sein, aber mit uns sind seine Kampfgefährten Nikolai Vasilijev und Alexej Kascheljev, die auch an den Kämpfen um Oranienburg beteiligt waren. Wir begrüßen sie herzlich in unserer Mitte.

Unter uns weilt auch der Held von Sachsenhausen und Held der Sowjetunion, Michail Devatjajev, der eine im Krieg einmalige Heldentat vollbrachte. Er entführte aus einer Filiale des Lagers Sachsenhausen ein Bombenflugzeug der Luftwaffe und flüchtete so mit zehn weiteren Kameraden aus dem Lager.

Heute erinnern wir uns dankbar an die Befreier des Lagers – die sowjetischen Gardisten und die Soldaten der 1. Polnischen Armee, die an den Kämpfen um Oranienburg beteiligt waren.

Dankbar denken wir auch an die sowjetischen und amerikanischen Soldaten, die am 2. Mai 1945 tausenden Häftlingen auf dem Todesmarsch die Freiheit brachten.

Liebe Freunde!

Solch ein außergewöhnliches Treffen wie das heutige gibt uns einen guten Grund, uns noch einmal an das Erlebte zu erinnern. Wie oft haben wir im Geist die uns teuren Namen Willi Hansov oder Hainrisov genannt. Die Namen derjenigen, die uns halfen, auszuhalten und die Hölle von Sachsenhausen zu überleben; derjenigen, die mit uns das letzte teilten und nicht zuließen, daß wir während der stundenlangen quälenden Zählappelle auf diesem Platz hier zusammenbrachen; derjenigen, die kraft ihrer Position im Lager halfen, dich vor dem sicheren Tod zu bewahren. Hier müssen wir zuallererst die Namen unserer deutschen Freunde, der Blockältesten, Stubenältesten und Vorarbeiter mit dem roten Winkel nennen. Es waren vor allem die deutschen Kommunisten, für die die Rettung der Häftlinge und damit auch uns Bürger der damaligen Sowjetunion eine Lebensaufgabe geworden war. Viele mußten dafür für immer hier in dieser Erde bleiben.

In Sachsenhausen spürten wir eine unsichtbare Kraft, die uns stützte und vereinte. Sie hat einen Namen – antifaschistische Solidarität. Ich selbst, als junger Spund, für den es nur einen Weg gab -nämlich zum Krematorium – wurde von dem Deutschen Willi Kling, den Norwegern Martin Ganslar und Claas Berg und dem Tschechen Jan Petch buchstäblich wieder ins Leben zurückgerufen. Beide Norweger weilen heute auch hier unter uns. Und natürlich halfen mir auch meine russischen, ukrainischen und weißrussischen Kameraden, die Soldaten der Roten Armee.

Menschen verschiedener Nationen, verschiedener Überzeugungen, kämpften gemeinsam für das Gemeinsame und Wertvollste – das menschliche Leben.

Einer unserer russischen Kameraden, Nikolaj Klimov, seine Lagernummer war 55075, konnte nicht mit uns hierher kommen. Er ist krank, seine Beine machen nicht mehr mit. Aber in seinem Brief bat er mich, seine Grüße an alle Häftlinge Sachsenhausens aus ganz Europa zu übermitteln.

Nikolaj Klimov! In Deinem Namen, in meinem eigenen Namen, im Namen aller Russen und Ukrainer und Weißrussen, die Sachsenhausen überlebt haben, will ich heute diese im Leben einmalige Gelegenheit nutzen, Euch allen zu sagen:

Freunde! Deutsche, Norweger, Tschechen, Slowaken, Dänen, Franzosen, Holländer, Polen, Belgier! Wir haben nichts vergessen und werden die Erinnerung an Eure Hilfe und Solidarität bis ans Ende unserer Tage bewahren. Wir Sowjetbürger hatten es hier am schwersten, aber Ihr wart bei uns, und das erleichterte unser Schicksal!

Meine Redezeit ist zu Ende. Ich möchte damit schließen, womit ich hätte beginnen sollen: Herr Präsident! Herr Außenminister! Frau Präsidentin des Bundesverfassungsgerichtes! Damen und Herren des Landes Brandenburg, seines Kulturministeriums, der Stiftung Brandenburgischer Gedenkstätten und des Museums von Sachsenhausen. Und natürlich liebe Frauen vom Koordinationsbüro, die unsere Reise hierher organisiert haben. Vielen Dank für Ihre Einladung und die Möglichkeit, am heutigen, für uns historischen Tage hier zu sein. Bis an unser Ende werden wir das niemals vergessen.

Danke und nochmals Danke!

LEO VAN DEENE

Vorsitzender der Stiftung Niederländischer Freundeskreis Sachsenhausen
(übersetzt aus dem Holländischen)

Meine Damen und Herren,
als Vorsitzender der 'Stiftung Niederländischer Freundeskreis Sachsenhausen — ehemalige KZ-Häftlinge', möchte ich — im Namen der ehemaligen Häftlinge - der Regierung des Landes Brandenburg, und insbesondere dem Ministerpräsidenten Dr. Manfred Stolpe, danken für Ihre Einladung, um hier heute, zusammen mit den ehemaligen Lagerkameraden, dem 50. Jahrestag der Befreiung des Lagers zu gedenken.

Auch Herrn Morsch, Leiter der Gedenkstätte Sachsenhausen, und seinem Team danke ich für ihre unermüdliche Unterstützung und ihren Einsatz - so auch bei der Ortsbestimmung und Errichtung der eben eingeweihten Massengräber, in denen sich die Überreste von mehr als 21 Niederländern befinden. Sie sind kurz nach der Befreiung, infolge der erlittenen Entbehrungen, noch im Lager gestorben.

Herr Morsch, im Namen der niederländischen Gemeinschaft, herzlichen Dank für diese Zusammenarbeit.

Meine Damen und Herren,
gestern, den 22. April, war es genau 50 Jahre her, daß die Russen das Lager Sachsenhausen befreiten, und somit der Nazi-Herrschaft ein Ende gesetzt wurde.

Wir stehen nun bei unserem Monument und gedenken, zusammen mit Ihnen, unseren werten Freunden, die bis zum Äußersten „Nein" zum Faschismus gesagt haben. Für ihre Ideale haben sie hier in Sachsenhausen mit dem Tod bezahlt.

Unter diesen Opfern sind mehr als 1400 Niederländer.

Die ersten niederländischen Widerstandsgruppen „Westerveld" und „Mekel", respektive 62 und neun Widerstandskämpfer, wurden hier im Erschießungsgraben von Sachsenhausen am Morgen des 3. Mai 1942, in Gruppen von 12 Personen, hingerichtet.

Einige Tage später, am 11. Mai, erklangen wieder Schüsse aus diesem Erschießungsgraben - und wieder galten sie einer niederländischen Widerstandsgruppe, diesmal aus Maastricht. Und weitere 24 Widerstandskämpfer wurden hier von der SS ermordet. Viele Männer sind knapp vor der Befreiung noch gestorben: wegen Krankheit oder Erschöpfung; sie sind gehenkt oder hingerichtet, und auch vergast worden.

Als ehemaliger 'Sachsenhausener' frage ich mich manchmal...ja, und manchmal komme ich mir schuldig vor: Wer bin ich denn, daß ich diese Hölle überstehen durfte, und sie nicht. Dann empfinde ich eine Art Ungerechtigkeit.

Uns ist ganz klar, daß — in Anbetracht der Bürgerkriege in vielen Teilen der Welt — der Weg noch lang ist, um die Ideale, für die sie ihr Leben gegeben haben, wahr zu machen.

Wir drücken hier unsere Abscheu aus gegen den wiederkehrenden Neo-Nazismus und Neo-Faschismus, und wollen mit unserer ganzen Überzeugungskraft warnen gegen den unheilbringenden Fremden-Haß, und befürworten das Recht eines jeden Menschen auf ein sicheres und ordentliches Leben in einer friedensliebenden Gemeinschaft.

„Doch wenn sie je von Mut reden wollen,
von Treue und Gerechtigkeit.
So nenne ihre Namen, sie sind die wahren Helden.
Sie bleiben unter uns.
Daher gedenken wir ihnen still nur.
Zu jeder Stunde: gestern, heute und morgen.
Zu jeder Stunde an allen Tagen.
An allen Tagen in jedem Jahr."
(Zitat aus einem Gedicht von Peter Kempkens)

Mein Dank für Ihre Aufmerksamkeit.

GÜNTER GRAU

Vertreter des Bundesverbandes Homosexualität/Schwulenverband Deutschland

Liebe Freundinnen und Freunde,
meine Damen und Herren,
im Sommer 1942 wurden 180 Männer im KZ Sachsenhausen ermordet. Fast ausnahmslos waren es Häftlinge, die einen rosa Winkel trugen. Es waren homosexuelle Männer. Nach Verbüßung ihrer Zuchthausstrafe hatte die Gestapo sie nach Sachsenhausen deportiert. Verunglimpft als bevölkerungspolitische Blindgänger sollten sie hier „umerzogen" werden, umerzogen zu sogenannten normalen Männern.

Zu diesem Zweck hatten die Nazis ein ganzes Instrumentarium ersonnen. Das Strafrecht wurde drastisch verschärft. Homosexuelle wurden allein dafür bestraft, weil sie das waren, was sie auch heute sind: Männer, die Männer lieben und damit gegen die Norm verstoßen. Wer sich dennoch nicht abschrecken ließ, wurde deportiert – zur „Umerziehung durch Arbeit" in die Konzentrationslager Buchenwald, Dachau, Flossenbürg, Großrosen, Natzweiler, Neuengamme, Mauthausen, Sachsenhausen. Sogenannte Unverbesserliche wurden kastriert, um sie zumindest als Arbeitskräfte für die „völkische Gemeinschaft" zu erhalten.

Bis heute ist darüber in der Öffentlichkeit so gut wie nichts bekannt. Nichts ist zu lesen in den Schulbüchern, auch nicht in den Geschichtsbüchern über die Verbrechen an homosexuellen Männern, nichts ist zu lesen über das andere, nicht weniger leidvolle Schicksal lesbischer Frauen in Nazi-Deutschland.

Kirchliche Antihomosexualität und kleinbürgerliche Vorurteile waren immer – so lehrt es die Geschichte – an der Diskriminierung Homosexueller beteiligt. Sie bereiteten den Boden für die antihumane Politik der Nazis und – sie verhinderten nach 1945 den Bruch mit der Geschichte der Verfolgung. Homosexuelle verbanden mit der Befreiung vom Faschismus die Hoffnung, daß nun auch für sie das Unrecht vorbei sei. Gewiß: Angst vor KZ und dem Terror der Nazis brauchten sie nicht mehr zu haben.

Dennoch: Weder in Deutschland-West noch in Deutschland-Ost konnten sie ohne Angst leben. Politiker aller Parteien in der Bundesrepublik Deutschland hat es nicht gestört, daß bis zum Ende der sechziger Jahre homosexuelle Männer nach jenen Maßstäben behandelt wurden, die die Nazis durch die Verschärfung des § 175 im Jahre 1935 gesetzt hatten. Und Politiker aller Parteien in der Deutschen Demokratischen Republik hat es nicht gestört, daß homosexuelle Opfer nicht als Verfolgte des Naziregimes anerkannt waren. Noch 1984 verhinderte die Staatssicherheit hier in der Gedenkstätte Sachsenhausen, aber auch in Ravensbrück und in Buchenwald, daß Homosexuelle als Opfer des Faschismus geehrt wurden. Sie seien – so hieß es – zu Recht verurteilt worden; die Ehre der anderen Häftlinge werde befleckt, wenn man sie mit Kriminellen auf eine Stufe stellte.

Dieses Argument – es ist auch heute noch zu hören – will nicht wahrhaben, was ansonsten nicht bezweifelt wird: Hitlerdeutschland war ein Unrechtsstaat, und das durch die Nazis bewirkte Unrecht ist nicht teilbar. So wie der Diktator und seine Juristen generell das Recht mit Füßen getreten haben, haben sie auch das Sexualstrafrecht ihren verbrecherischen Zielen untergeordnet. Die Verschärfung des § 175 im Jahre 1935 war – was Politiker und Juristen der Bundesrepublik jahrzehntelang geleugnet haben – nationalsozialistisches Unrecht. Schließlich beweist allein die Massenhaftigkeit von 50000 Urteilen gegen homosexuelle Männer, daß die deutsche Justiz dem Terrorregime auch in dieser Frage willfährig gedient hat.

Sollte nicht allein dieser Umstand Anlaß genug sein, homosexuelle Männer, die in der Nazi-Zeit verurteilt wurden, von der Schande zu befreien, als Kriminelle gerecht verurteilt worden zu sein? Sind wir nicht moralisch verpflichtet, sie endlich zu rehabilitieren und den Opfern ihre Würde zurückzugeben? Es ist nicht allein das Ausmaß der Verbrechen an Homosexuellen, das sie beispiellos macht. Es ist die Unmenschlichkeit der Ideologie, die sie zur Staatsräson erhob und damit gegen alle Homosexuellen richtete.

Ich spreche zu Ihnen als Vertreter einer Generation homosexueller Männer, die die Schrecken des Nationalsozialismus nicht erlebt hat. Ich spreche zu Ihnen als Vertreter einer Generation homosexueller Männer und Frauen, die aber sehr wohl und bis hinein in die Gegenwart erfahren hat, wie leicht sich auf Grund einer immer noch vorhandenen Ungleichbehandlung Vorurteile und Gewalt gegen lesbische Frauen und schwule Männer mobilisieren lassen.

In der Stunde des Gedenkens an die Opfer nationalsozialistischer Barberei gemahnen wir alle politischen Parteien in Deutschland an ihre Verpflichtung, immer und überall für die Würde, das Recht und die Freiheit einzutreten. Dazu gehört auch, sich dafür einzusetzen, noch immer vorhandene Reste von Diskriminierung und Ungleichbehandlung homosexueller Frauen und Männer zu beseitigen. Das sollte unverzüglich geschehen und ohne Wenn und Aber.

HUGO FRANZ

Vertreter des Zentralrates der Sinti und Roma,
(vorgetragen von Edgar Bamberger vom Dokumentationszentrum Deutscher Sinti und Roma)

(...)

Mein Name ist Hugo Franz. Ich gehöre zu den wenigen Sinti und Roma, die den NS-Völkermord an unserer Minderheit überlebt haben, dem über 500.000 unserer Menschen im nationalsozialistisch besetzten Europa zum Opfer gefallen sind.

Geboren bin ich im Jahr 1913, meine Kindheit habe ich fast ausschließlich in Dresden verbracht, wo ich auch mein Abitur gemacht habe. Mein geplantes Jurastudium wurde

Teilnehmer in Sachsenhausen während der Ansprachen

mir von den Nationalsozialisten verwehrt, da ich ja kein „Arier" war, obgleich meine Familie nachweislich schon mehrere hundert Jahre in Deutschland beheimatet ist.

Im Frühjahr 1942 wurde ich von der Gestapo verhaftet und hierher nach Sachsenhausen deportiert. Ich mußte miterleben, wie Häftlinge grundlos mißhandelt wurden, mußte selbst mithelfen, tote Menschen zum Krematorium zu tragen.

In den berüchtigten Klinker-Werken, wo ich Sklavenarbeit leisten mußte, habe ich unzählige Menschen gesehen, die vor Erschöpfung zusammengebrochen sind oder von der SS ermordet wurden, darunter auch viele Sinti und Roma. Viele von ihnen waren bereits im Jahr 1938 verhaftet und nach Sachsenhausen deportiert worden, wo die meisten den unmenschlichen Lebens- und Arbeitsbedingungen zum Opfer fielen.

Als einer der wenigen Überlebenden des Völkermords fühle ich mich verpflichtet, all jener unserer Menschen zu gedenken, die an diesem Ort mißhandelt und ermordet wurden, allein aus dem Grund, weil sie als Sinti oder Roma geboren worden waren. Ihr Leiden und ihr Sterben ist für uns Verpflichtung, das Vermächtnis aller Opfer auch künftig zu bewahren und zugleich den heutigen Formen von Rassismus und Antisemitismus mutig entgegenzutreten. Gemeinsam müssen wir alles dafür tun, daß das, was geschehen ist, nicht noch einmal geschehen kann.

JERZY KANAL

Vorsitzender der Jüdischen Gemeinde zu Berlin

(...)

In diesen Tagen erinnern wir uns an die Befreiung der Konzentrationslager durch die Armeen der Alliierten und gedenken der Opfer der nationalsozialistischen Herrschaft. Damals, vor 50 Jahren, offenbarte sich der erschütterten Welt vielleicht das schrecklichste Kapitel in der Geschichte der Menschheit. Die Art und das Ausmaß der Grausamkeiten, die in den Konzentrations- und Vernichtungslagern des NS-Staates verübt wurden, übertrifft jede Vorstellungskraft. Millionen von Menschen kamen in den Lagern ums Leben. Sie starben an Auszehrung durch Hunger, Kälte und Sklavenarbeit, sie wurden von den Bewachern erschlagen und hingerichtet oder in den Gaskammern ermordet.

Sachsenhausen, das von den Einheiten der sowjetischen Armee befreit wurde, war seiner Bestimmung nach ein Konzentrationslager. 1936 errichtet, diente es anfangs dem Zweck, politische und weltanschauliche Gegner der nationalsozialistischen Führung sowie andere unerwünschte Personengruppen abzusondern, die Bevölkerung einzuschüchtern und vom Widerstand abzuschrecken. Schon 1941 hatte Sachsenhausen jedoch auch Charakterzüge eines Vernichtungslagers angenommen. Es wurde eine Massenerschießungsanlage errichtet, Gaswagen eingesetzt und ein Krematorium mit Gaskammer erbaut. Die Mordaktionen an den sowjetischen Kriegsgefangenen im KZ Sachsenhausen waren eine planmäßig vorbereitete Massentötung. Tausende von russischen Häftlingen wurden hier innerhalb kürzester Zeit ermordet.

Es wird geschätzt, daß insgesamt über 100.000 der mehr als 200.000 nach Sachsenhausen verschleppten Häftlinge ums Leben kamen. Fast jeder zweite Gefangene wurde hier umgebracht!

Sachsenhausen war auch eine Stätte des Leidens und des Todes für jüdische Menschen. Wir wissen nicht genau, wie viele von ihnen in Sachsenhausen starben. Bereits im Jahr 1938 kamen Juden im KZ Sachsenhausen ums Leben. Direkt nach den Progromen vom 9./10. November wurden einige Tausend von ihnen nach Sachsenhausen deportiert, und Hunderte von ihnen wurden kurz nach ihrer Ankunft im Lager umgebracht. In den kommenden Jahren wurde eine große Zahl von weiteren jüdischen Menschen nach Sachsenhausen verschleppt. Sie waren als Arbeitssklaven ausgebeutet und den schlimmsten Mißhandlungen ausgesetzt. Viele von ihnen wurden getötet.

Für Tausende von jüdischen Häftlingen war das KZ Sachsenhausen eine Zwischenstation in die Todeslager. Auch ich passierte Sachsenhausen mit einem Überstellungstransport nach Dora (Konzentrationslager Mittelbau-Dora im Südharz, ursprünglich ein Außenlager von Buchenwald, d. Hrsg.). Das Leben im Konzentrationslager wurde von Entpersönlichung und brutaler Ausbeutung, von Verzweiflung und Hunger, von Krankheit und vom Tod geprägt. Für die Überlebenden war die Befreiung vor 50 Jahren das Ende des Terrors, der Gewalt und der Entrechtung. Für die jüdischen Häftlinge war es auch die Rettung des nackten Lebens.

An der heutigen Gedenkfeier nehmen Tausende von ehemaligen KZ-Gefangenen teil. Manche von ihnen besuchen die Stätte ihres Leidens das erste Mal seit der Befreiung. Viele haben die Reise hierher schweren Herzens angetreten. Die Erinnerung an das Erlebte, an den Verlust von Familienangehörigen und von mitinhaftierten Freunden, die das Inferno nicht überlebten, schmerzt noch bis heute. Die Veranstaltung ist eine mächtige Demonstration, die durch das Erinnern an das Geschehene vergegenwärtigt, welches Leid Menschen anderen Menschen zuzufügen fähig sind, wenn sie ein barbarisches, menschenfeindliches und undemokratisches Regime an die Macht kommen lassen.

Mahn- und Gedenkstätten sowie Gedenktage erinnern uns an die Toten und die Ermordeten und das menschliche Leiden. Sie sind aber auch eine Mahnung für die heutigen und die zukünftigen Generationen, sich mit aller Kraft dafür einzusetzen, daß sich solches niemals wiederholt.

ERNST M. STEIN

Rabbiner i.R. der Jüdischen Gemeinde zu Berlin und Oberkantor Estrongo Nachama

Es ist keine Feierstunde, es ist kein Festakt der Befreiung. Dafür kam doch die Befreiung, dafür kamen doch die Befreier, denen heute hier Dank gesagt sei, für zu viele leider doch zu spät.
Die Überlebenden, sie sind für ihr Leben gezeichnet, ja, sie vererben ihre Schmerzen an ihre Kinder und Enkel. Doch die Täter, sie tragen das Kainsmal, und auch sie können es vererben.
Dieser Ort und alle anderen solcher Orte des Schreckens sind Stadien auf dem Leidensweg Millionen Unschuldiger. Sie sind zu Mahnmalen und zu Nachdenkmalen geworden.
Wenn es einen Gedanken der Religion, des Religiösen im herkömmlichen Sinne hier geben kann, dann ist es für uns der erlösende Gedanke, daß wir davor bewahrt waren, Täter zu sein, daß wir immer Opfer und nicht Täter waren.

Im Aufschrei des Leidens und des Todes, die hier so gleichgültig verordnet wurden, im Andenken an alle Opfer und im Angesicht dieses riesigen Gräber- und Aschenfeldes, vor diesem Schreckensbau des Krematoriums, wenden wir uns fragend nach Gerechtigkeit und fordernd nach Ausgleich an Mensch und Gott.

Oberkantor Estrongo Nachama und Rabbiner Ernst M. Stein beim Kaddisch an der Station „Z"

Empfang der brandenburgischen Landesregierung am Abend des 23. April in Bogensee

Die Gedenkveranstaltungen vom 23. April 1995 begannen morgens in der Mahn- und Gedenkstätte Ravensbrück. Am Nachmittag des selben Tages fand anschließend die Veranstaltung in der Gedenkstätte Sachsenhausen statt.

Nach diesem sehr bewegenden und mit großer emotionaler Belastung verbundenen Tag trafen sich die mehr als 5.000 Gäste der Landesregierung abends in Bogensee bei Wandlitz zu einem Empfang. Es war Sorge dafür getragen worden, daß alle Gäste in ansprechender Umgebung zusammentreffen konnten.

Die Atmosphäre in Bogensee unterschied sich stark von der des gesamten Tages, der für die meisten Gäste sicherlich unter hoher seelischer Anspannung verlief. Während dieses Abends hatten viele der ehemaligen Häftlinge ihren eigenen Beobachtungen zufolge die Möglichkeit, sich ein wenig zu entspannen.

Es herrschte eine gelöste, ja heitere Stimmung vor.

Ausführliche Gespräche und Begegnungen, Musik und sogar Tanz machten diesen Empfang zu einem unvergeßlichen Erlebnis für jeden, der die Möglichkeit hatte, ihn mitzuerleben.

Auf den abendlichen Empfang als einen der Höhepunkte ihrer Reise gingen viele Gäste auch in ihren Briefen ein.

Ministerpräsident Stolpe begrüßt die Gäste

Blick in eines der Zelte in Bogensee

Gedenkveranstaltung in Tröbitz am 27. April 1995

CHANOCH MANDELBAUM
Mitglied der „Lost Transport" Memorial Society Bergen-Belsen – Tröbitz

„Erzähle es Deinen Söhnen". So steht es schon im 2. Buch Moses geschrieben, wenn die Thora uns vom Auszug aus Ägypten erzählt.

„Kundzutun ihren Söhnen, auf daß sie erkennen,
das kommende Geschlecht, die künftigen Söhne", Psalm 78.

Dieser Vers ist heute hier in der Gedenktafel eingraviert, und diese beiden Zitate haben uns als Leitmotive zur Errichtung der heute hier enthüllten Gedenkwand gedient. Beide haben einen tiefen erzieherischen Sinn und beide verpflichten uns, die Tragödie unseres jüdischen Volkes ständig in lebendiger Erinnerung zu halten und unseren nachfolgenden Generationen weiter zu erzählen.

Als sich bei uns der Gedanke erweckte, den 50jährigen Befreiungstag aus unserer elenden Knechtschaft von der Unterdrückung der Naziherrschaft mit einem Besuch an die Gedenkstätten Bergen-Belsen, Tröbitz und Umgebung zu begehen, fragten wir uns, ob wir mit diesem Besuch alleine unsere Pflichten den Opfern des „Verlorenen Transportes" gegenüber erfüllt haben. Unsere Thora belehrt uns im 3. Buch 19 Kapitel Vers 18 „... Liebe Deinen Nächsten wie Dich selbst". Aus dieser These haben sich in unserer Religion alle zwischenmenschlichen Pflichten in religiöser und sozialethischer Hinsicht gebildet. Eine der bedeutendsten Pflichten in der Nächstenliebe sind die guten Wohltaten seinem Mitmenschen gegenüber, die aus reiner Liebe und religiösem Pflichtgefühl getan werden. Zu diesen zählt in ganz besonderem Ausmaß unsere Pflichterfüllung gegenüber unseren Toten. Wir haben uns Rechenschaft abgelegt und sind der Meinung gewesen, daß wir unsere Pflichten den Opfern des „Verlorenen Transportes" noch nicht erfüllt haben. Einmal war es uns aus objektiven Gründen nicht möglich. Wir waren auch zu weit von Tröbitz entfernt. Von offizieller Seite wurde fast nichts unternommen, und die Leidensgeschichte unserer Odyssee war so gut wie unbekannt. Unser Gewissen war unbefriedigt. Nur wenige Tröbitzer Bürger und an der Spitze die geehrte Frau Arlt haben ständig in Liebe die Gräber hier auf diesem Friedhof und die Massengräber in der Umgebung gepflegt. Wir möchten hier bei dieser feierlichen Gelegenheit allen unseren innigsten Dank aussprechen. Es ist auch zu erwähnen, daß vier unserer Opfer auf dem allgemeinen Friedhof hier nebenan aus Platzmangel begraben wurden und daß auch Tröbitzer Bürger Opfer unserer hierher eingeschleppten Typhusepidemie wurden. Wir wollen auch ihrer hier in Ehren gedenken.

Während unserer Todesfahrt von Bergen-Belsen hierher und später hier am Ort wurden verschiedene Sterberegister geschrieben, die zu uns aus dem Nachlaß vom seligen Herrn Joseph Weiß gelangten. Sie waren nicht vollständig und nicht fehlerfrei. Sie wurden in monatelanger Arbeit im Yad Vashem mit den Büchern der holländischen Kriegsgräberstiftung überprüft und mit persönlichen Angaben von vielen Überlebenden aus der ganzen Welt vervollständigt. Als Kuriosität möchte ich hier erwähnen, daß zwei Damen als Verstorbene in den Listen angeführt wurden. Jetzt hat sich herausgestellt, daß die eine Dame erst im Jahre 1985 in Tel Aviv gestorben ist, und bei der anderen, die heute mit uns an dieser Gedenkstunde teilnimmt, fand eine Verwechslung mit dem Namen ihrer Mutter statt. Trotz allem kann nie mit Sicherheit behauptet werden, daß jemals die Liste der Opfer komplett und fehlerfrei sein wird.

Nach langem Forschen, mühseliger Arbeit und Sicherstellung der finanziellen Mittel konnte schließlich und endlich die Herstellung der Namenstafeln in Jerusalem in Auftrag gegeben werden. Die Arbeit wurde mit einer ganz besonderen Liebe und Hingabe von einer Familie, Vater und Sohn, die nachgewiesene 15 Generationen in Israel leben und Verfolgte der spanischen Inquisition in Toledo waren, ausgeführt. Ebenfalls wurde auch hier in Tröbitz die Gedenkwand in sehr liebevoller und verantwortungsvoller Weise errichtet.

Für die Tafeln wurde schwarzer Granit ausgewählt. Schwarz ist die Farbe der Trauer und Weiß im Gegensatz die Farbe der Reinheit und Lauterkeit. Aber merkwürdig ist, daß sich die eingravierten Rillen unter Einwirkung des Tageslichtes zu eindeutig lesbaren Namen verwandeln. Das sind die Namen der Opfer des „Verlorenen Transportes", die auf „Kiddush Hashem" den Märtyrertod sterben mußten und jetzt aus der „fast Vergessenheit" wieder hier auf diesen Tafeln in Erinnerung gebracht wurden. Auch diese Wand kann in späteren Generationen authentisch der Familienforschung dienen. Professor Werner Weinberg, der in seinem Buch „Wunden, die nicht heilen dürfen" bereits im Jahre 1945 ein Denkmal für diesen Friedhof mit Text entworfen hatte, kann in der Errichtung dieser Gedenkwand mit großer Genugtuung die Verwirklichung seines Planes sehen.

Jedes Jahr am Todestag eines Verstorbenen ist es Brauch, ein Jahrzeitslicht anzuzünden. So haben wir gestern abend in Potsdam aus Anlaß des Holocausttages hunderte Kerzen angezündet. Die Masse der aufflackernden Flammen bildeten ein Flammenmeer, das gleichzeitig begleitet war von einem stillfließenden Meer von Tränen. Jeder von uns Überlebenden hat hier einen lieben Menschen zu beklagen, auch wenn er nicht ein direkter Familienangehöriger ist. Wir stehen alle hier vereint in einer großen Leidensgemeinschaft. Frauen, die ihre Männer oder Kinder zurückließen, Männer, die eine geliebte Frau begraben haben, Kinder, die ohne Eltern zurückgekommen sind oder eine Mutter, die noch erst kurz vorher in Bergen-Belsen unter schwersten Bedingungen einem Baby das Leben schenkte und der es nicht mehr gegeben war, ihre Mutterpflichten und ihre Mutterliebe zu erfüllen.

Mit dieser Gedenkwand, die heute in gemeinschaftlicher Zusammenarbeit von den Überlebenden des „Verlorenen Transportes" mit der nachfolgenden Generation der Naziherrschaft, die auf sich die Pflicht genommen hat, die grausamen Verbrechen nicht in Vergessenheit geraten zu lassen, wurde eine Jüdische Gedenkstätte des Holocaust für das Land Brandenburg errichtet an einem Ort, in dem niemals zuvor Juden gelebt haben. Wir, die Älteren der Generation der Überlebenden, die nach 50 Jahren Befreiung die physischen und seelischen Kräfte gesammelt haben, um heute an dieser außergewöhnlichen Gedenkveranstaltung teilnehmen zu können, sind uns bewußt, daß es wahrscheinlich unser letzter Besuch in Tröbitz sein wird. Wir verabschieden uns von unseren Toten in dem Bewußtsein, jetzt ihnen gegenüber unsere Pflichten erfüllt zu haben. Auch haben wir das sichere Gefühl, daß die Tröbitzer Bürger, die offiziellen Gremien, die jüdischen Gemeinden und unsere nachfolgenden Generationen würdig und in Ehren diese Gedenkstätten pflegen werden. Indem wir allen Tröbitzer Bürgern unseren innigsten Dank für die Pflege in der Vergangenheit und für die Zukunft aussprechen, verabschieden wir uns von Euch mit einem herzlichen Shalom.

MICHAEL GELBER
Mitglied der „Lost Transport" Memorial Society Bergen-Belsen – Tröbitz
(übersetzt aus dem Englischen)

Sehr geehrter Herr Ministerpräsident,
sehr geehrter Herr Bürgermeister,
Meine Damen und Herren,
Freunde!

Alle von uns sind einen weiten Weg gekommen, um einen Kreis zu schließen. Es gibt viele Interpretationen, Gefühle und Erinnerungen über das, was passiert ist. Jeder von uns hat seinen eigenen Weg gefunden, um mit der Vergangenheit fertig zu werden. Es kann keinen Zweifel darüber geben, daß es eine Katastrophe, ein Desaster für uns alle war. Die große Mehrheit unserer Familien haben zumindest einen ihrer Nächsten verloren, und manche Familie verschwand gänzlich vom Erdboden, ohne einen einzigen Überlebenden.

Gedenken auf dem Jüdischen Friedhof in Tröbitz

Damals, vor mehr als 50 Jahren, wurden wir aus vielen Ländern und Hintergründen in das KZ Bergen-Belsen gebracht, um für Zwecke benutzt zu werden, die uns nicht bekannt waren und die aus einem bösartigen, teuflichen Geist entstanden. Das Einzige, was uns verband, als wir aus Holland, Ungarn, Jugoslawien, Griechenland, Frankreich oder anderen Ländern kamen, war, daß wir alle Juden sind.

Wir kamen aus vielen Richtungen, und nach Tröbitz und aus Tröbitz haben wir uns in die ganze Welt aufgemacht. Die Mehrheit ist nach Israel gegangen oder nach Holland zurückgekehrt. Auf dem gleichen Weg sind wir hierher gekommen, um uns an unsere Liebsten zu erinnen, die nicht leben durften, um die Zukunft zu erleben und unseren Sieg zu feiern.

Ich verstehe unser Hiersein 50 Jahre nach der Endlösung als einen Sieg. Trotz aller Bemühungen, die Juden auszulöschen, stehen wir hier heute mit unseren Familien, unseren Kindern und unseren Enkeln in einer größeren Anzahl, als wir es damals waren. Viele von uns sehen es nicht als Befreiung und Sieg, sondern fühlen sich verdammt fürs Leben, belastet mit den Erinnerungen und dem Leid von uns und unseren Lieben, die nicht überleben konnten.

Wir sollten nicht nur die Befreiung, sondern auch die Freiheit betonen, die wir erlangten. Freiheit ist der Kern aller Menschenrechte. Die Werte der Freiheit müssen gelehrt werden und jedem eingeprägt werden, für alle zukünftigen Generationen. Vor zwei Wochen, bei einem Treffen von Historikern in London, sah einer der Redner Bergen-Belsen nicht als Vernichtungslager oder Teil der Endlösung. Wir müssen diese gefährlichen Trends der Falsifizierung von Tatsachen wahrnehmen. Wir waren ein Teil der Endlösung, und die Vernichtung war nur ein Teil davon. Wir wären nicht hier, um über die Toten zu trauern, wenn wir nicht Teil der Endlösung gewesen wären, die niemals vergessen werden darf.

Wir müssen hier mit Stolz stehen und uns freuen, daß wir diesen Tag als Tag unserer Genugtuung erleben, um unsere Kraft und Unzerstörbarkeit der Nation zu zeigen, die versucht hat, uns zu zerstören, der es jedoch nicht gelang.

Erinnern wir uns derer, die nicht mehr unter uns weilen, daß sie für immer gesegnet seien.

ARIEH KORETZ,

Vorsitzender der „Lost Transport" Memorial Society Bergen-Belsen – Tröbitz

(...)

Bei den heutigen Trauerfeiern gedenken die Überlebenden des jüdischen Volkes, das auf so grausame Weise umgebracht wurde.

Heute begehen wir in Israel und überall in der Diaspora den Gedenktag für die Opfer und Helden des Holocaust. Es ist schwer, darüber zu sprechen und ganz besonders schwer ist es für uns, die Überlebenden der Lager.

Wir müssen jedoch gedenken und die Welt an die Untaten erinnern, die an uns von einer Gewaltherrschaft begangen wurden, und die Verantwortung der Völker, ihrer Institutionen und ihrer Kirchen dafür fordern, die sich zumeist passiv verhielten und Rettungstaten verweigerten.

An diesem Tage muß jeder Jude und jeder Mensch die Schreckensnot und die entsetzlichen Grauen des Lebens und des Todes der sechs Millionen schildern – etwa ein Drittel unseres Volkes – und in Gottesfurcht das Gedenken an ihr Leben und an den heldenhaften Kampf der Ghettokämpfer, der Partisanen in den Wäldern und der Häftlinge in den Vernichtungslagern wachhalten.

Der Holocaust-Gedenktag ist für uns ein Gedenktag an die furchtbare Zerstörung, die unser Volk erlitten hatte, eine Zerstörung, für die es keine Erklärung und keinen Trost gibt, ein Unglück, das einen Schrei auslöste, der unbeantwortet blieb. Der Holocaust ist das tragischste Kapitel in der Geschichte des jüdischen Volkes und in der Geschichte des Menschen in der Neuzeit überhaupt.

Fünfzig Jahre sind vergangen, aber der Schmerz ist noch frisch. Und wenn wir heute des Holocaust gedenken und seiner Opfer, dürfen wir nicht den neuaufkeimenden Neonazismus ignorieren, und die Individuen verschiedener Art, die den Holocaust ableugnen. So groß wie der Mord und das Planen der Vernichtung war, so groß ist auch die Lüge, die auf offenen und versteckten Wegen versucht, den Mord an Millionen abzuleugnen. Der Nazismus in seiner neueren Form verbreitet seine giftige Triebe nicht nur in seiner alten antisemitischen Version, sondern auch in der neueren Version des Fremdenhasses. Wir wissen, daß seitens der Orts- und Zentralbehörden in Deutschland ehrliche Bemühungen unternommen werden, um diese Erscheinungen mit der Wurzel auszureißen. Es ist kein leichtes Unterfangen, aber es ist erreichbar. Nur die Anerkennung der Verbrechen der Vergangenheit kann zu den gewünschten Ergebnissen führen. Denn wer die Vergangenheit vergißt, ist dazu verurteilt, sie aufs neue zu erleben.

Wir, die lebenden Zeugen der Ereignisse des Holocaust, haben uns heute hier in Tröbitz versammelt, am 'Yom Hashoa', dem Holocaust-Gedenktag, um unserer Lieben und unseren Leidgefährten der Schrecken des Lagers und der Zugfahrt zu gedenken, denen es nicht vergönnt war, nach Hause zurückzukehren.

Wir, denen es vergönnt war, die Hölle zu überleben, erachten es als unsere billige Pflicht, ihnen hier, an diesem Ort, eine Gedenkstätte und ein Mahnmal zu errichten. Die Geschichte des „Verlorenen Transports" ist allen Anwesenden bekannt. Wir waren etwa 2.500 Häftlinge, als wir am 9. April 1945 das Lager Bergen-Belsen verlassen mußten. 140 starben auf der Fahrt an Krankheiten, Erschöpfung, Bombardierungen und Luftangriffen. Am 23. April 1945 wurden wir von der Roten Armee entdeckt und in Tröbitz befreit.

Ungefähr 380 Männer und Frauen, Jungen und Mädchen von den Überlebenden des Zugs starben in Tröbitz und in der nahen Umgebung nach der Befreiung. Die Mehrzahl von ihnen wurde in Massengräbern beerdigt, einige wurden auf dem besonderen Friedhof beigesetzt, der von uns damals an einer Ecke des Dorfes errichtet wurde. Sogar unter den Einwohnern des Dorfes, die den Bedürftigen halfen, fielen Opfer wegen der Typhusepidemie.

So wollte es das Schicksal, daß Tröbitz, ein kleines abgelegenes Dorf, das nie Juden kannte, auf die Landkarte des Holocaust geriet.

Wir verließen Tröbitz, Kranke und Gesunde, nach der zwangsweise verhängten Quarantänezeit, in verständlicher Freude, jedoch auch mit schwerem Herzen. Wir ließen in Tröbitz unsere Toten zurück, ohne zu wissen, was aus den Massengräbern und dem Friedhof werden würde und ob wir jemals wieder hierherkommen und diese Stätten besuchen konnten.

Werner Weinberg in seiner aufschlußreichen Schilderung der Fahrt des „Verlorenen Transports", endet seinen Aufsatz mit den Worten: „Würde sich das Dorf Tröbitz nicht hinter dem "Eisernen Vorhang„ befinden, wäre ich schon längst dorthin zurückgekehrt. Seit vierzig Jahren stelle ich mir die Frage, ob die Grabstätte schließlich aufgestellt und ob der Bau der Friedhofsmauer beendet wurde."

Die Jahre vergingen. Das Fehlen diplomatischer Beziehungen zwischen Israel und der DDR steigerte bei uns nur noch den Schmerz und die Ungewißheit in Bezug auf das Schicksal des Friedhofs und der Massengräber.

Im September 1986 hatte ich Gelegenheit, als Gast der Jüdischen Gemeinde Dresden, Tröbitz zu besuchen, und dabei stellte ich fest, daß die zuständigen Stellen, jedoch vor allem die Einwohner Tröbitz', ihr Versprechen gehalten hatten. Es war eine sehr große Erleichterung, den gepflegten, gut instand gehaltenen Friedhof zu sehen und zu wissen, daß jedes Jahr hier Gedächtnisfeiern abgehalten werden, auch religiöse, und daß die Schüler der Ortsschule der Reihe nach den Friedhof pflegen. In einem späteren Stadium wurde uns auch mitgeteilt, daß die Massengräber angemessene Pflege erhalten, und dafür bedanken wir uns aus tiefem Herzen und sprechen den Einwohnern von Tröbitz, mit denen uns das blinde Schicksal auf so tragische Umstände zusammenführte, unsere Anerkennung aus.

Keine leichte Aufgabe war für uns das Errichten der Gedenkwand. Der Entschluß kam nicht sofort, er reifte langsam und nahm allmählich Gestalt an, jedoch ohne Zögern und Bedenken. Wir fühlten ein tiefes seelisches Bedürfnis, unseren heiligen Leidensgefährten eine Gedenkstätte, ein „Yad Vashem"-Denkmal und Namen zu errichten. Viele der 520 Umgekommenen hinterließen keine Nahestehenden, keine Angehörigen, und es gibt niemanden, der ihrer gedenkt. Wir, die wenigen und letzten Überlebenden, schulden es ihnen und uns.

Aber damit ist es noch nicht genug. Dieses Gedenken hat eine viel tiefere Bedeutung: „Auf daß ihr es der letzten Generation erzählt" heißt es in dem Psalm (Tehilim) 14, 48. Es liegt eine historische Botschaft darin, die angemessenen Ausdruck finden muß in der alltäglichen Wirklichkeit und in ihrer Bedeutung sowohl für die Gegenwart als auch für die Zukunft.

Die Zeit heilt alle Wunden, sagt der Volksmund. Aber dieses Sprichwort hat keine Gültigkeit für die, die am eigenen Körper die Schrecken des Holocaust erlebten. Die Überlebenden des Holocaust leiden noch immer an den physischen und seelischen Folgen der Nazi-Verfolgung, und sie werden, solange sie leben, daran leiden. Das verpflichtet uns dazu, immer wieder daran zu erinnern und zu warnen, daß es nicht in Vergessenheit gerät – die Menschheit muß es gedenken!

Es wäre uns nicht gelungen, das Projekt der Errichtung der Gedenkwand und die Gedächtnisfeierlichkeiten zur Ausführung zu bringen, wäre uns nicht die Hälfte von Einzelpersonen und Institutionen zuteil geworden.

Es ist uns eine angenehme Pflicht, bei diesem Anlaß die große Hilfe und das Entgegenkommen zu erwähnen seitens der Landesregierung Brandenburg und Herrn Ministerpräsident Dr. Manfred Stolpe, Herrn Bürgermeister von Tröbitz, Herrn Mann, dem holländischen Zahlenlotto, der Lufthansa und vor allem unseren Freunden und ihren Familien aus aller Welt.

Bevor ich schließe, möchte ich es nicht unterlassen, den wichtigen, jahrelangen Beitrag von Erika Arlt zu erwähnen. Erika wurde zu einem Begriff in allem, was mit der Forschung der Geschichte des „Verlorenen Transports" verbunden ist, und dafür sprechen wir ihr unsere tiefe Anerkennung und unseren Dank aus.

Als Zeichen unserer Anerkennung und unseres Dankes an die Landesregierung Brandenburg und die Einwohner von Tröbitz, die uns die Verwirklichung unseres heiligen Ziels ermöglichten und uns bei der Ausführung behilflich waren, gestatten wir uns, Ihnen eine bescheidene Gabe aus dem Heiligen Land und aus der Stadt des Friedens – Jerusalem – zu überreichen.

Ministerpräsident Stolpe mit Arieh Koretz

ALEXANDER KOGAN
Vorsitzender der Jüdischen Gemeinde des Landes Brandenburg

(...)

Die Opfer, die wir heute, 50 Jahre nach Kriegsende, beklagen, sind nicht Opfer irgendwelcher Verbrecher, und es sind nicht Opfer einer Gewaltherrschaft. Es sind Opfer einer ganzen Nation, die ihr nationales Selbstbewußtsein darin verwirklicht sah, nicht nur die Menschen rassistisch zu sortieren, sondern diese Sortierung bestens organisiert zu exekutieren.

Die Trauer, die wir heute – 50 Jahre danach – empfinden, kennt nicht die Gnade des Friedens und nicht die Gnade des Vergessens: Nicht die nächsten Angehörigen der gemarterten Toten, auch nicht andere Menschen, die mit Würde ausgestattet sind, können heute oder nach vielen Generationen mit dieser Beleidigung der Menschheit Frieden schließen.

Was wir können und was wir müssen, ist damit zu leben. Deswegen ist es so wichtig, daß wir heute hier stehen, alle gemeinsam, als Deutsche, als Juden, als Israelis, als Opfer, als Hinterbliebene und als beleidigte Menschheit.

War es nur der militärischen Niederlage Deutschland zu verdanken, daß sich diese Nation auch moralisch verantworten mußte, oder mußte der Nationalsozialismus scheitern, weil sein Programm die Menschenverachtung und die Menschenvernichtung war?

Diese Frage ist nicht philosophisch und nicht strategisch. Sie ist existentiell. Ihre Beantwortung haben wir in der Hand!

Der Tag der Befreiung kam nicht nur für die, die hier begraben, verelendet und verendet sind, zu spät. Er kam, und er muß als ein Tag des Gedenkens an das Ende unsagbaren Leids und eines in der Geschichte nie dagewesenen Schreckens bewahrt werden.

In den letzten Wochen sind Stimmen viel zu laut geworden, die am 8. Mai den nationalen Schmerz und die nationalen Folgen der Niederlage des Deutschen Reiches gewürdigt sehen wollen.

Es ist dumm, zynisch und unverschämt, ausgerechnet die Befreiung vom Nationalsozialismus für die Kriegsfolgen verantwortlich zu machen.

Auch deswegen ist es so wichtig, daß wir heute hier stehen!

Ich danke Ihnen!

WERNER MANN
Bürgermeister von Tröbitz

Wie schnell gerät Unangenehmes aus der Vergangenheit in Vergessenheit. Schon nach kurzer Zeit erinnert man sich häufig nur noch an das Gute einer jeden Situation. Doch es gibt Dinge, die dürfen einfach nicht in Vergessenheit geraten, weil sie so schlimm waren, zum Beispiel der Völkermord im 2. Weltkrieg. Am 23. April jährt sich zum fünfzigsten Male der Tag, an dem der Todestransport aus Bergen-Belsen an der Bahnlinie Falkenberg-Cottbus in dem Bergarbeiterdorf Tröbitz zum Halten kam.

Die Rote Armee, und zwar die Einheit des 32. Gardeschützencorps der 5. sowjetischen Gardearmee unter Generalleutnant Rodinzev öffnete die von außen verriegelten Waggontüren und gab den Überlebenden die Freiheit. Doch welche Odyssee hatte der „Verlorenen Transport" aus Bergen-Belsen hinter sich.

Anfang April 1945 wurde, nach Aussagen Überlebender, der Transport in Bergen-Belsen auf die Reise geschickt. Die Strecke ging über Soltau, Lüneburg, Lauenburg in Richtung Berlin. Der Zug bewegte sich später über Luckenwalde, Lübben, Lübbenau und Schipkau in Richtung Falkenberg.

In dem Zug war während der Fahrt Flecktyphus ausgebrochen. Die Ursache lag darin, daß diese unglücklichen Menschen ohne ausreichende Nahrung und sanitäre sowie hygienische Bedingungen viele Tage bereits im Zug verbrachten und das Ende der Zugfahrt erst am 23. April war. Viele Häftlinge starben während der Fahrt an Krankheit, Hunger und Erschöpfung.

Als der Zug vor der gesprengten Brücke über die Schwarze Elster stehen blieb, am sogenannten Bahnkilometer 101,6, wurden am 22. April 1945 in einem Massengrab 16 Tote beerdigt. Der Zug wurde dann zurück nach Tröbitz geschoben, und am 23. April war der Tag der Befreiung vom Hitlerfaschismus für die noch Überlebenden. Als die Soldaten den Zug öffneten, bot sich ihnen ein Bild des Schreckens und des Grauens. In vielen Waggons lagen zwischen den noch lebenden Menschen Tote, die während der letzten Tage gestorben waren. Die Soldaten und Offiziere der Roten Armee sahen tausende ausgemergelte, hungrige und totkranke Menschen. Schnelle Hilfe war vonnöten. Den Befreiten wurde gesagt, sie sollen in das Dorf Tröbitz in die leerstehenden Häuser gehen.

Die Bergarbeitergemeinde Tröbitz hatte damals etwas mehr als 700 Einwohner. Zu den 700 Einheimischen kamen circa 300 Flüchtlinge aus Schlesien hinzu. Dazu kamen mehr als 2.000 kranke, ausgehungerte jüdische Menschen. Auf einmal waren in Tröbitz mehr Juden als Tröbitzer Bürger. Viele Tröbitzer, wie auch ich, die diese Zeit noch miterlebt haben, können die Tage im April und die Wochen und Monate danach nicht vergessen. Denn die Ankunft des Todeszuges brachte für viele einschneidende Veränderungen im Leben mit sich.

Viele Tröbitzer Bürger wußten nicht, was Faschismus bedeutet und sind am Ende des 2. Weltkrieges mit der grausamen Wirklichkeit konfrontiert worden. Die Militärbehörde erklärte Tröbitz und Schilda als Seuchengebiet, da Flecktyphus ausgebrochen war. Sie erließ einen Befehl für das Dorf Tröbitz zur Sicherstellung von Lebensmitteln. Damals waren Herr Erich Gelber, Werner Lewie und Werner Alfred beauftragt, die Ernährung für die ca. 2.000 Mitglieder des Zuges und für die Bevölkerung zu sichern.

Unter den ehemaligen Häftlingen befanden sich jüdische Ärzte, die sich selbstlos zur Pflege und Behandlung der erkrankten Menschen zur Verfügung stellten. Auch Tröbitzer Bürger haben Pflegemaßnahmen übernommen, einige von ihnen sind heute unter uns. Trotz aller eingeleiteten Maßnahmen kamen angsterfüllte Tage, Wochen und Monate. Die schrecklich ansteckende Krankheit Typhus beherrschte den Ort Tröbitz, und der Tod war ein ständiger Gast. In Tröbitz starben die Menschen Tag und Nacht. Innerhalb von nur acht Wochen, bis die Epidemie zum Stillstand kam, starben in Tröbitz 320 Männer, Frauen und Kinder an dieser schrecklichen Krankheit. Keine noch so aufopferungsvolle Pflege, Hilfe und Zuwendung konnte sie retten. Die letzte Tote des Transportzuges aus Bergen-Belsen, Klara Müller, Niederlande, wurde am 21. Juni 1945 auf dem jüdischen Friedhof beerdigt.

Doch auch 26 Tröbitzer Einwohner infizierten sich mit Typhus und starben nach den Tagen der Befreiung vom Hitlerfaschismus ebenfalls an dieser furchtbaren Krankheit. Der letzte Tröbitzer Typhuskranke starb am 29. Mai 1945, es war der Bürgermeister der Gemeinde Tröbitz, Karl Bahre, mein Onkel.

Anfang Juni kamen zwei amerikanische Soldaten nach Tröbitz, um die Geretteten des dritten Zuges zu suchen. Die Verbindungsoffiziere bekamen in Tröbitz weitere Informationen und eine genaue Liste aller Überlebenden des dritten Zuges und leiteten somit die Evakuierung ein. Diese begann am 15. Juni 1945.

Heute haben wir an den Gedenkstätten, welche für die Hinterbliebenen errichtet worden sind, derer gedacht, denen es nicht vergönnt war, den Weg in die Heimat oder in das gelobte Land antreten zu können. Dennoch ist kein einziger der hier und an anderen Orten zur letzten Ruhe gebetteten jüdischen Opfer der faschistischen Gewaltherrschaft vergessen. Trotz der wechselvollen Geschichte der Gedenkstätten wurde auch in der Neuzeit der Geschichtsschreibung die Instandhaltung und Pflege der Gedenkstätten nicht vernachlässigt.

Frau Arlt so wie auch ich als Bürgermeister dieser Gemeinde, haben noch regen Briefkontakt mit Überlebenden. So erhielten wir erst kürzlich von Albert und Diane Blumenthal Post. Sie teilten uns folgendes mit: „Im September des letzten Jahres nach 48 Jahren besuchten wir Tröbitz und standen vor dem Grab meines Vaters, Walter Blumenthal, den ich als 12jähriger mit Hilfe eurer Bürger begraben hatte. Wir waren sehr beeindruckt über den guten Zustand und die Pflege des jüdischen Friedhofes. Im Namen meiner überlebenden Familie, meiner Mutter und meiner Schwester danke ich der Gemeinde Tröbitz, die das Andenken unserer Toten wachhält, in der Hoffnung, daß mein Vater und die vielen Anderen, die wir bei Euch gelassen haben, nicht vergeblich starben". Ein ähnliches Schreiben hat auch Frau Dr. Beate Österreicher aus Amsterdam an den Bürgermeister der Gemeinde geschrieben. Sie war über den guten Zustand des Friedhofs überrascht und hat sich deshalb dafür bedankt. Aber auch wir Tröbitzer sind sehr stolz darauf, daß für die Toten und alle Tröbitzer Bürger, die mithalfen, das Leiden der ehemaligen Häftlinge des 3. Zuges zu lindern, 1992 in Israel ein kleiner Wald angepflanzt wurde. Die Urkunde des jüdischen Nationalfonds „Stiftung von Bäumen zum Pflanzen von Wäldern in Israel" wurde uns von Herrn Hans Fleeschhouwer aus Israel übersandt. Dies alles ist für uns Tröbitzer Bürger Anlaß und Verpflichtung, alles zu tun, damit sich diese Grabstätten zu jeder Zeit in einem liebevoll gepflegten Zustand befinden.

Werte Anwesende, lassen Sie mich schließen mit einem Zitat von Julius Fucik: „Und eines bitte ich, Ihr, die Ihr diese Zeit überlebt, vergeßt nicht, vergeßt die Guten nicht und nicht die Schlechten, sammelt geduldig die Zeugnisse über die Gefallenen. Eines Tages wird das Heute Vergangenheit sein, wird man von der großen Zeit und namenlosen Helden sprechen, die Geschichte gemacht haben. Ich möchte, daß man weiß, daß es keinen namenlosen Helden gegeben hat. Daß es Menschen waren, die ihren Namen, ihr Gesicht, ihre Sehnsucht und ihre Hoffnung hatten und deshalb der Schmerz auch des Letzten unter ihnen nicht kleiner war als der Schmerz des Ersten, dessen Name erhalten bleibt".

Gedenkveranstaltung in Brandenburg an der Havel am 28. April 1995

ARTUR MANNBAR
Vorsitzender der Arbeitsgemeinschaft Zuchthaus Brandenburg

Genau 50 Jahre nach der Befreiung der Stadt Brandenburg und des Zuchthauses Brandenburg-Görden sind wir hier auf dem Marienberg zusammengekommen, um der deutschen und ausländischen Antifaschisten zu gedenken, die hinter den Mauern dieses Zuchthauses wegen ihres Eintretens gegen das Naziregime, wegen ihres Strebens nach Frieden und Völkerverständigung durch das Fallbeil, durch Erschießen oder Erhängen ihr Leben verloren.

Unter Ihnen – um nur ein paar Namen zu nennen – der Kommunist Anton Saefkow; der Kommunist, Arbeitersportler und Teilnehmer der Olympiade 1936 Werner Seelenbinder; der Sozialdemokrat und Vorsitzende des Deutschen Freidenkerverbandes, Max Sievers; die Katholischen Geistlichen Dr. Metzger und Dr. Wachsmann; der jüdische Dozent Dr. Josef Fischer; die Männer des 20. Juli Generalleutnant Freiherr von Thüngen und Legationsrat von Schwarzenstein; der Bibelforscher Alfred Bostelmann; der Oberlandesgerichtspräsident Dr. Dräger.

Gedenken in Brandenburg a.d. Havel: Artur Mannbar am Ehrenmal am Marienberg

1948 schrieb der deutsche Dichter Hermann Hesse zu Ehren der im Zuchthaus Brandenburg über 2000 Hingerichteten:

„Zu einer Zeit, in der Millionen von Deutschen für eine schlechte Sache ihr Leben hingaben, habt Ihr das Eure für eine gute und heilige hingegeben: für die Freiheit. Möchte Euer Opfer nicht vergessen werden!"

Werte Anwesende!
Wir Lebenden sind verpflichtet, heute und morgen und immer der Opfer zu gedenken und sie zu ehren, die hier in Brandenburg, in Ravensbrück und Sachsenhausen, in Buchenwald und in Dachau, in Auschwitz und in Plötzensee, überall in den nazistischen Mordanstalten ihr Leben ließen. So wie wir auch verpflichtet sind, die Erinnerung an dieses finstere Kapitel unserer deutschen Geschichte wachzuhalten – besonders in der Jugend! – und dafür zu sorgen – soweit es in unserem Alter die Kräfte noch erlauben – daß sich diese furchtbaren Zeiten niemals wiederholen!

Gestern vor 50 Jahren, am 27. April 1945, schlug für uns Häftlinge des Gördener Zuchthauses die Stunde der endgültigen Freiheit. Ein Gefangenenausschuß – das Produkt einer jahrelangen solidarischen gegenseitigen Hilfe und des illegalen Widerstandes – hatte sich beim Näherkommen der Roten Armee gebildet und zwar unter widerwilliger Duldung der erschreckten und vor Angst gelähmten Zuchthausleitung.
Der Ausschuß hatte die Waffenkammer eingenommen, die Wachmannschaften entwaffnet, die Zellentüren der zum Tode Verurteilten und weitere Zellen geöffnet, die Lebensmittelvorräte sichergestellt, das Zuchthaustor und die Wachtürme besetzt.

Vor dem Zuchthaus war noch Krieg. Links von der Mauer Wehrmacht. Rechts von der Mauer die Soldaten der Roten Armee. Wir konnten noch nicht hinaus. Ein Teil der Zuchthausbeamten hatte sich in der Nacht in Richtung Westen davongemacht.

Ihre Hakenkreuzabzeichen fanden wir in den Abfalleimern.

Dann stand plötzlich ein russischer T 34-Panzer vor dem Tor. Unsere Kameraden öffneten ihm. Er rollte auf den Zuchthaushof, von den befreiten Häftlingen einmütig mit Jubel begrüßt. Die Szenen, die sich dann abspielten, sind kaum zu beschreiben.

50 lange Jahre haben wir „ehemaligen Brandenburger" die Erinnerung an diese Zeit bewahrt, haben in Schulen und in Betrieben der Stadt darüber berichtet – und die meisten von uns haben versucht, im Sinne unserer ermordeten Freunde ein neues, von Hitler befreites Deutschland zu schaffen, ein friedliebendes Deutschland, mit Solidarität, Brüderlichkeit, Völkerfreundschaft und Gerechtigkeit.

Die Tage der Erinnerungsfeierlichkeiten gehen nun zu Ende. Wir sind froh darüber, daß uns die Möglichkeit gegeben wurde, den 50. Jahrestag unserer Befreiung würdig zu begehen. Dafür danken wir der Landesregierung und ihrer Stiftung Gedenkstätten. Und wir würden uns wünschen, daß die ohne unser Mitwissen in eine Dokumentationsstelle umgewandelte frühere Gedenkstätte – nicht zuletzt angesichts der im ganzen Land zunehmenden neonazistischen Umtriebe – wieder den Status einer richtigen Gedenkstätte im Verband der Stiftung erhält.

Auch das wären wir unseren toten Kameraden schuldig!

HANS-OTTO BRÄUTIGAM

Minister der Justiz und für Bundesangelegenheiten des Landes Brandenburg

(...)

Ich bin zutiefst dankbar dafür, daß zahlreiche ehemalige Häftlinge des Zuchthauses Brandenburg-Görden und Angehörige von Häftlingen heute hier sind, um gemeinsam mit den Bürgerinnen und Bürger dieser Stadt und anderen, die Anteil nehmen, der faschistischen Verfolgungen zu gedenken. Im Namen der brandenburgischen Landesregierung heiße ich Sie alle herzlich willkommen. Den ehemaligen politischen Häftlingen wird der Weg zurück an die Stätte ihrer Leiden nicht leicht gefallen sein. Dennoch war es richtig, daß Sie gekommen sind. Sie erweisen damit den Jüngeren, die diese Schreckenszeit nicht selbst erlebt haben, einen wichtigen Dienst. Als Zeitzeugen nehmen Sie uns und die kommenden Generationen in die Pflicht, alles in unserer Macht stehende zu tun, damit es in Deutschland nie wieder Diktatur, Verfolgungen und Verbrechen gegen die Menschlichkeit gibt. Das ist der Auftrag der Geschichte, den alle Deutschen gemeinsam zu erfüllen haben. Herr Mannbar hat uns soeben geschildert, wie er die Befreiung der Häftlinge am 27. und 28. April erlebt hat. Mich hat das sehr berührt. Es ist unverzichtbar für uns alle, daß wir erfahren, wie es damals tatsächlich gewesen ist. Wir müssen die Leiden der Opfer, die Verbrechen an unschuldigen Menschen in unser kollektives Gedächtnis aufnehmen. Wir dürfen auch im Nachhinein nicht wegsehen und diese dunkelsten Seiten der deutschen Geschichte nicht verdrängen. „Nie mehr vergessen“ ist der Sinn unseres Gedenkens heute.

Im April 1945 waren im Zuchthaus Brandenburg 4.500 Häftlinge auf engstem Raum untergebracht. Ein Teil von ihnen – die genaue Zahl kennen wir nicht – war aus politischen Gründen inhaftiert. Es waren vor allem deutsche Kommunisten und Sozialdemokraten, bekennende Christen, Mitglieder des konservativen Widerstandes aus dem Kreis des 20. Juli, andere Gegner des nationalsozialistischen Regimes und eine größere Zahl verschleppter Ausländer. Vorübergehend waren auch Juden im Zuchthaus Brandenburg inhaftiert. Sie wurden ab 1942 von hier aus in die Konzentrationslager und Vernichtungslager gebracht.

1.722 politische Häftlinge wurden in der nationalsozialistischen Zeit im Zuchthaus hingerichtet: in erster Linie Deutsche, ferner auch kriegsgefangene sowjetische Soldaten und Offiziere, Polen, Tschechoslowaken, Franzosen, Belgier, Holländer und andere. Sie kamen aus allen politischen Lagern und sozialen Schichten; es waren Arbeiter und Angestellte, Ingenieure, Ärzte, Juristen, Polizeibeamte, Künstler, Journalisten, Offiziere, Geistliche und Bibelforscher. Sie haben ihr Leben gegeben für die Freiheit des Gewissens, für die Achtung der Menschenwürde, für die Freiheit der Völker Europas und auch – erlauben Sie mir das altmodische Wort – für die Ehre des deutschen Volkes. Wir verneigen uns vor ihnen in Trauer. Wir werden ihrem tapferen Einsatz ein ehrendes Gedenken bewahren.

Die meisten politischen Häftlinge, die in Brandenburg ihr Leben gaben, haben Widerstand geleistet, aus unterschiedlichen Überzeugungen und Motiven, allein oder als Mitglieder von Gruppen, gegen die Diktatur im eigenen Lande oder eine fremde Besatzungsmacht. Aber eins war ihnen gemeinsam: Sie waren nicht bereit, sich dem totalitären Staat zu unterwerfen. Damit waren sie rechtlos geworden, noch ehe ein Urteil gesprochen wurde. Denn der einzelne Mensch galt nichts in diesem System, er hatte keinen Wert. Der Staat war allein an dem Nutzen interessiert, den ein Mensch erbringen konnte. Hier offenbart sich eine erschreckende Unmenschlichkeit. Sie hatte ihren Ursprung in einem grenzenlosen Machtstreben. Das Ziel der deutschen Nationalsozialisten war nicht eine Volksgemeinschaft, die damals propagiert wurde, sondern die totale Gewaltherrschaft über das eigene Volk und über andere Völker.

Verehrte Anwesende,
manche werden sich in diesen Tagen fragen, ob die Opfer im Kampf gegen ein unmenschliches, verbrecherisches System nicht am Ende doch umsonst waren. Auch nach der Befreiung von der nationalsozialistischen Gewaltherrschaft hat es in Deutschland und anderswo in Europa schweres politisches Unrecht gegeben, bis in die jüngsten Tage hinein, wie wir alle wissen. Die Teilung Deutschlands und ihre Folgen lasten noch schwer auf uns, vor allem auf den Ostdeutschen, die es nach 1945 so viel härter getroffen hatte. Aber das darf uns nicht den Blick dafür verstellen, daß der Widerstand gegen die Unmenschlichkeit und die Leidenserfahrung so vieler Menschen schließlich doch den Weg freigelegt hat für eine bessere Zukunft und für ein menschenwürdigeres Dasein in den europäischen Ländern. Nein, der Widerstand, die Opfer, das Leid waren nicht umsonst. Sie sind ein kostbares Erbe, dem wir verpflichtet bleiben.

Wenn wir uns heute, meine Damen und Herren, der Befreiung des Zuchthauses Brandenburg vor 50 Jahren erinnern, so feiern wir nicht den Sieg über den Faschismus. Dazu haben wir als Deutsche wahrlich keinen Grund und keine Berechtigung. Für uns ist dieser Tag der Befreiung vor allem Anlaß zu Trauer und zur Erinnerung an das unermeßliche Leid, das in der Zeit der nationalsozialistischen Gewaltherrschaft vielen Menschen von Deutschen und im deutschen Namen zugefügt worden ist. Wir trauern heute um die Opfer im Zuchthaus Brandenburg, aber auch um jene, die an anderen Orten der Verfolgung ihr Leben gelassen haben, in Auschwitz, in Majdanek, in Buchenwald; in Bergen-Belsen, Sachsenhausen, Ravensbrück oder in Dachau, um nur einige dieser Stätten des Grauens zu nennen. Wir gedenken der sechs Millionen ermordeter Juden und aller anderen, die aus rassischen oder religiösen Gründen verfolgt und umgebracht worden sind. Wir gedenken der Bürger und Soldaten aus anderen europäischen Ländern, die in den Lagern und Gefängnissen den Tod fanden. Wir ehren die tapferen Männer und Frauen, die ihrem Gewissen folgten, denen ihr Glaube oder ihre politische Überzeugung wichtiger waren als ihr Leben oder ihre persönliche Freiheit.

Die 50. Jahrestage, die wir in diesen Wochen begehen, sind für uns auch Anlaß zum Nachdenken über die deutsche Katastrophe, die 1933 mit der sogenannten Machtergreifung durch Hitler begann. Wir müssen uns fragen, warum Deutsche besonders anfällig waren für Nationalismus und autoritäres Denken, die dann der Gewaltherrschaft den Weg ebneten. Wir müssen uns auch fragen, warum so viele Deutsche die Macht über andere Völker für wichtiger hielten als die Freiheit dieser Völker. Die Gründe dafür sind vielschichtig. Es hat wohl letztlich damit zu tun, daß unter den politischen Bedingungen, die im 19. Jahrhundert in Deutschland bestanden, eine lebendige rechtsstaatliche Demokratie sich nur schwer entwickeln konnte. Diese Fragen haben auch nach 50 Jahren ihre Bedeutung nicht verloren.

Die Jüngeren, die den faschistischen Terror und den Krieg nicht mehr erlebt haben, tragen persönlich keine Schuld für Taten, die sie nicht begangen haben. Aber sie haben von der Generation ihrer Großeltern und Eltern ein schweres Erbe übernommen, das auch auf ihnen lastet. Die heutigen und künftigen Generationen in Deutschland bleiben verantwortlich dafür, daß Verbrechen gegen die Menschlichkeit, politische Verfolgung, Unterdrückung und Diskriminierung von Minderheiten, Ausländern und anderen sozialen Gruppen ausgeschlossen sind und bleiben.

Ich rufe Sie auf:

- Stellen wir uns der historischen Wahrheit unserer Vergangenheit. Nur wenn wir diese annehmen, werden wir auch die Zukunft Deutschlands in guter und menschenwürdiger Weise gestalten können.
- Engagieren wir uns für Recht, Freiheit und soziale Gerechtigkeit in Deutschland. Schauen wir nicht weg, wenn Unrecht geschieht. Respektieren wir die Überzeugungen anderer. Geben wir unseren Kindern ein Beispiel von Gemeinsinn und Zivilcourage.
- Wenden wir uns öffentlich und mit allem Nachdruck gegen Nazipropaganda, Antisemitismus, rechtsextremistische Gewalt, wo immer sie auftreten. Wir dürfen einen Rückfall in die Barbarei nicht zulassen.
- Setzen wir uns aktiv ein für einen Verzicht auf Gewalt, die Sicherung der Menschenwürde in Europa und überall in der Welt. Leisten wir unseren Beitrag zur Erhaltung des Friedens. Dann wird auch dem vereinigten Deutschland Vertrauen entgegengebracht werden.

ERNST M. STEIN
Rabbiner i. R. der Jüdischen Gemeinde zu Berlin

In diesen Tagen, da müssen wir leider an vielen Orten, zu vielen Orten Gedenkstunden für die Opfer der nationalsozialistischen Gewaltherrschaft in diesem Lande abhalten.

Da sind die großen Konzentrations- und Vernichtungslager, deren schändliche Namen bekannt und die zum Symbol des Teuflischen geworden sind. In ihnen fanden Hunderttausende, ja Millionen den Tod; Hunderttausende wurden gequält, erniedrigt, entwürdigt, in Fronarbeit zermalmt.

Da sind die vielen Außen- und Nebenlager, die Arbeitslager, die dieses Land übersäten und die oft wie zum zusätzlichen Hohn der Opfer in liebliche, pastorale Landschaft gesetzt wurden.

Unbeschreibliche Willkür waltete, persönlicher Sadismus gepaart mit verordneter Unmenschlichkeit – eine schreckliche Kombination. Die niedrigsten Eigenschaften der Täter durften, sollten sich austoben. Sie, die Täter, kamen aus den verschiedensten Schichten der Bevölkerung, und die breite Masse dieser Bevölkerung war, wenn auch nicht immer, über alle Einzelheiten informiert und sich sehr wohl dessen bewußt, was an unbeschreiblichem Unrecht in ihrer nächsten Nachbarschaft geschah.

Rabbiner Ernst M. Stein

Denn, wie gesagt, überall gab es diese Orte des Schreckens. Da waren die Transporte der Opfer, die Städte und Dörfer passierten, da waren die Arbeitskolonnen der Ausgemergelten, da waren die plötzlich verschwundenen Nachbarn, und da waren an manchen Orten die mit Auge, Nase, und man sagt, sogar mit dem Geschmack verspürbaren Anzeichen des Massentodes. Somit ist das Argument, daß man nichts gewußt hätte, unwahr und feige Lüge.

Doch wie schrecklich und unvorstellbar diese zur Wirklichkeit gewordene Hölle auch war, da gab es Orte, an denen in zynischster Weise ein Element zusätzlicher Qual auferlegt wurde. Der Deckmantel des Rechts, der Legalität, die Prozedur einer, wie wir wissen, pervertierten Gerichtsbarkeit, die unter dem Anschein von Justiz viele Tausende zum Tode verurteilte und bestialisch hinrichten ließ.

Wir hier stehen an einem Mahnmal, das besonders der Opfer dieser Mörderjustiz gedenkt. 1.722 Menschen, von ihnen 1.150 Deutsche, die anderen kamen aus 15 Ländern Europas, fanden hier in dieser Stadt den Tod, als, wie es heißt, „aus politischen Gründen Hingerichtete".

Im ganzen fanden von August 1940 bis April 1945, also in weniger als fünf Jahren, 2.743 Hinrichtungen in diesem Komplex des „Zuchthauses Brandenburg" statt. Genaue Listen und Statistiken wurden geführt.

Wer waren diese Opfer? Wer waren diese Menschen? Was waren ihre angeblichen Vergehen? Sie waren Arbeiter und Angestellte, Menschen der Kirche, des Militärs, der Polizei. Es gab unter ihnen Juristen und Beamte, Künstler und Ärzte, Bauern und Schriftsteller, Rentner und Lehrer.

Ihre Vergehen waren „nicht schweigen können", „nicht wegschauen können", „als Unrecht erkennen und erklären das, das Unrecht ist". Widerstand leisten dort, wo so viele die Augen schlossen, schwiegen, mitmachten, mitjubelten und zujubelten.

Um in die unbarmherzige Mühle dieser Justiz zu kommen, bedurfte es nicht unbedingt eines spektakulären Aktes, sondern es genügte die Denunziation eines fanatischen oder neidischen Nachbarn, ein unvorsichtiges Wort.

Die Urteile wurden „im Namen des Volkes" gefällt, des Volkes, das seine Stimme nicht gegen diese Schandjustiz erhob, doch nun Befreiung von ihr und den anderen Manifestationen des Unrechts für sich beansprucht. Im Namen dieses Volkes wurden die Urteile gefällt, veröffentlicht und vollstreckt.

Vielleicht kannte mancher nicht den Horror der Konzentrationslager, aber diese Scheinjustiz konnte, ja sollte jeder sehen. Wir kennen alle die hysterische, sich überschlagende Stimme Freislers und anderer solcher „Juristen". Wir hören noch das zustimmende, johlende Gebrüll, den Hohn, der auf die Verurteilten geschüttet wurde, wenn wieder ein Todesurteil oder eine andere drakonische Strafe verhängt wurde.

An was dachten die Verurteilten in ihren letzten Stunden? Sicher oft daran, daß ihr Opfer nicht umsonst sei, daß die Welt, die Gesellschaft vielleicht doch besser, menschlicher werden würden. Die Alten dachten vielleicht zurück an Erlebtes, Familie, Liebe, doch an was konnte ein Fünfzehnjähriger denken – ja, so jung wurde hier hingerichtet – der noch gar nicht gelebt hatte, der nie eine Zukunft haben wird.

Heute, 50 Jahre nach dem Ende der Schreckensherrschaft, die durch Waffengewalt der Alliierten niedergekämpft werden mußte – denn es wurde bis zum letzten Tag des

Krieges nicht kapituliert – wenn heute in diesem Lande von der Ehre und dem Ansehen Deutschlands, von seinem Status im Rahmen der Völkerfamilie gesprochen werden kann, dann hören wir wenig, kaum etwas von diesen 1150 Deutschen, die zusammen mit anderen solchen Todgeweihten und durch ihren Tod Geweihten – wenige aus diesem großen Volk – in dunkelster Zeit, in sich und durch sich die wahre Ehre der Nation trugen und dafür mit dem Leben bezahlten.

Nicht wirtschaftliche Errungenschaften, nicht starke Finanzen, nicht eine gut ausgerüstete Armee sind die Träger der Moral und der Ethik, des Anstandes, der Würde der Nation, sondern die, die in dunkelster Zeit Licht waren, Licht, das verlöscht wurde. Sie trugen all das in sich, auch dann, wenn man mit ihren politischen und gesellschaftlichen Vorstellungen und Träumen nicht einverstanden sein mag.

Zusätzlich zu diesen Verbrechen der NS-Justiz war es auch hier in Brandenburg, daß die ersten Gaskammern der Mordmaschinerie erprobt und bei Tötungen des Euthanasieprogramms eingesetzt wurden. 8.000 bis 9.000 Menschen, die jüngsten Belege beweisen bis zu 10.000 dieser ärmsten und wehrlosesten, fielen hier diesem Akt der Unmenschlichkeit zum Opfer.

Ferner, da verschwand die seit dem 13. Jahrhundert in Brandenburg ansässige Jüdische Gemeinde im Sturm des Infernos. Flucht, Deportation, Tod, das war ihr Schicksal und ihr Ende. Daher ist es schwer verständlich und nicht akzeptabel, daß der Bund es abgelehnt hat, hier an diesem Zentrum des Unrechts eine aussagende Gedenkstätte zu errichten und zu tragen. Besonders so in Anbetracht dessen, daß der gesamte Apparat der Unrechtsjustiz der NS-Zeit nach dem Krieg weitestgehend unangetastet und unbestraft blieb, ja, personell in zu vielen Fällen intakt übernommen wurde.

All diese Geschehen sollten Grund genug sein, um eine würdige Gedenkstätte, die alle diese Aspekte des großen Unrechts anspricht, zu erstellen. Wir schließen uns uneingeschränkt dieser Forderung der Geschichte und im Namen und Gedenken aller Opfer mit allem Nachdruck an. Um die Opfer, um ihre Leiden, ihren Tod geht es hier. Aber auch um ihre Hinterlassenschaft, die ja nicht allein durch ein Nachdenkmal getragen werden kann, sondern Niederschlag in der Gesellschaft heute fordert.

Frühes, biblisch-israelitisches Gesetz verlangt, wie wir im 2. Buche Mose lesen, daß das Recht nicht durch Paragraphen, nicht durch Mehrheitsbeschlüsse entschieden wird, sondern durch sein essentielles Wesen der verlangenden Gerechtigkeit. Wir lesen: „Folge nicht der Mehrheit zum Bösen und sage in einer Streitsache nicht so aus, daß du Recht beugst, wenn du dich der Mehrheit anschließt." Das ist das Wesen des Rechts.

Die hingerichteten Menschen der Blutjustiz folgten nicht der Menge und erfüllten damit die fundamentalste Pflicht der Rechts- und Gerechtigkeitserhaltung. Egal, ob sie Christen, Juden, Agnostiker oder Atheisten waren, – alle fielen unter demselben Beil.

Wir gedenken ihres aufrechten Handelns, wir gedenken ihres Todes, wir gedenken ihres Auftrages.

Wir vergessen nicht und werden nicht vergessen lassen.

JAN CIZEK

Ehemaliger Häftling im Zuchthaus Brandenburg-Görden

Ich bin Jan Cizek aus Prag. Man hatte mich zum Tode verurteilt und am 2. Februar 1945 nach Brandenburg gebracht. Am 27. April 1945 befreite man mich aus meiner Zelle. Damit wurde mir mein Leben wiedergegeben!

1.722 politische Häftlinge wie ich wurden an diesem Ort vom 1. August 1940 bis zum 20. April 1945 hingerichtet!

Einer Tradition folgend nenne ich Ihnen, stellvertretend für alle Hingerichteten, die Namen der letzten 28 Männer, die noch sieben Tage vor unserer Befreiung durch des Henkers Hand sterben mußten:

Teilnehmer der Gedenkveranstaltung im Hof der JVA Brandenburg

Es waren 16 Deutsche, ein Belgier, drei Polen und acht Tschechen.

Ihre Namen:

Josef Funk	Ernst Hampel
Dr. Max Dräger	Franz Zwolinski
Herbert Mumm von Schwarzenstein	Paul Hinze
August Jacob	Friedrich Klemmstein
Dr. Georges Dlaive	Hans Schulze
Johann Zander	Hugo Kapteina
Max Jehn	Miroslav Wojtr
Paul Sonntag	Karel Klonda
Alfred Kramer	Karel Vondrak
Gustav Paustian	Josef Zika
Alexi Jendritschka	Antonin Tuma
Adam Sobolewski	Antonie Valenta
Leo Sowinski	Petr Bejcek
Alfons Warszozynski	Josef Jilek

Gedenken wir aller unserer ermordeten Kameraden und Freunden mit einer Minute des Schweigens.

Ich danke Ihnen!

JÜRGEN DITTBERNER
Direktor der Stiftung Brandenburgische Gedenkstätten

Außer Sachsenhausen und Ravensbrück sowie deren Nebenlager war auch Brandenburg an der Havel ein Ort des Völkermordes und der Staatsverbrechen im nationalsozialistischen Deutschland.

Im Jahre 1940 fielen im sogenannten Alten Zuchthaus 9.772 Menschen der Euthanasie zum Opfer. Die Mörder hatten dafür die kühle Bürokratenbezeichnung „T4" benutzt. Jüdische Anstaltspatienten, denen die Nationalsozialisten ihre von Gott verliehene Existenzberechtigung verwehrten, verschleppte man per Bahn hierher, um sie zu ermorden. Der organisierte Judenmord nahm in der Stadt Brandenburg seinen Anfang. Das ist das eine Kapitel der Verbrechen.

Das andere: 1927 schon – noch in der Weimarer Zeit – hatte der Bau des neuen Zuchthauses in Brandenburg-Görden begonnen. 1935 war es fertig. Es sollte das „modernste und sicherste Zuchthaus Europas" werden. Unter der Herrschaft der NSDAP wurde es praktisch zu einem Konzentrationslager. Die Hälfte der Insassen waren politische Häftlinge und Feinde des Nationalsozialismus. Zu ihnen gehörten Sozialdemokraten, Kriegsgefangene, Kommunisten, Widerständler, Juden, Homosexuelle, Bibelforscher, Sinti und Roma. Wie in den KZ mußten die politischen Gefangenen für die Rüstung arbeiten. Zwischen 1940 und 1945 starben hier an Unterernährung und Krankheit 652 Personen. Vom 1. August 1940 bis zum 20. April 1945 fanden in Brandenburg die Hinrichtungen statt, die meisten Opfer waren zum Tode verurteilte Gegner der Nationalsozialisten. 1.691 Menschen starben durch das Fallbeil, 17 Menschen wurden erschossen und 14 gehängt. Diese Opfer stammten aus 19 Ländern Europas. Die größte Gruppe unter ihnen waren die Deutschen. Ein Franzose war der jüngste der Hingerichteten. Henri Delst war 15 Jahre alt, als man ihm das Leben nahm.

Stellvertretend für die anderen nenne ich die Namen von 10 Persönlichkeiten, die in Brandenburg-Görden als Gegner der Nationalsozialisten sterben mußten:

Dr. Alois Grimm, Jesuitenpater,
Leo Statz, Fabrikant
Erich Knauf, Sozialdemokrat
Nikolaus Christoph von Halem, Kaufmann
Dr. Max Dräger, Oberlandesgerichtspräsident
Werner Seelenbinder, Kommunist und Olympiasportler,
Dr. Josef Fischer, jüdischer Dozent
Karl Freiherr von Thüningen, Generalleutnant
Friedrich Johann Coy, Zentrumpolitiker und Schreiner,
Bernhard Schwentner, Pfarrer.

Das Zuchthaus Brandenburg war die größte Hinrichtungsstätte des NS-„Volksgerichtshofes". Die hier Gestorbenen sollen nicht vergessen werden.

Im April 1945 bildete sich angesichts der heranrückenden Roten Armee ein Gefangenenrat, der das Wachpersonal entmachtete und die Befreiung des zum Konzentrationslager gewordenen Zuchthauses zusammen mit den Sowjets organisierte.

Brandenburg an der Havel, die Wiege und Ursprung der Mark, hatte von 1933 bis 1945 den dunkelsten Abschnitt seiner an Höhen und Tiefen reichen Geschichte erlebt. Den Opfern aus dieser Zeit sind wir es schuldig, alles zu tun, damit sich ähnliches nicht wiederholt – hier oder anderswo.

„...ein Symbol für die Zukunft, ein Weg in die neue Zeit..."

Briefe von Gästen

Viele Gäste äußerten sich nach den Veranstaltungen unter anderem in Briefen und schilderten darin ihre Empfindungen und Eindrücke von ihrem Aufenthalt in Brandenburg.

Hier werden einige Briefe auszugsweise vorgestellt. Angemerkt sei, daß die meisten der nach den Gedenkveranstaltungen verfaßten Schreiben positiv waren, während nach dem Versand der Einladungsschreiben auch einige Absagen von Überlebenden eingingen, die Deutschland nie wieder betreten wollten.

Ausgewählt wurden jene Passagen, die vor allem Erinnerungen sowie Eindrücke der Gäste von ihrem Aufenthalt und ihre Beurteilung der Situation im heutigen Deutschland widerspiegeln. Die von allen Verfassern formulierten, ausführlichen und sehr bewegenden Dankesbezeugungen sind aus Platzgründen nicht abgedruckt. Die Überschriften nennen Namen, jetzigen Wohnort und Land des Verfassers. Auf ins Deutsche übersetzte Briefe wird hingewiesen. Kürzungen sind mit (...) gekennzeichnet.

Zwei Überlebende von Sachsenhausen begrüßen sich auf der Gedenkveranstaltung vom 23. April 1995

JEAN-MATHIAS GRANDCHAMPS, LIEGE, BELGIEN
(übersetzt aus dem Französischen)

(...)

Dies war eine fabelhafte Rückkehr, begleitet von besonderem Interesse der deutschen Jugend, von denen jeder einzelne großes Interesse an den Erzählungen der Überlebenden über diese schwarzen Jahre in jenen verfluchten Lagern bekundete, die die Schande dieses Deutschlands waren.

Welche Genugtuung für uns, nach einem halben Jahrhundert, uns wiederzufinden an den Orten unseres grauenvollen Leidens, nun eingeladen und umsorgt, wie wir es uns nicht vorzustellen gewagt hätten.

(...) Kurz, Deutschland, das wir als Terrorregime kennengelernt hatten, hat sich in unseren Augen gut zu einem demokratischen Land und zu einem wichtigen Partner in der europäischen Gemeinschaft entwickelt.(...)

POUL NIELSEN, ODENSE, DÄNEMARK

(...)

Im November 1943 haben wir gegen unseren Willen eine Einladung für Reise und Aufenthalt in Oranienburg (alles umsonst) erhalten. Der unfreundliche Empfang mit dem Verlangen, alle Haare abzugeben und unsere Kleider gegen merkwürdige Klamotten umzutauschen, war bestimmt nicht nach unseren Wünschen, obwohl die Stimmung sich etwas verbesserte, als wir miteinander unsere neu erworbenen Glatzen beobachteten und anfingen zu lachen – was man übrigens in der Kleiderkammer nicht gewohnt war. Wir haben in der folgenden Zeit vieles erlebt und mit unseren jungen Jahren konzentriert gelernt.

Und nun haben wir wieder eine Einladung für Reise und Aufenthalt erhalten. Gespannt waren wir gekommen; diesmal möchten wir uns aber herzlich bedanken wegen des großen Unterschiedes. Alle Leute waren ganz besonders nett und sorgfältig und haben damit auf angenehmste Weise unsere Erwartungen erfüllt.

Als Bestätigung, neben vielem anderen, daß auch vor 50 Jahren unter schweren Bedingungen Menschen mit humanistischen Einstellungen zu finden waren, möchte ich folgendes erzählen:

Nachts, November '43, Transport, Kopenhagen – Gedser – Oranienburg. Alter Zug mit Korridor und 8-Personen-Abteilen. Neben mir am Fenster saß der deutsche Begleit- und Wachmann. Es regnete stark, und es war kühl. Alles war verdunkelt, der Zug fuhr langsam, und der schläfrige Rhythmus durch die Schienen übertrug sich über die Stunden auf die Passagiere und auch auf den Wachmann, der, mit seinem Gewehr aufrecht zwischen seinen Beinen, schlief.

Halbwach erfaßte ich plötzlich die Schritte von nagelbeschlagenen Stiefeln im Korridor und stieß meinen rechten Ellbogen in die Seite des Soldaten und flüsterte: „Aufpassen!" Er zuckte zusammen und in der folgenden Sekunde konnte er auf die Frage „Alles in Ordnung?"des Wachhabenden mit „Jawohl" antworten.

Das von mir ihm gegenüber positive Verhalten wurde von ihm erwidert, und ein Vertrauensverhältnis zwischen zwei „Feinden" entstand. Er war auf dem Weg zu einem kurzen Urlaub in seinen Wohnort Berlin. Er war lange nicht zu Hause gewesen und hat sich natürlich sehr gefreut, aber als wir leise am Sachsenhausener Bahnhof Abschied nahmen, war seine Freude der Erwartung etwas gedämpft.

Auf der Reise von Rostock bis Oranienburg habe ich einen Brief, den ich heute noch besitze, an meine Eltern geschrieben. Den Brief hat er nach seiner Rückkehr nach Dänemark geschickt.

Was hätte es ihn damals gekostet, wenn er entdeckt worden wäre?(...)

Ich bin bei meinem jetzigen Besuch zu seiner damaligen Berliner Adresse gefahren. Das Haus steht wie vor dem Krieg, obwohl die Nachbarhäuser neu aufgebaut worden sind. Die Namen an der Haustür sind natürlich andere. Wie ist wohl sein Schicksal danach gewesen? (...)

HORST SCHALSCHA, PARIS, FRANKREICH

(...)

Für mich ist die Vergangenheit nur insofern bedeutend, als sie eine positive Auswirkung auf Gegenwart und Zukunft hervorbringt.

Meine größte Hoffnung ist somit, daß breiteste Schichten des deutschen Volkes sich des einzigartigen Schreckens dieser Vergangenheit bewußt werden und einen harten Kampf führen, um aus Ihrem Land eine Musterdemokratie zu machen, in der eine Wiederholung der Geschehen von 1933 bis 1945 eine absolute Unmöglichkeit ist.

Möge es unseren beiden Völkern gelingen, in enger Freundschaft und Zusammenarbeit aus unserem Kontinent ein uneinnehmbares Bollwerk von Toleranz und Gerechtigkeit zu machen.(...)

HERMAN SHINE, HILLSBOROUGH, USA

(...)

Obwohl es eine sehr lange Reise war, muß ich sagen, daß ich und viele von meinen alten Kameraden vom KZ Sachsenhausen es nicht bereut haben, Ihrer Einladung zu folgen.(...) Es war sehr traurig, aber auch wichtig, noch einmal erinnert zu werden, was ich und viele andere vor 50 Jahren in Sachsenhausen gelitten haben.

Für das Zusammentreffen und dafür, die Verbindung mit alten Kameraden wieder hergestellt zu haben, danke ich Ihnen allen nochmals.

Ich spreche sehr viel in Universitäten und Schulen über den Holocaust, und wie wichtig es ist für mich zu vergeben, aber nicht zu vergessen.(...)

JOZEF LEWICKI, RSESZOW, POLEN

(...)

Es ist mir ein Bedürfnis, für die Einladung zu den Gedenkveranstaltungen anläßlich des 50. Jahrestages der Befreiung der Konzentrationslager im Land Brandenburg, und für die Möglichkeit der Begegnung, nach einem halben Jahrhundert, an den ehemaligen tragischen Orten und mit den noch lebenden Kollegen aus jenen tragischen Zeiten des Zweitens Weltkrieges 1939-1945 zu danken.

Die Eindrücke waren schrecklich nach der abermaligen Begegnung mit diesen Plätzen, das waren die Momente des Grauens und der Angst; wir standen Auge in Auge, 1,5 Meter vom Krematoriumsofen! Dieses Bild war erschütternd, nasse Augen, zugeschnürte Kehlen und keine Möglichkeit, ein Wort hervorzubringen.

Es ist schon Geschichte .... und jetzt...

Ich möchte Ihnen mitteilen, daß ich als der ehemalige politische KZ-Häftling in Pustków, Oswiecim, Sachsenhausen, mit der Nr. 87537 roter Winkel, wahrscheinlich das einzige und älteste Mitglied der Polnisch-Deutschen Gesellschaft in Rzeszów – vielleicht in Polen – bin.

Unsere Stadt Rseszów ist Partnerstadt von Bielefeld. Die Ergebnisse dieser Städtepartnerschaft sind zum Beispiel die Zusammenarbeit auf verschiedenen Gebieten, die jährlichen Besuche der Bürger aus Bielefeld in Rzeszów und der Bürger aus Rzeszów in Bielefeld, die Niederlegung von Kränzen am Denkmal der Opfer, die in Konzentrationslagern gequält wurden. Die Schärpen dieser Kränze mit den deutschen Anschriften bewahren wir an unserem Gedächtnisort in Rzeszów auf.

Sehr geehrter Herr Ministerpräsident! Meinen Sie nicht, daß es an der Zeit ist, die Namen „Deutsch-Polnische Gesellschaft" und „Polnisch-Deutsche Gesellschaft" in „Deutsch-Polnische Freundschaft" und „Polnisch-Deutsche Freundschaft" zu ändern? (...)

ISRAEL LOEWENSTEIN, KIBBUTZ JAD CHANNA, ISRAEL

(...)

Die Teilnahme an den Feierlichkeiten war keine leichte Zeit für uns, aber das Wiedersehen mit unseren Kameraden und Freunden und die Gewißheit zu haben, daß man bei Ihnen die Vergangenheit nicht vergessen läßt und gewillt ist, aus ihr zu lernen, um zu verhindern, daß Antisemitismus und Fremdenhaß wieder ihr Haupt erheben, hat uns sehr erleichtert.

Besonders waren wir alle von der jungen Generation beeindruckt, die sich so rührend um uns kümmerte, versuchte, alle Probleme auf sich zu nehmen, um uns die Tage bei Ihnen so angenehm wie nur möglich zu gestalten. Die Begegnungen und Gespräche mit den jungen Leuten, auch Tage später nach den Veranstaltungen, haben uns einander näher gebracht. Das Wissen über die und Verstehenwollen der Vergangenheit war das Hauptthema. Ich bin sicher, daß wir in der Zukunft weiter mit vielen Jugendlichen in Kontakt bleiben werden. Dies ist wohl für beide Teile wichtig und belehrend.

Es würde uns freuen, Sie und Ihre Mitarbeiter bei einem eventuellen Israelbesuch bei uns in unserem Kibbutz begrüßen zu dürfen.(...)

Im Zelt der Begegnung in Sachsenhausen

GERHARD HERZOG, HOLTE, DÄNEMARK

(...)

Als Escort hatten wir zwei freundliche und hilfsbereite Studentinnen, Anita und Ines, die uns überall begleiteten, jeden Stein aus dem Weg räumten und jeden Wunsch von den Augen ablasen.

Am Sonntag in Sachsenhausen brachten sie uns Stühle, wenn wir stehen mußten, Getränke, wenn es zu heiß wurde, Kaffee, wenn wir erschöpft waren und Essen, wenn sie meinten, wir könnten hungrig sein. Als ich das Grab meines Vaters in Weißensee, das ich nie gesehen habe, da ich bei seinem Tod 1940 nicht mehr in Deutschland lebte, besuchen wollte, haben sie sich im Friedhofsbüro erkundigt, begleiteten uns dahin und halfen, damit wir uns auf dem großen Friedhof orientieren konnten. Jeden Morgen standen sie bereit, uns durch den Tag mit Rat und Tat zu helfen. Die jungen Studenten und Studentinnen, die wir in Berlin trafen, vermittelten uns den Eindruck von einem vorurteilsfreien Deutschland.

Ich kam nach der Kristallnacht 1938 ins KZ Sachsenhausen und hatte das Glück, im Januar 1939 entlassen zu werden, da ich eine Einreiseerlaubnis nach Dänemark bekam. Persönlich habe ich nicht die allerschlimmsten Zeiten mitgemacht, obwohl meine Mutter und andere Angehörige im KZ-Lager umkamen. Im Museum hat mich die Dokumentation über das Leiden der vielen anderen Häftlingen sehr geschmerzt. Es tut mir schrecklich leid, daß die nachfolgenden deutschen Generationen eine solche schwere historische Last, woran sie keine Schuld haben, tragen müssen. Ich schätze aber, daß Deutschland vieles getan hat, um die während der Nazi-Zeit erlittene Ungerechtigkeit wiedergutzumachen.(...)

NESTOR MIKULIK, BREST, RUßLAND

(...)

Dank Ihrer Mühe war ich in Ihrem wiedergeborenen Land und nahm an den Feierlichkeiten anläßlich des fünfzigsten Jahrestages der Befreiung der Konzentrationslager im Land Brandenburg teil.(...)

Vielen Dank der Regierung des Landes Brandenburg für die Pflege der traurigen Reste der Todesfabriken, der Konzentrationslager Sachsenhausen und Ravensbrück. Ich wünsche, daß sie für immer nur Museumsexponate bleiben.

(...) Die Anwesenheit der ehemaligen KZ-Häftlingen aus vielen Ländern der Welt an den ehemaligen Orten der Freiheitsberaubung, die den Höllenorten dieser Erde gleichen, sind für die ganze Welt eine Mahnung an die Schrecken und Nöte, die jeder Krieg mit sich bringt (...).

ELLA WARRINGTON – ONNEN, NORTH VANCOUVER, KANADA

(...)

Nach Rückkehr von meiner Reise nach Ravensbrück, an die Stätte meiner schlimmsten Leiden während des vergangenen Krieges, ist es mir heute ein besonderes Anliegen, Ihnen persönlich (das Schreiben war an Ministerpräsidenten Stolpe gerichtet, d. Hrsg.) und den Mitgliedern der Stiftung Brandenburgische Gedenkstätten für die Einladung herzlich zu danken.

Ich verließ Deutschland mit den angenehmsten Gefühlen.

Die Organisation der Feierlichkeiten ist mit soviel Rücksicht und aufrichtiger Herzlichkeit, und besonders durch die Freundlichkeit der Helfer geleistet worden, daß ich mit Freuden an Deutschland zurückdenke. Mein Vertrauen in die Menschlichkeit hat wieder Auftrieb genommen.(...)

Transparente in vielen Sprachen heißen die Gäste im „Zelt der Begegnung" in Ravensbrück willkommen

HETTY VOUTE, AMSTERDAM, NIEDERLANDE

(...)

Es war für mich und für alle fünf, die mitkamen, das erste Mal, daß wir wieder nach Ravensbrück gingen. Wie konnten wir hingehen? Ravensbrück konnte nicht mehr existieren, das war auf einem anderen Planeten.

Ich habe es nie bedauert, was ich im Kriege gemacht habe, keine von uns. Vielleicht konnten wir deshalb im Lager durchhalten, und wir haben Glück gehabt. Aber es ist mir nie gelungen, nachher an Ravensbrück zu denken. Es war immer eine chaotische Unruhe, die ich über Ravensbrück mit mir herum getragen habe.

Irgendwo ist das jetzt kanalisiert worden. Nicht untergepflügt, aber es hat Struktur bekommen. Es ist schwer, das zu erklären, zumal auf Deutsch!

Beigefügt schicken wir Ihnen die Übersetzung eines Briefes, der hier in der Wochenschrift Vrij Nederland gekürzt aufgenommen ist. Die Hauptsache ist, daß wir Ihnen damit sagen wollen, wie sehr Ihre Einladung uns berührt hat.

Ravensbrück, 22.,23.,24.,25. April 1995

Ja, ich bin zur Gedenkfeier nach Ravensbrück gefahren. Zum ersten Mal seit 50 Jahren.

(...) Man wollte uns die Gelegenheit geben, mit all den Frauen zusammenzukommen, mit denen wir damals unser Los geteilt haben. Wir fuhren zu fünft, manche kannten ihre Nummer noch, mit der sie damals ins Lager kamen: 67130, 67131, 67132.

(...)

Dann folgen drei Tage überwältigender Herzlichkeit. In seiner Rede dankt uns der Ministerpräsident dafür, daß wir gekommen sind. Es ist herrliches Wetter. Wir sitzen lange in der Sonne und hören den Reden zu, auf dem Appellplatz, hinter uns die Lagerstraße, jetzt beidseitig mit einer Reihe Bäume bepflanzt.

Wir sind wieder mitten unter Tausenden von anderen Frauen, aber jetzt sind alle Haare weiß und gut frisiert. Meine Gedanken bleiben gespalten.

Es gibt etwas Herzgewinnendes an unserem Empfang. Man hat uns zwei junge Leute zugeteilt, die uns mit einem kleinen Bus überall hin begleiten. Der Chauffeur wird schon bald unser dritter Betreuer. Betreuer – treue Helfer. Eine von den dreien kommt aus Ostberlin. Sie hat 19 Jahre unter dem kommunistischen Regime mit der Drohung der Stasi gelebt. Sie hat Jura studiert und arbeitet als Juristin. Unser Chauffeur kommt aus Westberlin, hat das Politologie-Studium abgeschlossen, aber leider keine Stelle. Der dritte ist Andreas Pflock, Historiker, uns in den Niederlanden bekannt wegen seines Interesses für das Lager Vught. Diese jungen Leute mit ihren fesselnden eigenen Geschichten und ihrer aufrechten Anteilnahme und ihrem Interesse an unseren Erlebnissen machen alles sehr wertvoll.

Unsere Geschichte und die von ihnen – eigentlich die von zwei Generationen – zeigt, wie Historie aufgebaut wird und weitergeht. Aber der Grund unter unseren Füßen ist noch immer derselbe schwarze Kohlensgrus, und wohin muß ich hier mit meinen Erinnerungen? Wenn es nicht noch immer auf Deiner Netzhaut stünde, Du könntest es nicht mehr glauben.

Vor 50 Jahren wurde Ravensbrück durch die russische Armee befreit. Die Baracken wurde abgebrochen, das Archiv verschwand. Sie haben dort Kasernen gebaut und das Lager mehr als 45 Jahre bewohnt. Wie sollten wir es hier noch wiedererkennen?

Doch diese Tage – hier an derselben Stelle wie vor 50 Jahren, aber dann so anders – verwirren uns in gewissem Sinne, aber sie haben uns geholfen, um hier wahre Freunde um uns herum zu sehen, einfach feine Deutsche in Deutschland, die zusammen mit uns trauern um das, was hier damals passiert ist, worüber wir zusammen sprechen und womit wir zusammen leben wollen.

Welch ein Segen, daß dieses Land wieder vereinigt ist, Ost und West wieder eins, und daß seine jüngere Generation so positiv denkt.

(...)

Abermals: die Erinnerungen bleiben, mit ihren Emotionen, die plötzlich aufsteigen, aber Ihr habt für uns daneben etwas ganz Besonderes geschaffen. Ihr habt uns gezeigt, wie Ihr jetzt lebt und denkt. Wenn wir jetzt an Ravensbrück denken, haben wir ein kostbares Bild hinzubekommen, wofür wir dankbar sind.(...)

Zwei Teilnehmerinnen im Zelt der Begegnung

ALINA DABROWSKA, WARSCHAU, POLEN

(...)

Als ich im Januar eine Einladung der Brandenburgischen Landesregierung bekam, wußte ich gleich, daß ich an den Gedenkfeiern teilnehmen werde. Ravensbrück, wohin man mich im Januar 1945 nach der Evakuierung von Auschwitz transportierte, war für mich mit einer Hoffnung für die Zukunft verbunden.

Die Lage der Neuankömmlinge aus Auschwitz, die zum Beispiel wie ich schon ein Jahr im Gefängnis und anderthalb Jahre in Auschwitz überlebt haben, war nicht so schlimm, wie man erwartet hätte, und man fühlte, daß sich der Krieg dem Ende näherte. Das war die Vergangenheit, die mich berechtigte, jetzt nach Ravensbrück zu fahren, aber wie würde sich meine Begegnung mit der Gegenwart erweisen?

Die Begegnung war die Mühe der langen Reise und der Vorbereitungen wert. Man bereitete uns einen herzlichen Empfang. Ich wurde als „Gast" geehrt und nicht als „ehemaliger Häftling". Als ich am 23. April auf dem Appellplatz in Ravensbrück stand, sah ich, wie sich alles geändert hat. Hätte ich vor 50 Jahren, auf demselben Appellplatz stehend, geahnt, daß ich hier eines Tages als Gast empfangen werde, umfaßt von dem fühlbaren Wohlwollen und der Sorgfalt der deutschen Behörden?

Behilflich war unsere Begleiterin Frau Erika Paul aus Berlin. Sie war die ganze Zeit mit uns, hat sich bemüht, alle unseren Wünsche zu erfüllen und gab uns ständig die Empfindung, daß wir willkommen sind. Ich möchte noch hinzufügen, daß dank Ihrer Genehmigung meine Tochter mitfahren konnte, denn ich fühlte mich nicht wohl. Für sie war die Gedenkfeier auch ein ergreifendes Ereignis.

In der Atmosphäre der Begegnung herrschte eine Stimmung der internationalen Annäherung. Man fühlte einen gemeinsamen Gedanken, eine rührende Lehre, die sich aus dem Treffen der Generationen und der Vertreter der verschiedenen Staaten ergab. Das war nicht nur eine Abrechnung und Konfrontation mit der Vergangenheit, das war vielmehr ein Symbol für die Zukunft, ein Weg in die neue Zeit.

ANNETTE KAUFMANN, RA'ANANA, ISRAEL

(...)

Meine Mutter und ich nahmen an der Feier des 50. Jahrestages der Befreiung des KZ-Ravensbrück teil.

(...)

Für mich war der Besuch dieses Lagers sehr wichtig. Wegen des Schmerzes um die gesamte Familie war bisher das Thema „Holocaust" völlig verschlossen. Es war dies das erste Mal, daß ich alles noch einmal aus der Nähe erlebte.

Meine Mutter und ich befanden uns auf der Liste der damals Internierten, die vom Ghetto Piotrkow, Polen, dorthin verschickt wurden.

Das Geschehene kann man leider nicht ungeschehen machen und ist unverzeihlich, aber dennoch hoffe ich für uns alle und für Sie auf eine bessere Zukunft.(...)

BERTRAM A. JAMES, LUDLOW, GROSSBRITANNIEN
(übersetzt aus dem Englischen)

(...)

Ich war einer der britischen Piloten, auf die Charles Désirat in seiner Rede verwies, und so einer der wenigen britischen Gefangenen in Sachsenhausen. Insgesamt waren dort 68 Briten inhaftiert, viele von ihnen wurden getötet, so daß leider nur wenige ehemalige britische Häftlinge in der Lage waren, Ihre freundliche Einladung anzunehmen. In jedem Fall ist sicher, daß viele britische Bürger diese Veranstaltungen mittels der Medien mit großem Interesse und Sympathie begleitet haben.

Der 50. Jahrestag der Befreiung von einer globalen Katastrophe, die in unvorstellbaren Ausmaßen Tod und Zerstörung verursachte, wovon die Nazi-Todeslager ein Ausdruck waren, ist ein Meilenstein in der menschlichen Geschichte. Die Insassen der Konzentrationslager waren Opfer einer Brutalität, die auch in anderen totalitären Systemen hätte auftreten können. Es ist ein Verdienst des Landes Brandenburg, daß die Erinnerung der Insassen so bewegend beschworen wurde am Sonntag, den 23. April.

Die Arbeit der jungen Betreuer, die den nationalen Gästegruppen zugeordnet wurden, ist besonders zu loben. In diesem Zusammenhang möchten meine Frau und ich vor allem Arne Jaitner danken, der in allen Situationen sehr hilfreich und diplomatisch war. (...)

JOSEPH ROTBAUM-RIBO, GANEI YEHUDA, ISRAEL
(übersetzt aus dem Englischen)

(...)

Nachdem ich nun von den Gedenkfeiern zurückgekehrt bin und den Schmerz und die Aufregung bewältigt habe, möchte ich Ihnen und allen Personen danken, die diese Angelegenheit zu einem solchen Erfolg werden ließen.

(...)

Für mich, der ich am Ende des Krieges ein Junge von 13 Jahren war, war dieses Ereignis wie eine „Reise durch Zeit und Raum". Ich durchlebte wieder jene traurigen und schmerzerfüllten Zeiten in Sachsenhausen und auf dem Todesmarsch – erneut. Besonders aufgewühlt war ich vor allem bei dem Besuch im Belower Wald, wo ich von den Deutschen befreit wurde.

Die israelische Gruppe und andere Teilnehmer, mit denen ich während der Gedenkveranstaltungen sprach, hatten nur Lob übrig, nicht nur für die Tatsache, daß sie eingeladen worden waren, sondern vor allem für die Weise, in der die Veranstaltungen begangen wurden.(...)

Blick auf das Tor A in Sachsenhausen: im Vordergrund der Standort des Galgens, an dem zahlreiche Blumen niedergelegt werden

MICHAL CHILCZUK, WARSCHAU, POLEN
Verband der Kriegsveteranen Republik Polens und ehemaliger politischer Häftlinge – Hauptvorstand

(...)
Im Namen der Kombatanten der I. Armee des polnischen Heeres, welche in den Feierlichkeiten des 50. Feiertages der Befreiung des KZ Sachsenhausen Anteil genommen haben, habe ich die Ehre Ihnen, Herr Ministerpräsident, die Worte der tiefsten Anerkennung und Hochachtung zu übermitteln.

Zugleich möchte ich mich bei Ihnen für die Einladung zu diesen Feierlichkeiten im Namen der Gruppe der polnischen Kombatanten, welche bei der Befreiung des Konzentrationslagers Sachsenhausen teilgenommen hat, herzlichst bedanken. Das erlaubte uns, diese Tage wieder zu erleben.
(...)
Diese Erlebnisse bleiben ewig in unseren Gedanken, und wir sind überzeugt, daß sie in der Zukunft gute Früchte bringen werden, besonders auf dem Gebiet der engen Zusammenarbeit zwischen Polen und Deutschland, im zukünftigen Europa, frei vom Haß und vom Gift jeder Art von Nationalismus.(...)

Vertreter der russischen Armee in Ravensbrück

ARIEH KORETZ UND CHANOCH MANDELBAUM, TEL AVIV, ISRAEL

(...)

Nachdem wir alle nun wieder G. s. D. von der außergewöhnlich emotionalen 50jährigen Gedenkreise Westerbork -Bergen Belsen – Troeblitz gesund nach Hause gekommen sind, möchten wir Ihnen, sehr geehrter Herr Ministerpräsident, Ihrer Regierung und Ihrem gesamten Mitarbeiterstab auf diesem Wege unseren herzlichen Dank aussprechen.

Wir wissen es sehr zu schätzen, daß Sie auf unser Ersuchen und unsere Vorschläge, eine Gedenkwand für die Opfer des „Verlorenen Transportes" zu errichten und auf dem ganzen Wege uns zur Seite gestanden sind. Dank Ihrer Mithilfe konnte dieses Projekt zu aller Zufriedenheit ausgeführt werden.

Ebenfalls hat Ihre persönliche Anwesenheit bei der Enthüllung der Gedenkwand in Tröbitz ein entsprechend würdiges Gepräge gegeben. Die deutlich sichtbaren Sicherheitsvorkehrungen haben auf uns alle beruhigend gewirkt. Heute dürfen wir abschließend sagen, daß alles wunderbar geklappt hat und wir alle nach den so umfangreichen vorbereitenden Arbeiten mit einer inneren Genugtuung und Zufriedenheit nach Hause gekommen sind.(...)

Schilderungen von Betreuern

Eine möglichst individuelle Betreuung der circa 2.700 Gäste aus 34 Staaten zu gewährleisten, war die verantwortungsvolle Aufgabe von rund 400 Betreuerinnen und Betreuern, in der Mehrzahl Studierende und in der Gedenkstättenarbeit ehrenamtlich engagierte Personen aus Brandenburg und Berlin, aber auch aus anderen Teilen Deutschlands.

Sie begleiteten die Gäste durch das dichte und umfangreiche Veranstaltungsprogramm, waren Ansprechpartner für eine Vielzahl organisatorischer Fragen und versuchten, möglichst alle Wünsche der Gäste zu erfüllen. Unvorhersehbares, Unvorhergesehenes und kleinere Pannen im Organisationsablauf, die es auch gab, wurden von ihnen aufgefangen. Gleichermaßen waren sie Gesprächspartner für die Gäste.

Ihre Eindrücke aus diesen Begegnungen und aus den Gesprächen beschreiben hier stellvertretend sechs Betreuerinnen und Betreuer mit Gästen aus verschiedenen Staaten, deren ausführlichen Schilderungen hier auszugsweise wiedergegeben sind.

ERIKA PAUL

Am 21. April 1995 stand ich mittags etwas beklommen am Hauptbahnhof und wartete auf die Ankunft der angekündigten 21 Gäste aus Polen. Würden wir uns finden – in der ganz simplen Bedeutung auf dem langen, durch Bauarbeiten schmalen Bahnsteig, zwischen all den anderen Betreuern und Ankommenden, aber dann auch im übertragenden Sinne: wird sich in diesen vier Tagen der Eindruck vermitteln lassen, daß sich Deutschland in den vergangenen 50 Jahren wirklich verändert hat? In welcher körperlichen und seelischen Verfassung werden die von mir erwarteten betagten Gäste sein, zumal solche, die seit ihrer Befreiung Deutschland nicht mehr betreten haben. Würden wir uns gegenseitig verständlich machen können? Würden wir deutschsprachige Gäste dabei haben, die zum Dolmetschen bereit sind? Oder müßten wir mit den wenigen Brocken Polnisch meines Mitbetreuers Christian und vielen Gesten die Verständigung herstellen? (...)

Unsere Gäste waren im Durchschnitt viel, viel jünger als erwartet – aber keiner, keine sprach deutsch. Meine auf deutsch vorbereiteten Worte der Begrüßung konnte ich wegstecken – es konnte sie mir niemand übersetzen. So machte sich Christian mit Hilfe des Lexikons daran, die wichtigsten Informationen zu geben und zu erhalten.

Wir hatten eine weite Strecke vor uns – über die „Zentrale" in Bogensee hinauf nach Mecklenburg-Vorpommern zu einem idyllisch im Müritz-Nationalpark an der Feldberger Seenplatte versteckten „Gasthaus am Schulzensee" im Ort Waldsee.(...)

Alles war zufrieden beim guten Abendbrot. Zwei unserer erwarteten sechs Einzelgäste waren ebenfalls eingetroffen und schliefen bereits vor Erschöpfung von der langen Reise.

Christian hatte im Bus von unseren Gästen mit einigen Mühen schon vieles erfahren. Wir wußten nun, warum die meisten um 50 Jahre alt waren: sie waren in Ravensbrück geboren. Sie waren Kinder von jungen Warschauerinnen, die als Schwangere nach dem Warschauer Aufstand über Auschwitz nach Ravensbrück getrieben worden waren. Die Neun kannten sich gut – „dieses ist meine Familie“, sagten sie. Sie gehörten zu den wenigen Säuglingen, die Ravensbrück überlebt haben, weil das Schwedische Rote Kreuz sie und ihre Mütter neben den eigenen Landsleuten noch vor Kriegsende mit Bussen aus Ravensbrück nach Skandinavien bringen durfte. Ich fand ihre Namen im polnischen Raum der Gedenkstätte der Nationen im Zellenbau von Ravensbrück wieder. Sie versuchten auszudrücken, was es für sie bedeutete, den eigenen Namen als Lebende dort vorzufinden.

Die acht älteren Gäste waren ehemalige Häftlinge in verschiedenen Lagern und Nebenlagern in Mecklenburg und Berlin. Die Älteste war 82 Jahre alt und kam mit ihrer Tochter. Sie würde ihre Leidensstätte Ravensbrück das erste Mal seit 1945 wiedersehen.

Am Abend saßen wir in gelockerter Atmosphäre noch zusammen, um den Plan für den nächsten Tag zu machen.(...)

Am folgenden Nachmittag fuhren wir weiter nach Ravensbrück, um den ökumenischen Gottesdienst auf dem Gelände zwischen Außenmauer und Schwedtsee und die Ausstellung im „Bunker“, dem ehemaligen Zellenbau, zu besuchen. Es war eine feierliche Prozession von kirchlichen Würdenträgern und Laien über die vier Kreuzwegstationen vom Krematorium bis zum Denkmal am See: Erinnerung, Tröstung, Versöhnung, Verheißung. Die schriftlichen Textbücher über den Verlauf des Gottesdienstes lagen in den jeweiligen Sprachen vor, es wurde auf deutsch und polnisch (und vielen anderen Sprachen) gesungen und gebetet. Bewegend, in welcher ruhigen Atmosphäre, ich würde sagen Schwesterlichkeit, die Tausenden von Frauen (und wenigen Männer) jeweils von Station zu Station mitzogen.

Die Sonne brannte vom blauen Himmel – zwischendurch konnten sich immer zwei den Schatten meines Regenschirms (dem Erkennungszeichen für die Gruppe) teilen – aber die Kräfte der Älteren schienen zu wachsen. Keine wollte versäumen, auch eine Blume aus dem großen Korb in den Schwedtsee zu werfen, als letzten Gruß für die getöteten, im Krematorium verbrannten Mithäftlinge, deren Asche damals in den See geschüttet worden war.

War es die Atmosphäre, die Auswirkungen des gemeinsamen Bittens und Dankens unter dem Zeichen des Kreuzes und des Namens Jesu Christi? Immer mehr deutsche Worte tauchten bei meinen älteren Gästen wieder auf, die bewußt vergessen worden waren, verschüttet, die sie nie wieder benutzen wollten. Wir konnten ein wenig voneinander erzählen. Sie machten mir klar, daß bei all ihrer Bewegtheit nicht die Traurigkeit überwiege. Sie seien vielmehr stolz darauf, überlebt zu haben, nicht als „Muselmann“, wie es die Nazis wollten, sondern als lebendige Person wieder hierher gekommen zu sein und ihr Leben in der polnischen Heimat gemeistert zu haben. Die Familie, Kinder und Enkel, ihren Beruf, die Hilfeleistung an kranke, ehemalige Häftlinge durch Verteilen der Medikamente aus Deutschland – all das, was ihr Leben „danach“ heute ausmacht, sie wollten es mir mit allen ihnen zur Verfügung stehenden Möglichkeiten vermitteln. Kein Wort des Hasses gegen uns Deutsche, gegen mich als Angehörige der deutschen Nation.

Spät am Abend im Hotel, ohne vorherige Ankündigung, kam eine zweite Gruppe von 15 polnischen Gästen aus Warschau an, ein Teil davon auf unserer Teilnehmerliste vermerkt. Nun waren wir 32 -auch der letzte vorsorglich wegen möglichen Verschreibens organisierte Teilnehmerausweis wurde benötigt, ausgefüllt und verteilt. Alle Neuangekommenen gehörten – wie schon die neun Jüngeren der ersten Gruppe – der „Vereinigung der im Kindesalter inhaftierten früheren Häftlingen der nationalsozialistischen Konzentrationslager" an.

Er ist seit 1989 im Vereinsregister in Warschau eingetragen, nachdem die ersten Versuche, eine solche Organisation ins Leben zu rufen, als noch viele Opfer lebten, gescheitert waren. Die Neuankömmlinge waren tätige oder im Ruhestand befindliche Juristinnen, Historikerinnen, Biologinnen, Dozentinnen – vielleicht würden wir sagen, Karrierefrauen. Aber sie leiden noch heute psychisch und physisch unter den Folgen der Wahnsinnsversuche des SS-Arztes Dr. Mengele, den Nachwirkungen des ihnen verabreichten Giftes – von denen des Hungers und Angsthabens in der damaligen Schreckenszeit gar nicht zu reden. Einige von ihnen sprachen deutsch oder englisch. Alina übernahm zu meiner Erleichterung das Dolmetschen. Manches wurde leichter für die ganze Gruppe.(...)

In Bogensee fand der Empfang durch die Landesregierung am Abend des 23. April statt und wird, so wunderbar gelang er, wohl allen unvergeßlich bleiben. Die Teilnahme an den Gedenkfeiern in Ravensbrück und Sachsenhausen, die langen Busfahrten und langen Reden (deren Texte alle in der Landessprache der Gäste vorlagen), die Fülle der Menschen auf dem gesamten Gelände, auf der fast unübersehbaren Fläche der Sitzreihen – dies alles eine enorme physische Belastung bei extrem hoher psychischer Anspannung. Und dann wurden wir in ein festliches Ambiente geführt, das mit seinen weißgedeckten Tischen, Kerzen, Blumen Gestecken, der Güte des Büffets und seiner aufmerksamen Bedienung einem Sterne-Restaurant alle Ehre gemacht hätte. Man konnte zusehen, wie sich Druck und Anspannung des Tages, ja der ganzen vorherigen Woche , als die Gäste sich zu dieser Deutschland-Reise entschlossen hatten, lösten: „Daß wir hier wirklich als Gäste (und nicht nur als ehemalige Häftlinge der Nazis) eingeladen und willkommen sind, das haben wir gespürt, und das war das Größte und Wichtigste, was wir hier erlebt haben". Es war eine so wohltuende, gelöste, heitere Stimmung, die auch auf der nächtlichen Rückfahrt ins Hotel anhielt.

(...)

Wir fuhren am nächsten Tag über Ravensbrück und Sachsenhausen nach Berlin.(...) Wir fuhren dort durch die Straßen, auch durch die an der Jungfernheide auf der Suche nach dem damaligen Außenlager: Schlaf- und Arbeitsbaracken oberhalb der unterirdischen Munitionsfabriken, und damit fürchterliche, angstmachende Zielscheibe bei Bombenangriffen. Aber nichts davon war mehr zu finden – Wohnhäuser in langen Blöcken stehen jetzt dort.

Wir gingen über den Kurfürstendamm, und Barbara suchte mit den Augen alle Grundstücke um die Kaiser-Wilhelm-Gedächtniskirche ab: dort, wo jetzt Wertheim und renommierte Geschäftshäuser stehen, mußte sie als 10jähriger KZ-Häftling 1944 noch im Bombenalarm Schutt räumen. Sie sah in der Erinnerung den genauen Ort des da-

Eine Betreuerin mit einem Teilnehmer vor dem „Bulletin Board" im Ravensbrücker Begegnungszelt: hier suchen einander zahlreiche ehemalige Häftlinge

maligen Schreckens und verglich ihn mit der heutigen Realität: zwiespältig ihre Gefühle, daß die Orte des eigenen Leidens heute zu Plätzen normalen Lebens und Wohnens geworden sind.

Wichtig war ihnen allen daher, daß die Gelände der ehemaligen Konzentrationslager Ravensbrück, Sachsenhausen und anderswo, als Gedenkstätte erhalten und gepflegt werden, daß die Erinnerung wachgehalten bleibt und Wiederholung verhindert werden kann.

Sie waren unsere Gäste, manche schieden als Freunde. Ich habe einige Einladungen zu Besuchen in Warschau bekommen, und Briefkontakte werden auch bleiben. Die mich außerordentlich bereichernde Begegnung ist nicht abgeschlossen.

ARNE JAITNER

Ende April dieses Jahres habe ich eine Gruppe ehemaliger Häftlinge des Konzentrationslagers Sachsenhausen sowie ihre Begleiterinnen betreut. Es handelte sich dabei um einen britischen Staatsbürger nebst Ehefrau, der als Kriegsgefangener aufgrund mehrere Fluchtversuche in Sachsenhausen interniert war, sowie eine Reihe von Gästen polnischer Abstammung: eine Ehepaar aus Frankreich, eines aus Israel sowie ein Einzelreisender aus Kanada. (...)

Die zeitliche Einteilung des Programms erlaubte uns, ehemalige Außenlager des Konzentrationslagers zu besuchen. Den von mir betreuten früheren Häftlingen war insbesondere die Fahrt zum ehemaligen Klinkerwerk in Sachsenhausen wichtig.

Im folgenden einige Eindrücke dieses Besuches:
Das Gelände liegt direkt an der Straße, wo wir den Bus verlassen. Wir laufen den Feldweg an einem Kanal entlang. Etwa zweihundert Meter weiter sind die eingezäunten Kieshalden eines Bauunternehmers zu sehen. Die Männer in meiner Gruppe erzählen von der Arbeit in der Klinkergrube. Die Gegenwart der Kameraden und die Macht des Ortes drängt sie, sich die Erinnerungen ins Gedächtnis zu rufen. Es befremdet und berührt sie, wieder hier zu sein. Sie berichten von ihren Erlebnissen, überbieten sich geradezu in der Schilderung von Grausamkeit. Ihre Ehefrauen werden unruhig, würden sie gerne unterbrechen, wagen es aber nicht. Es fällt ihnen sichtlich schwer, Berichte über die Erniedrigung ihrer Ehemänner mitanzuhören.

Auch mir ist unwohl; das Gespräch gewinnt eine beängstigende Dynamik. Jetzt werden die Namen von SS-Leuten ausgetauscht, die besondere Härte gegenüber den Häftlingen zeigten. Jemand berichtet von seiner Verlegung nach Auschwitz, ein zweiter unterbricht ihn: auch er war in Auschwitz. Sie sprechen über den Transport, die Waggons, die Ankunft.

Die anderen lenken das Gespräch zurück auf die Grube, erzählen von Kälte und Schlamm, von Krankheiten und den Hunden der SS. Sie sprechen in eindringlichem Ton, wirken aber wieder gelassener. Während vorhin jeder für sich selbst zu sprechen schien, achtet man jetzt auf seine Zuhörer. Ich komme mir nicht mehr überflüssig vor und stelle Fragen, die bereitwillig beantwortet werden.

Es ist gut für das folgende Gespräch, daß ich Deutscher bin: auch mich gehen diese Erzählungen an, meine Interessen gehen über das Allgemein-Menschliche hinaus. Das Schicksal dieser Menschen ist mit meiner Geschichte verknüpft. Umgekehrt ist es aber auch gut, daß ich zu jung bin, um dabei gewesen sein zu können. Der Altersunterschied bietet meinen Gesprächspartnern die nötige Distanz, um ihren nur zu konkreten Erinnerungen Raum zu geben.

Auch der nächste Tag ist sonnig und heiß. Zwei Gäste aus meiner Gruppe haben die Ärmel ihrer Hemden aufgekrempelt, die bisher stets zugeknöpft waren. Man kann jetzt die eintätowierten Nummern auf ihren Armen sehen.

ANJA FILZEK

Am Tag, an dem die Gäste der Landesregierung Brandenburg anreisten, war meine Aufregung sehr groß, da ich nicht wußte, was uns erwarten würde.
(...)

Bei unserer Gruppe stellte sich ziemlich schnell heraus, daß die Frankreich-Gruppe ihre eigenen Betreuer hatte.(...)

In Ravensbrück angekommen(...), hatten wir vor allen Dingen auf die Laufroute vor den Mahnmalen hinzuweisen. Während die Gäste von Ministerpräsident Stolpe und Bundestagspräsidentin Rita Süssmuth im Namen der Bundesregierung empfangen und lange Reden gehalten wurden, die vor allem die ehemaligen Häftlinge rührten, aber auch die Jugend zum Nachdenken anregte, wurde becherweise Wasser für die in der Sonne schmachtenden, zumeist sehr alten Gäste herangeschafft. Diese Blicke werde ich nie vergessen! Es kam mir vor, als bedeute dieser Blick: Vor über fünfzig Jahren haben wir hier auf dem Appellplatz stramm gestanden(...), und heute sind wir Ehrengäste. Welch ein Wandel der Welt.

Für so viele Augen, die uns verfolgten, als wir uns um die Gäste kümmerten, war das ein sehr einprägsamer Moment, wie mir nachher eine alte Dame im Bus, die bereits über achtzig war, erzählte. Sie lebe nun in Kanada und nehme jedes fünfte Jahr an den von „Amicale" organisierten Gedenkveranstaltungen teil. Wir unterhielten uns sehr angeregt über die Veranstaltung, und sie fragte mich nach meinen Beweggründen für die Teilnahme an diesem Gedenken. Ich erwiderte, daß es unter anderem damit zusammenhing, daß diese Zeit von meinen Eltern und Großeltern meist totgeschwiegen wird. Ein anderer Aspekt war die Arbeit an der Universität, die sich dem Thema „1945 – 1995" in großem Umfang widmete. Es wurden in diesem Zusammenhang zahlreiche Projekte begonnen und Dokumentarfilme mit Interviews von Betroffenen angefertigt.

Von der Rede Madame Rose Guérins, der Vorsitzenden des internationalen Ravensbrück-Komitees, die mir insbesondere im Gedächtnis geblieben ist, da ich sie am Abend beim Empfang der Landesregierung in Bogensee selbst zu sprechen bekam, beeindruckte mich zum einen ihr Aufruf an die Jugend, überall für Demokratie, Menschenrechte und Völkerverständigung einzutreten, und zum anderen ihre Erklärung, daß ein Überleben nur durch Solidarität unter den Lagerinsassinnen möglich gewesen wäre. Einen richtigen Schock bekam ich, als wir am Erschießungsgang und dem Krematorium entlang der Mauer des Gedenkens den Gruppen der verschiedenen Nationen folgten, die dort einen Kranz hinterlegten. Als das Totengebet der Juden am Schwedtseee einsetzte, in den vor mehr als fünfzig Jahren die Asche der Ermordeten geschüttet wurde, merkte ich, daß mir eiskalt war, obwohl die Sonne vom strahlend blauen Himmel auf uns herunterbrannte.

Einige Teilnehmer hatten ihre alten Hälftlingsuniformen an, und so wurde mir zum ersten Mal in meinem Leben die Vergangenheit des Nationalsozialismus direkt gegenwärtig. Dies alles ist in meinem Land passiert, unweit von Berlin, der Stadt, in der ich lebe, und ist doch immer so weit entfernt gewesen. Durch diese Momente ist die Vergangenheit für mich unvergeßlich geworden.

(...)

Die Gäste hakten sich bei den Betreuern unter und sprachen unablässig mit uns über ihre Eindrücke. Ein Erinnern, Trauern, vielleicht Verarbeiten fand mit unserer Hilfe statt. Viele waren zum ersten Mal wieder an den Ort des Schreckens ihrer Vergangenheit zurückgekehrt und standen auch uns, der nächsten Generation, zwiespältig gegenüber. Vor allem den Menschen aus dem ehemaligen Ostblock, Rumänien, Bulgarien, Tschechien, Slowakei, Polen und den GUS-Ländern sah man (...) die tiefe Bestürzung an, während die Amerikaner und Franzosen schon früher in selbst organisierten Gruppen immer wieder hierher zurückgekehrt waren und souveräner auftraten.

Die Feier, die am Abend in Bogensee stattfand, brachte uns allen Erleichterung und die wahre Begegnung. Neben der Erledigung von vielen organisatorischen Aufgaben kamen wir auch dazu, mit ehemaligen Häftlingen über ihre Vergangenheit zu sprechen. An diesem Abend wurde mir ein englisches Paar vorgestellt.

Ich hatte am nächsten Tag keine Gruppe mehr zu betreuen und freute mich über die Einladung, sie nach Ravensbrück zu begleiten. Wir sprachen unentwegt während der Fahrt dorthin, wie Jimmy als britischer Pilot gefangen genommen, einen Fluchtversuch unternommen und nach Sachsenhausen verlegt worden war. Er beschrieb mir ganz genau seine Erinnerungen an Deutschland während dieser Zeit und der Nachkriegszeit, als er an vielen Kongressen teilnahm, die in Sachsenhausen veranstaltet wurden. Seine Geschichte und die seiner Frau Madge hat er eindringlich in einem Buch veröffentlicht, welches ich einige Monate später zugeschickt bekam.

Da Jimmy und Madge Sachsenhausen bereits während der Gedenkveranstaltungen besucht hatten, begleitete ich sie nun nach Ravensbrück. Gleich einem Ort, der wie ein Friedhof wirkte, und von dem ich nun in Ehrfurcht ergriffen wurde, konnte ich mir nicht vorstellen, daß hier am Vortag tausende Menschen und mehr der Befreiung und des Leids vor fünfzig Jahren gedacht hatten. Wir gingen gemeinsam über den Campus, und Jimmy erklärte mir anhand der Pläne, die er dabei hatte, daß Sachsenhausen in der Barackenstruktur ähnlich gebaut war, nur viel größer, da dort auch Männer inhaftiert waren. Wir besuchten das Museum und schauten auf Fotos in die Gesichter der Menschen, die ihr Leben hier gelassen hatten. Die bewegenden Kommentare der Besucher werde ich nie vergessen: „Ja, diese Frau kannte ich auch ..., und hier war meine Zelle...".

(...)

Dennoch, die Bedeutung des 50. Jahrestages der Befreiung geht über alles Erleben und Erzählen hinaus. Die Erinnerung an diesen Tag begleitet mich nun und erhält in der Freundschaft mit Madge und Jimmy eine besondere Bedeutung, die für meine Zukunft überaus wichtig sein wird, denn ich kann auch meinen zukünftigen Kindern von dieser Begegnung erzählen.

SYLVIE LAPP

Während der Gedenkveranstaltungen zum 50. Jahrestag der Befreiung habe ich zusammen mit weiteren Betreuerinnen eine Gruppe von Belgiern betreut. Die Frauen aus der Gruppe waren in Ravensbrück inhaftiert gewesen, es waren aber auch ehemalige Häftlinge aus Sachsenhausen dabei. Begleitet wurden viele von Kindern und Enkelkindern.

Bei der Begrüßung habe ich zunächst ein Ehepaar auf Deutsch angesprochen, da ich mir nicht sicher war, aus welchem Teil Belgiens sie kamen und ob sie vielleicht nicht Französisch sprechen wollten. Als sie dann später feststellten, daß ich selbst Französin bin, haben wir über die sprachlichen Verwicklungen gelacht.

Die Gruppe setzte sich aus – wie ich meinte – Flamen und Wallonen zusammen. Ich wurde aber eines Besseren belehrt: sie nannten sich selbst frankophon und niederlandophon, um darauf hinzuweisen, daß sie außer der Sprache nichts trennte und sie sich nicht als zwei verschiedenen Ethnien begriffen. Wir sprachen vor allem Französisch miteinander, wobei die meisten aus der Gruppe auch heute noch fließend Deutsch sprechen konnten. Es ergab sich, daß ich die „Sammlerin" von Wünschen war, die dann mit Hilfe der anderen Betreuerinnen in die Tat umgesetzt wurden.

Am Tag des Gedenkens waren wir vor allem damit befaßt, dafür zu sorgen, daß alle Gäste Sitzplätze hatten, etwas zu trinken bekamen, ihre Lunchpakete erhielten, den Bus bestiegen...

Die eigentlichen Veranstaltungen habe ich folglich nur „en passant" erlebt. Da es an diesem Tag fast sommerlich heiß war, waren wir in Sorge, daß „unsere" Gäste dadurch zusätzlich zu der emotional so aufwühlenden Situation übermäßig stark belastet wurden. Besonders bedeutend war für die Gäste, daß sie zum ersten Mal die Möglichkeit hatten, das tatsächliche Lagergelände in Ravensbrück zu betreten. Viele hatten zwar schon zuvor die Gedenkstätte besucht; das Lagergelände wurde aber bis 1994 von russischen Truppen genutzt und war nun erstmals wieder zugänglich.

Abends in Bogensee waren dann die meisten aus der Gruppe schon ziemlich erschöpft; in den Zelten war es sehr heiß, und die Abfahrt des Busses verzögerte sich um mehr als eineinhalb Stunden, so daß wir erst gegen Viertel nach elf aufbrechen konnten. Mittlerweile saßen wir vor den Zelten, da dort die Luft angenehmer war. Als ich dann endlich nach der langen Fahrt in unser Hotel nach Bernau einer der ältesten Teilnehmerinnen aus dem Bus half und meinte, daß sie doch sicherlich auch müde sei, sagte sie mir, daß man mir zwar ansehe, daß ich müde sei, sie hingegen hätte noch zwei Stunden länger zusammensitzen können... Ich war wirklich erstaunt über die Kraft, die diese Frau und auch die anderen ausstrahlten. Sie alle hatten in meinen Augen etwas sehr Zähes an sich, was sicherlich aus den Erfahrungen im Lager resultierte. Andererseits waren sie überhaupt nicht verbittert oder hart geworden; vielmehr strahlten die meisten ein Vertrauen in die Menschen aus und hatten keine Ressentiments gegen die Deutschen.

Sie alle betrachteten aber mit großer Sorge die Berichterstattung über fremdenfeindliche Anschläge und rechtsextremistische Gruppierungen. Eine der Teilnehmerinnen, die in Belgien in Schulen von ihrem Leben erzählt, berichtete, daß sie auch in Deutschland vor Schülern gesprochen habe, was ihr nicht leicht gefallen sei. Sie wollte den deutschen Jugendlichen vermitteln, daß sie wegen der Taten der Nationalsozialisten keine Schuldgefühle entwickeln müssen.

Einer der rührendsten Momente während dieser Tage war das Treffen von Frauen der Gruppe in Ravensbrück mit einer Jüdin, die heute in Israel lebt. Diese Frau war in den Apriltagen des Jahres 1945 im Konzentrationslager geboren und von Belgierinnen in ihrer Baracke versteckt worden.

Denkwürdig auch der erste Abend unseres Zusammenseins. Die Gruppe bildete eine Runde und ließ die mitgereisten Angehörigen Fragen zu der Zeit im Lager stellen. Ein Mann wollte wissen, wie ein normaler Tag im KZ aussah. Er erntete Gelächter, da die ehemaligen Häftlinge keine „Normalität" erkennen konnten.

Sie erzählten, daß sie seit damals vieles anders wahrnehmen: so haben viele Worte zwei verschiedene Bedeutungen, eine aus der Lagererfahrung, die andere aus dem Leben danach. „Brot", „Suppe", „Bett" oder auch „Licht" sind Beispiele für solche Begriffe. Viele erzählten, daß es schwierig sei, Menschen ohne „Lagererfahrung" die eigene Situation zu vermitteln; es sei oft einfacher, das Leben mit Leidensgenossen zu teilen, denen man sich nicht immer wieder erklären müsse.

Durch die Begegnung mit den früheren Häftlingen habe ich Impulse erhalten, mich noch intensiver mit dem Nationalsozialismus zu beschäftigen. Ich habe weitere Bücher dazu gelesen, unter anderem von Margarete Buber-Neumann und von Jorge Semprun. Meiner Meinung nach könnte eine weniger zahlen- und datenbezogene Geschichtsbetrachtung dazu verhelfen, das Thema Nationalsozialismus den Deutschen wirklich nahezubringen.

„Sechs Millionen Juden" ist zunächst ein abstrakter Begriff; Gespräche mit Überlebenden vermitteln das Leid und Elend und das Ausmaß der Verbrechen der Nationalsozialisten unmittelbar. Der Kontakt zu den Menschen aus „meiner" Gruppe war für mich eine ganz besondere Lebenserfahrung. Ihre Motivation, zurückzukehren, um den nachfolgenden Generationen zu berichten, fand ich besonders bemerkenswert.

TANJA HANISCH

Der Grund für meine Überraschung bei der Ankunft „meiner" Gruppe Tschechen muß meine absolut verquere Vostellung darüber gewesen sein, was mich Ende April beim Empfang der ehemaligen Häftlinge von Ravensbrück erwarten würde. Erst im Nachhinein merke ich, daß ich eine stille, traurige Gruppe mit ernsten Gesichtern erwartet hatte. Aus dem Bus stiegen aber schwatzende Grüppchen von älteren Leuten, von denen nur wenige Gesichter die Anstrengung der mehrstündigen Reise widerspiegelten. Es stellte sich heraus, daß sich alle Mitglieder dieser Gruppe untereinander kannten, weil sie in derselben antifaschistischen Vereinigung organisiert waren, und daß diese Reise nach Ravensbrück nicht ihre erste war. Beides nahm mir ein wenig die Furcht.

Meine Angst, etwas Falsches zu sagen, jemandem zu nahe zu treten oder trotz der sogenannten „Gnade der späten Geburt" als Erbin der deutschen Geschichte angesehen zu werden und unterschwelligen Schuldvorwürfen gegenüberzustehen, war völlig überflüssig gewesen. Die Tschechen schienen von einer Betreuung angenehm überrascht zu sein, und es schien selbstverständlich, daß die Betreuer Vertrauenspersonen waren, denen man die Lebensgeschichte erzählen konnte.

Allerdings gehe ich davon aus, daß die Tatsache, daß es Betreuer gab, die die Sprache der Betreuten sprachen, nicht unwesentlich dazu beigetragen hat, daß die Atmosphäre familiärer wurde, je länger wir zusammen waren. Ich hätte übrigens auch erwartet, daß viele Ehemalige sich schlichtweg weigern würden, Deutsch zu sprechen, wofür ich absolutes Verständnis gehabt hätte. Das Gegenteil war der Fall: diejenigen, die Deutsch konnten, erzählten auch auf Deutsch. Trotzdem hätte ich es besser gefunden, wenn durchweg alle Betreuer die Sprache der von ihnen Betreuten gesprochen hätten, denn so war die Arbeitsbelastung für diejenigen, die die Sprache beherrschten, sehr hoch.

Wir Betreuer waren größtenteils damit beschäftigt, Mängel in der Organisation durch Improvisation zu überwinden, so daß wenig Zeit für die gleichermaßen schockierenden wie interessanten Erinnerungen der ehemaligen Häftlinge blieb. Ich hatte übrigens das Gefühl, daß die Männer in der Gruppe von sich aus wesentlich mehr über ihre Zeit im KZ Ravensbrück erzählen wollten als die Frauen. Die Frauen erzählten mehr davon, wie es ihnen nach der Befreiung erging. Nur wenn sie direkt auf die Zeit im KZ angesprochen wurden, beantworteten sie unsere Fragen bereitwillig. Die Männer hingegen erzählten von sich aus auch über Folterungen und Mißhandlungen und zeigten sogar ihre vernarbten Wunden; sie hatten wirklich ein echtes Bedürfnis, sich mitzuteilen. Ein Herr Kolarik erzählte, daß er seine Erinnerungen an Dachau und Ravensbrück einem Prager Archiv zur Verfügung gestellt hat und sich Jahrzehnte später danach erkundigt hat, wieviele Personen dort Einsicht genommen haben. – Niemand hatte danach gefragt. Um so erfreuter war er, daß in Deutschland seine Erinnerungen offenbar auf sehr viel mehr Interesse stießen.

(...)

Ich kann nur schwer ein Resumee der Tage in Ravensbrück ziehen. Sie waren so eindrucksvoll, anstrengend und interessant, daß die Eindrücke kaum in einem Text zu vermitteln sind. Für mich persönlich habe ich festgestellt, daß, je älter ich werde und je mehr damit diese Zeit des Leidens für die Menschen in die Vergangenheit rückt, sie mir umso näher vorkommt. In der Schulzeit rangierten Hitler und die Opfer des Nationalsozialismus in der gleichen Kategorie wie die Toten der beiden Punischen Kriege. Heute, nachdem meine Schulzeit wiederum bald ein Jahrzehnt vorbei ist, nachdem ich Opfer dieser Zeit kennengelernt habe, bin ich selbst ein winzig kleiner Teil des Lebens dieser Menschen.

Gertrud Müller und Schwester Theodolinde

Der 50. Jahrestag war ein historischer Einschnitt in der Auseinandersetzung mit der nationalsozialistischen Vergangenheit. Im Rückblick auf das geschichtsträchtige Gedenkjahr 1995 muß die Frage jedoch gestellt werden, ob und wie lange noch die Erinnerung an die nationalsozialistische Vergangenheit in Deutschland einen hohen politischen und kulturellen Stellenwert behalten wird. Besonders zum Ende des 20. Jahrhunderts besteht die Gefahr, daß der Holocaust neben den vielen anderen Gewaltverbrechen einfach als Teil eines „Jahrhunderts der Barbarei" betrachtet wird.

Im 50. Jahr nach Kriegsende wurde trotz allen Befürchtungen kein Schlußstrich gesetzt, sondern ein Zeichen gegen das Vergessen. Hinzu kam die Hoffnung, daß gerade mit dem zunehmenden zeitlichen Abstand eine Annäherung der historischen Ereignisse möglich ist, ohne daß ihre Bedeutung neutralisiert wird. So ist es 50 Jahre nach der Befreiung möglich geworden, kritisch über die Bedeutung dieser Zäsur und ihre verschiedensten Interpretationen nachzudenken. Die einen sahen 1945 als Niederlage und Beginn der deutschen Teilung, die anderen wollten in dem Datum eine Befreiung von der Hitlerdiktatur sehen, und andere wollten nichts mehr über diese Geschichte hören. Wahrscheinlich kann man aus all diesen Ansichten etwas lernen, aber für eine Gruppe war die Bedeutung des Kriegsendes am deutlichsten. Für die Opfer des nationalsozialistischen Gewalt-und Terrorsystems, insbesondere für die Häftlinge der Konzentrationslager gab es keine Frage: 1945 war eine Befreiung.

Bei den Gedenkveranstaltungen anlässlich des 50. Jahrestages der Befreiung der Konzentrationslager Sachsenhausen und Ravensbrück wurden die Toten und Überlebenden des Holocausts geehrt. Ehemalige Häftlinge, darunter Juden, Sinti, Homosexuelle, politische Gegner des Regimes oder „Asoziale", kamen aus allen Teilen der Welt zum emotionsgeladenen Ort ihres Leidens zurück, um zu gedenken. Viele reisten nach Deutschland aus Angst, daß ihre Erfahrung später in Vergessenheit geraten könnte. Andere kamen stellvertretend oder aus Solidarität für diejenigen, die ihre Haft nicht überlebt haben. Manche kamen mit Enkelkindern, um ihnen ihre Erfahrung zu vermitteln, und nicht wenige wollten ihre Erinnerungen mit deutschen Schulkindern, Jugendlichen oder Erwachsenen teilen. Durch ihre Erinnerungen oder durch ihre bloße Präsenz haben sie eine Vergangenheit, die sich in ihrem Schrecken aller Vorstellungskraft entzieht, ein wenig vorstellbar gemacht.

Im Januar 1995 hatte ich zufällig einen Aushang an der Universität Potsdam gelesen, wo ich als amerikanischer Stipendiat moderne Geschichte studierte. Die sechstägige Betreuung einer Gruppe ehemaliger Häftlinge aus Nordamerika, die sich daraus ergeben hat, hat auf mich einen tiefen Eindruck gemacht, der die Ergebnisse meines gesamten bisherigen Geschichtsstudiums übertrifft. Das Geschichtsbild, das sie in Erinnerungsfragmenten rekonstruierten, basierte auf authentischen Erinnerungen, die den Horror und die Angst, den Schmerz und das Leid aus dem Bereich des Unbegreiflichen zurückholten.

Mit ihren eigenen Worten drückten sie Gefühle aus, die kein Buch hätte dokumentieren können: das ewige Appellstehen im Regen und Schnee, die Schreie der Gefolterten, die ständige Mahnung der Galgen, der Geruch von Angst, Schweiß und Tod und der Verlust jeglicher menschlicher Würde.

Die Gedenkveranstaltungen wurden von dem Großteil der ehemaligen Häftlingen als positiv aufgenommen. Sie konnten sich überzeugen, daß das Deutschland, wohin manche zum ersten Mal seit Kriegsende zurückkehrten, ein anderes ist, als das Land ihrer Verfolgung. In den Umarmungen und Tränen der Wiedersehensfreude von zwei Lagerfreunden, die 50 Jahre lang nicht von einander wußten, sah ich, daß hier etwas Einmaliges stattfand. Nicht nur die Begegnung zwischen Überlebenden wurde im Laufe der Gedenkveranstaltungen gefördert, sondern auch zwischen „Täter und Opfer", sowie zwischen Generationen und Nationen, die sonst kaum in Berührung kämen. Diese persönliche Begegnungen waren für viele der Höhepunkt ihres Besuches in Deutschland.

Auch die Geschichtsforschung wurde durch diese bisher größte Versammlung von Überlebenden des Holocausts auf deutschen Boden bereichert. Im Rahmen einer 'oral history' haben die zahlreichen Interviews, Augenzeugenberichte und Erinnerungen die auf Tonband oder Video aufgenommen wurden, zweifellos das Fortleben einer authentischen Geschichte ermöglicht. Obwohl dies nicht das Hauptziel der Veranstaltung war, hat dieser Beitrag für die Zukunft des Erinnerns in Deutschland eine oft übersehene Bedeutung.

Bei der aufwendigen Inszenierung der Gedenkveranstaltungen entstand trotz allem der Verdacht, daß nicht die ehemaligen Häftlinge im Mittelpunkt standen, sondern die politische und medienorientierte Selbstdarstellung eines selbstbewußten und betroffenen Deutschlandes. Mit dem Satz „Deutschland kann meine Versöhnung nicht kaufen..." äußerte ein Überlebender einen mehrmals gehörten Widerstand gegen die politisch motivierte Ausnutzung der Geschichte. Die rituelle und symbolische Vergegenwärtigung der Vergangenheit erweckte den Eindruck, daß die Überlebenden selber im Schatten der monumentalen deutschen Gedenkpolitik eine viel zu geringe Rolle spielten. Das ist bedauerlich, denn eine Zeit wird natürlich kommen, in der es keine Überlebenden mehr gibt, die Geschichte aus erster Hand erzählen können. Dann werden wir ein Bild der Vergangenheit aus verschiedenen nicht-authentischen Erinnerungsformen rekonstruieren müssen.

Solange authentische Formen der Erinnerung vorhanden sind, muß nichts erfunden, nichts inszeniert werden. Ebensowenig gibt es ein Bedürfnis für künstliche Gedenkorte, solange die historischen Orte des Terrors vorhanden und erhalten sind. Die Gedenkstätte Sachsenhausen, nur 40 Kilometer von der alten und neuen Hauptstadt Deutschlands entfernt, Ausgangs- und Endpunkt der nationalsozialistischen Vernichtungspolitik, bedarf keiner künstlichen Erinnerung. Die zahlreichen historischen Orte innerhalb Deutschlands vielschichtiger Gedenklandschaft sind als Teil der kollektiven Identität des Landes äußerst wichtig, und die Schaffung eines zentralen, künstlichen Denkmals überflüssig. Die Gedenkstätten machen den Besucher zum aktiven Teilnehmer in der Geschichte des Ortes, die vielleicht durch aufgezeichneten Interviews oder sonstige Vermittlungsformen ergänzt werden könnte. Traditionelle künstlerische Formen, Denkmäler oder sogar Museen können dagegen so wenig von der eigentlichen historischen Erfahrung vermitteln wie es ein Geschichtsbuch oder eine Statue kann. Die Erinnerung kann nur durch ihre Authentizität erhalten werden.

Berichte der Leiter der Gedenkstätten Ravensbrück und Sachsenhausen sowie der Dokumentationsstelle Brandenburg

Rückblicke: Der 50. Jahrestag der Befreiung des Frauenkonzentrationslagers Ravensbrück – Die große Begegnung

SIGRID JACOBEIT*

Den ersten Jahrestag der Befreiung des Frauenkonzentrationslagers 1946 haben die ehemaligen Häftlinge gemeinsam mit den Überlebenden des Konzentrationslagers Sachsenhausen begangen. Eine kleine Programmschrift notiert für Sonntag, den 12. Mai 1946, ein „zwangloses Beisammensein der Sachsenhausener und Ravensbrücker Konzentrationäre" im Schloßpark von Oranienburg mit dem, für die damalige Zeit vermutlich wichtigen Zusatz: „Es gibt etwas zu essen und zu trinken bei Musik- und Gesangsdarbietungen". Zuvor hatte auf dem Oranienburger Luisenplatz eine Kundgebung stattgefunden, auf der, dem Programm zufolge, in erster Linie Rezitationen vorgetragen und gemeinsam gesungen worden ist.

In den folgenden Jahren ist die Begehung der Jahrestage, insbesondere nach der Gründung der DDR 1949, zunehmend professionalisiert und politisch instrumentalisiert worden. Ein Konzeptentwurf vom 8. Februar 1955 für den 10. Jahrestag der Befreiung des Frauenkonzentrationslagers enthält die folgende Anweisung: „Beginn der Kundgebung mit Totenehrung, dann steigern zum Kampfcharakter". Symptomatisch für die zentrale, und auch im Rahmen der folgenden Jahrestage stets wiederholte Botschaft ist eine Formulierung aus der Rede Rosa Thälmanns anläßlich der Gründungsfeier der damals noch so genannten „Nationalen Mahn- und Gedenkstätte Ravensbrück" am 12. September 1959: „Das Vermächtnis der Toten von Ravensbrück und die großen Ideen des antifaschistischen Freiheitskampfes sind hier (...) im Osten Deutschlands Wirklichkeit (...) geworden."

Die Nutzung der Jahrestage zu Zwecken einer politischen Selbstlegitimierung der DDR war wohl auch der Grund dafür, daß ganze Bevölkerungsgruppen zur Teilnahme an den Festlichkeiten mehr oder weniger verpflichtet worden sind. Eine zum 40. Jahrestag 1985 herausgegebene Broschüre verzeichnet die Teilnahme von „50.000 DDR-Bürgern aus den Bezirken Neubrandenburg und Potsdam" sowie „über 700 Antifaschisten aus 16 europäischen Ländern und Westberlin". Wie viele Überlebende des Frauenkonzentrationslagers an diesem 40. Jahrestag zugegen waren, wird nicht mitgeteilt und mag für die Durchführung der damals üblich gewordenen „Großkundgebungen" nicht einmal von sonderlichem Interesse gewesen sein.

Die Einladung der Stiftung Brandenburgische Gedenkstätten und des Landes Brandenburg, die über 1.300 Überlebenden des Frauenkonzentrationslagers aus aller Welt eine erste Rückkehr an den Ort ihres Leidens ermöglichte, ist einer der zahlreichen Unterschiede gegenüber der Begehung früherer Jahrestage. Ein weiterer liegt in der Vielzahl gänzlich unterschiedlicher und dezentraler Veranstaltungen, die sich über die Tage vom 21. bis 24. April 1995 verteilten: Sei es die Eröffnung der Fotoausstellung zur Befreiung des Lagers:

** Der Beitrag entstand in Zusammenarbeit mit Insa Eschebach*

„Ich grüße Euch als freier Mensch", die Möglichkeit eines Besuches des ehemaligen Nebenlagers Malchow, die Lesung mit der französischen Ravensbrückerin Violette Rougier-Lecoq im Stadtpark von Fürstenberg, eine Veranstaltung von Künstlerinnen auf dem ehemaligen Faserstoffgelände, sei es die Pressekonferenz der Lagergemeinschaft Ravensbrück/Freundeskreis e. V., seien es unterschiedliche kirchliche und musikalische Veranstaltungen, um nur einige zu nennen. Sicher hat die Fülle dieser zahlreichen, häufig auch parallel laufenden Veranstaltungen und Angebote bei manchen der Überlebenden für Verwirrung gesorgt: Die Entscheidung, solle man „sein" ehemaliges Außenkommando in der Munitionsfabrik Fürstenberg besuchen, den Weg dorthin noch einmal zu Fuß gehen oder doch lieber am ökumenischen Gottesdienst teilnehmen, fiel nicht immer leicht.

Gleichwohl läßt sich rückblickend in den pluralen Formen des Gedenkens und der Veranstaltungen, wie sie den 50. Jahrestag auszeichnen, der Versuch erkennen, auf die unterschiedlichen Erfahrungsebenen einzelner Häftlingsgruppen, auf ihre verschiedenen politischen und konfessionellen Orientierungen und Wünsche differenzierter zu reagieren als dies in der Gedenkstättenpraxis zu Zeiten der DDR der Fall gewesen ist. Es ist evident, daß der Ort Ravensbrück für Überlebende eine ganz unterschiedliche Bedeutung hat und zwar aus den zwei folgenden Gründen: Zum einen ist der Lageralltag von einzelnen Häftlingsgruppen, seien es die politisch Verfolgten, seien es die aus rassistischen und sozialen Gründen Verfolgten, auf ganz unterschiedliche Weise erfahren worden. Zum anderen aber hat sich auch das Weiterleben nach der Befreiung, haben die biographischen Entwicklungen in den verschiedenen Ländern und Kontinenten völlig unterschiedliche Konsequenzen mit sich gebracht.

Die pluralen Formen des Gedenkens, die Angebote, verschiedene Orte der Vergangenheit, die „lieux de memoire" selbst aufzusuchen, sind, wie bereits gesagt, eine Möglichkeit, auf diesen Umstand zu reagieren. Eine andere aber liegt in den persönlichen Gesprächen, die zu führen der 50. Jahrestag Anlaß und Gelegenheit bot. Als Beispiel sei im folgenden von den Begegnungen mit der Gruppe jener 206 Frauen und Männer berichtet, die auf Initiative von Frau Prof. Dr. Judith Buber-Agassi aus Israel gekommen waren.

Zu einem ersten Treffen kam es am Abend des 20. April im Berliner Forum-Hotel. Die meisten der Frauen hatten Ravensbrück seit ihrer Befreiung nicht wieder gesehen. Viele von ihnen begegneten uns zunächst mit Zurückhaltung und Skepsis. Andere wollten sofort wissen, ob sie Bescheinigungen über ihre Haftzeit in Ravensbrück erhalten könnten. Ob etwas dort an den Tod der Mutter, der Schwester erinnern würde, ein Name, ein Gedenkstein, eine Tafel in Ravensbrück oder in „ihren" früheren Nebenlagern Malchow, Genthin, Velten, Barth oder anderenorts.

Viele der Frauen aus Israel gehörten zu jener Gruppe, die ab August 1944 mit den Transporten von Auschwitz nach Ravensbrück gekommen waren. Ihnen war das Areal der heutigen Gedenkstätte seltsam fremd. Es ist, als ob die erste Lagererfahrung in Auschwitz in der Erinnerung die letzten Monate in Ravensbrück überdeckt. „Ich weiß nur, daß wir in Ravensbrück in einem großen Zelt saßen," sagte eine von ihnen. „Es war so eng dort, daß wir es vermieden, nach draußen zu gehen, aus Angst, der eigene Sitzplatz ginge verloren". – Viele wollten das Gespräch nicht auf deutsch führen, nicht in dieser Sprache, die die meisten von ihnen im Lager gelernt haben. Und doch trägt der englische Redefluß diese deutschen Worte gleich Fossilien mit sich, Worte wie „Lager", wie „Arbeitskommando" und „Todesmarsch" ...

Bevor die israelische Gruppe die Heimreise antrat, baten uns die Frauen ein weiteres Mal zu sich ins Forum-Hotel. Wieder gab es zunächst einmal viele Fragen. Warum der Name „Israel" auf der alten Lagermauer nicht angebracht worden sei? Der Hinweis, daß der Staat Israel zur Zeit des Frauenkonzentrationslagers Ravensbrück noch nicht existierte und darüber hinaus die Inschriftensetzung auf der Mauer selbst denkmalschutzwürdig sei, da sie aus der Zeit der DDR stamme, schien wenig überzeugend. Ob es möglich sei, den in Ravensbrück gestorbenen und ermordeten Frauen dort nicht auch namentlich zu gedenken, beispielsweise durch eine zu errichtende Gedenkwand? Und: Gäbe es jetzt Möglichkeiten, die so lange vernachlässigten Beziehungen zwischen der Gedenkstätte und den Frauen in Israel zu festigen? Vielleicht könnte man doch auch ein zweites Mal wiederkommen?

Das Gruppengespräch ließ sich nicht lange aufrecht erhalten. Unversehens kamen die Frauen direkt auf uns zu, umringten den Tisch: „Hier, das ist meine Häftlingsnummer, auf Tuch gestickt." Oder: „Ich suche nach einer Freundin mit Namen Wanda, können Sie rausfinden, was aus ihr geworden ist?" Eine Frau brach in Tränen aus: „Ich war als 14-jährige in dem Außenkommando. Warum ist denn niemand hier, der auch dort war?" Adressen wurden auf kleine Papiere geschrieben, der Stift herumgereicht. „Bitte schreiben Sie mir. Schreiben Sie alles, was Sie über mein Außenkommando Velten in Erfahrung bringen können. Und überhaupt. Und wenn Sie nach Israel kommen, werden Sie bei mir wohnen." Die Ablehnung der deutschen Sprache schien unversehens verflogen. Plötzlich gab es noch soviel zu sagen, zu erzählen. Diese Nacht fand kein Ende ...

Die Gedenkveranstaltungen, die den Besuch der Überlebenden und ihrer Begleiter strukturierten, haben einzelnen – angesichts der aufkommenden Erinnerungen und Bilder – wohl auch Halt und Rahmen gegeben. Darüber hinaus aber war es gerade die Möglichkeit der Begegnungen und Gespräche, deren Bedeutung für die Beteiligten nicht unterschätzt werden kann. Dies gilt insbesondere für jene Überlebenden, die wie die Frauen aus Israel, aber auch aus den ehemaligen Ostblockstaaten, Ravensbrück das erste Mal wiedersahen. Der 50. Jahrestag aber war auch für viele Deutsche jüdischer Herkunft Anlaß, das erste Mal an diesen Ort zurückzukehren. Oft war es, als kämpften die Frauen mit den eigenen Erinnerungen, die sie jetzt, bei dieser Rückkehr geradezu überfielen: War es so oder doch anders? Wo war der Weg, den wir damals gegangen sind Tag für Tag? Warum haben wir nur dort am Seeufer die schweren Steine geschleppt? Dort, wo heute alles geglättet und ordentlich aussieht.

An die Aufseherinnen, an jene Frauen, die im Konzentrationslager Ravensbrück zu hunderten darin „ausgebildet" wurden, Häftlinge zu drangsalieren, erinnern sich die meisten, wenn auch nicht namentlich. Eher sind jene Namen im Gedächtnis aufbewahrt, die die Häftlingsfrauen ihnen gaben: „Klappe", sagte eine Amerikanerin, die in Polen geboren, nach 1945 emigriert war, „wir nannten sie 'Klappe', weil sie zu uns immer sagte: 'Haltet die Klappe.'" Eine Russin erinnerte sich an „Iwangrosni", an Iwan, den Schrecklichen – eine Aufseherin von eher männlichem, hagerem Aussehen. Die Oberaufseherin Dorothea Binz hingegen war vielen in deutlicher Erinnerung. 50 Jahre lang trägt eine Russin jene vier deutschen Worte mit sich herum, die die Binz damals zu ihr sagte, als sie, die Russin, ihr Kopftuch verlor: „Drei Tage ohne Fressen".

Immer wieder unterbrach sich der Fluß der Rede selbst, weil der Schmerz und die Trauer zu groß wurden. Da sitzt man nun dieser fremden, alten Frau gegenüber und weint mit ihr. Aber vielleicht liegt eben darin der einzige, halbwegs adäquate Weg, diese Vergangenheit anzuerkennen ... Bei Gesprächsende hat es dann oft geheißen: All dieses habe ich noch nie jemandem erzählt. Viele haben geschwiegen nach 1945, weil anderes anstand, weil das Leben weiterging, weil man die Angehörigen und Freunde nicht belasten wollte mit diesem Grauen, vielleicht, weil man sich auch selbst vor ihm hat schützen wollen. Ob es möglich sei, eine Kopie des Bandes zu erhalten, fragte eine Deutsche zum Abschied. Ihre Tochter wisse von all dem nichts, und jetzt wäre es vielleicht doch möglich, ihr dieses Band als Erbe zu hinterlassen. Nach 50 Jahren war auch sie aus Berlin zum ersten Mal nach Ravensbrück zurückgekehrt.

Nach diesen Gesprächen die Fassung, die Orientierung wiederzufinden, war für die Überlebenden nicht immer ganz leicht. Es folgten Fragen wie: Was soll ich jetzt tun? Wo ist meine Gruppe, wo der Bus, der mich hier oder dorthin bringen soll? Auf die Bitte: „Sagen Sie doch, was Sie gerne möchten", folgte erneut ein fassungsloser Blick: „Vielleicht mußte ich nach Ravensbrück zurückkehren, um diese Worte aus dem Mund einer Deutschen zu hören."

In mehrerer Hinsicht ist der 50. Jahrestag ein Anfang gewesen. Nicht nur, weil, wie oben skizziert, es zu zahlreichen Begegnungen mit Überlebenden kam, die zu pflegen eine der vorrangigen Aufgaben der Gedenkstätte sein muß, so lange dafür überhaupt noch Zeit ist. Gespräche mit den einzelnen Frauen zu führen, diese aufzuzeichnen und schließlich auch wissenschaftlich auszuwerten, gehört zu jenen Bereichen, die von seiten der Gedenkstätte Ravensbrück in der Zeit ihres Bestehens nicht wahrgenommen worden sind. Eine Mediathek, die die im Rahmen des 50. Jahrestages entstandenen Ton- und Videodokumente sammelt und archiviert, ist trotz einer ungenügenden Personal- und Sachmittelausstattung inzwischen im Aufbau.

Ein Anfang aber war der 50. Jahrestag auch noch in einer weiteren Hinsicht: Die in Ravensbrück seither begangenen Jahrestage standen unter dem Zeichen einer ideologischen Inanspruchnahme, derzufolge ganze Häftlingsgruppen in den Gedenkveranstaltungen mehr oder weniger verschwiegen bzw. von diesen ausgeschlossen worden sind. Das Beispiel des Besuches der Frauen aus Israel hat gezeigt, daß diese sich in der, aus Zeiten der DDR stammenden Gedenkstättengestaltung nicht wiederfinden. Der 1992 eingerichtete jüdische Gedenkraum im ehemaligen Zellenbau ist hier nur der erste Versuch einer Korrektur bisheriger Versäumnisse. Darüber hinaus aber hatten die Begegnungen des 50. Jahrestages auch zur Folge, daß die Gedenkstätte Ravensbrück in Zusammenarbeit mit der Freien Universität Berlin und der Universität Tel Aviv ein Forschungsprojekt anvisiert, welches die Geschichte der jüdischen Frauen und Kinder in Ravensbrück zum Gegenstand hat.

Eine Öffnung gegenüber allen Häftlingsgruppen ist Programm der Gedenkstätte schon seit 1992. Die Einladungspraxis des Landes Brandenburg hat hier eine deutliche, auch nach außen hin sichtbare Markierung gesetzt, die es vielen Überlebenden möglich machte, erstmals Kontakt zur Gedenkstätte aufzunehmen. Gleichwohl hat die

Erfahrung aber auch gezeigt, daß, um wenigstens halbwegs angemessen auf die unterschiedlichen Wünsche und Interessen der Besucherinnen und Besucher zu reagieren, verschiedene Formen des Gedenkens und der Thematisierung des Vergangenen notwendig sind. Voraussetzung ist hier nach wie vor eine fundierte, historisch-wissenschaftliche Forschungsarbeit, die zu Zeiten der DDR nicht betrieben wurde und die angesichts der gegenwärtigen Haushaltskürzungen teilweise mühsam über Drittmittelprojekte vorangebracht wird. Dabei sind die internationalen wie nationalen Erwartungen an die Gedenkstätte seit dem 50. Jahrestag nur noch gewachsen, die Aufgaben sind insgesamt größer geworden: Sei es im wissenschaftlichen Bereich als Vorausetzung für eine fundierte Ausstellungspraxis, sei es die Konzeption und Einrichtung neuer Gedenkräume, die umfangreiche Archiv- und Besucherbetreuung, sei es aber nicht zuletzt auch die Pflege der Beziehungen zu den Überlebenden selbst. – Für die Gedenkstätte Ravensbrück bleibt viel zu tun.

Die Ravensbrückerin Jeanette Haras bei der Eröffnung der Ausstellung „Ich grüße euch als freier Mensch" am 21. April 1995

„Es war nicht ein Traum in meinem Kopf,
es war Wirklichkeit,
denn die Steine sind noch da"*

Begegnungen – Sachsenhausen 1995

GÜNTER MORSCH

Am Tag der Kundgebung aus Anlaß des Jahrestages der Befreiung der Häftlinge des Konzentrationslagers Sachsenhausen stellten sich die in großer Zahl angereisten Überlebenden vor dem Eingang der Gedenkstätte in langen Kolonnen auf. Die anderen vielen tausend Teilnehmer marschierten in Blöcken von 500 Menschen, geordnet in 8-er Reihen, durch die Stadt Oranienburg sternförmig zum Eingang der Gedenkstätte, wo sich die Züge reißverschlußartig vereinten. An der Spitze die gesamte Riege der politischen Prominenz, bewegte sich der Zug der ehemaligen Häftlinge über den wie ein Friedhofspark angelegten Teil der Gedenkstätte, in dem die Angehörigen der SS-Kommandantur über Leben und Tod entschieden hatten. Unter den aus Lautsprechern, die am Wegesrand fest installiert waren, übertragenen Klängen von Chopins Trauermarsch und „Unsterbliche Opfer" bog der viele hundert Meter lange Zug am Internationalen Museum für den Widerstandskampf der Europäischen Völker ab, um durch das schmiedeeiserne Tor im Wachturm A das ehemalige Häftlingslager zu betreten. Links und rechts des Weges, der über den Appellplatz führte, wo Zehntausende manchmal über Stunden die Exekution von Häftlingen durch die SS mitansehen mußten, stand ein Spalier von Pioniersoldaten der deutschen Armee in voller Uniform mit Stahlhelmen auf dem Kopf. Dadurch verengte sich der Zug. In der ersten Reihe schritten die höchten Vertreter des deutschen Staates voran, eine kaum überschaubare Menge von einheitlich mit blauen Blousons angezogenen Jugendlichen und Sportlern, die ein Meer von Fahnen entfalteten, begrenzte den sich nach Durchschreitung der den Appellplatz umschließenden Kreuzmauer öffnenden Ort der Kundgebung.

Nachdem die politische Prominenz und die ehemaligen Häftlinge Platz genommen hatten, setzte ein Kulturprogramm ein, um die Zeit zu überbrücken, bis die zehntausende von Teilnehmern der Kundgebung zur Ruhe gekommen waren. Als erster ergriff ein hoher Repräsentant des deutschen Staates, der selbst im KZ Sachsenhausen gelitten hatte, das Wort. Ein Vertreter des die Häftlinge befreienden Bataillons der Roten Armee, ranghoher Militär, folgte. Als einziger Repräsentant der ehemaligen Häftlinge sprach der Präsident des Internationalen Sachsenhausen-Komitees. Das Meer der Fahnen senkte sich, als die Delegationen unter dem mit den roten Winkeln der politischen und ausländischen Häftlinge gestalteten Mahnmal vor der von René Graetz gestalteten Figurengruppe eines Rotarmisten, der mit weit geöffnetem, schwerem Mantel zwei aufrechte, starke und kräftige Häftlinge in die Freiheit führt, die Kränze niederlegten. Damit war die Kundgebung aus Anlaß des Jahrestages der Befreiung des Konzentrationslagers Sachsenhausen offiziell beendet.

* Saul Oren, ehemals Saul Hornfeld, als Elfjähriger im Krankenrevier von Sachsenhausen für medizinische Experimente mißbraucht, nach 50 Jahren zum ersten Mal aus Israel zum Besuch der Gedenkstätte aus Anlaß des 50. Jahrestages des Befreiung angereist.

Diese Bilder von 1985 immer wieder vor den Augen, wollten wir zehn Jahre später alles ganz anders machen. Es ist noch viel zu früh, darüber zu urteilen, ob dies richtig war und ob uns dies gelungen ist. Vor allem aber sollen darüber andere befinden. Deshalb standen alle befragten Mitarbeiter der Gedenkstätte Sachsenhausen dem nun vorliegenden Publikationsprojekt anfänglich eher reserviert gegenüber. Das kann nicht verschwiegen werden, weil aus diesem Grunde hier nur die wichtigsten Intentionen und Überlegungen, nicht aber deren Wirkungen und Bewertungen skizzenhaft dargestellt werden.

Die Mehrheit der Gedenkveranstaltungen in der Bundesrepublik Deutschland zielte auf das Kriegsende ab. Vielfach war befürchtet worden, daß das erste große Gedenkjahr nach der deutschen Vereinigung das Ende der Nachkriegszeit markieren und damit auch das von manchen schon lange gewünschte Ende der Phase der „Vergangenheitsbewältigung“ herbeiführen würde. Überschriften und Parolen wie „Fünfzig Jahre Kriegsende – fünfzig Jahre Frieden“ oder „Den Blick nach vorne richten und nicht mehr zurück!“ bestärkten die Befürchtungen. Mit der von revisionistischen Historikern, Publizisten und Politikern losgebrochenen Debatte über die abfällig genannte „Gedenkindustrie“ und den vom damaligen Bundespräsidenten Richard von Weizsäcker in seiner berühmten Rede zum 8. Mai 1985 verwendeten Begriff der Befreiung schien der befürchtete Paradigmenwechsel in greifbarer Nähe zu rücken.

Nirgendwo sonst als in den KZ-Gedenkstätten kann eindrucksvoller daran erinnert werden, daß die Bomben auf Dresden erst gefallen waren, als die Nationalsozialisten trotz der sich klar abzeichnenden Kriegsniederlage ihre Mordmaschinerien in den Vernichtungs- und Konzentrationslagern nicht abstellten, sondern im Gegenteil ohne Rücksicht auf militärische Erfordernisse und Rückwirkungen auf die deutsche Bevölkerung stark beschleunigten. Nirgendwo anders als in den KZ-Gedenkstätten kann besser zum Ausdruck gebracht werden, daß die Armeen der Alliierten die Deutschen von sich selbst befreiten und daher vermieden werden muß, daß sich die Nachkommen der Täter in die Reihen der Opfer eingliedern. Die deutsche Nation als Ganzes kann nicht mit der geringen Zahl der Widerstandskämpfer identifiziert werden, auch nicht mit den Kommunisten, die unter den deutschen politischen Häftlingen der Konzentrationslager zweifellos die Mehrheit bildeten. Nirgendwo sonst als in den KZ-Gedenkstätten kann besser davor gewarnt werden, daß Selbstmitleid über die Folgen von Krieg und Besatzung nicht die Erinnerung an die von Deutschen begangenen Verbrechen überdecken darf. Wenn also in Deutschland, dem Land der ehemaligen Täter, an die Befreiung erinnert werden soll, dann sollten die KZ-Gedenkstätten, der Ort, wo der Begriff „Befreiung“ seinen tiefsten Sinn hat, aus geschichtspolitischen Gründen, zumal nach der gelungenen Vereinigung, im Vordergrund der Gedenkveranstaltungen stehen.

„Befreiung“ – ein Begriff, der einen einheitlichen Vorgang vermuten läßt, war in Wirlichkeit ein ganz heterogener Prozeß: Während die ersten Häftlinge, die Skandinavier, in den weißen Bussen des Roten Kreuzes der Heimat entgegenfuhren, fanden im Industriehof des Konzentrationslagers Sachsenhausen Massenexekutionen statt. Zur gleichen Zeit, als die sowjetischen und polnischen Soldaten die zurückgebliebenen 3.000 kranken Häftlinge in den Revierbaracken befreiten, schleppten sich Zehntausende auf dem Todesmarsch unter vielen Opfern einem ungewissen Schicksal entgegen.

Auch nach der Befreiung starben noch hunderte von Häftlingen in den Revierbaracken von Sachsenhausen an den Folgen ihrer Haft, als die ersten Überlebenden schon nach Hause zurückkehrten. Es dauerte bis August 1945, bis die letzten KZ-Häftlinge die Baracken verließen. Andere, vor allem Juden, waren bereits in neue Baracken der sogenannten DP (Displaced Persons)-Camps eingezogen, um von dort teilweise gegen ihren Willen hin- und hergeschoben zu werden. Wieder andere irrten durch die Trümmer ihrer Heimat auf der Suche nach den Angehörigen und stellten nur allzu häufig fest, daß sie als die einzigen Überlebenden ihrer Familie allein waren.

Damit wird auch deutlich, wie vielschichtig der vor allem Freude und Glück assoziierende Begriff der „Befreiung" ist. Erleichterung und neues Leid verschränkten sich ineinander. Viele Häftlinge erlebten, daß niemand ihre Erzählungen verstehen oder sogar hören wollte. Sie schlossen die Erinnerung in sich ein und begannen zu schweigen.

Die Gedenkstätte Sachsenhausen hat versucht, diesem lang andauernden und vielschichtigen Prozeß, der sich „Befreiung" nennt, durch eine Fülle von vollkommen unterschiedlichen, an einzelne Ereignisse des Prozesses anknüpfende, über etwa ein halbes Jahr sich hinstreckende Veransstaltungen gerecht zu werden. Die offizielle Gedenkveranstaltung am 23. April 1995, im DDR-Sprachgebrauch als Kundgebung bezeichnet, sollte als ein nur wenig herausragender Höhepunkt in vielfältige andere Erinnerungsveranstaltungen eingebettet werden. Die Uraufführung des 1948 fertiggestellten sowjetischen Filmes „Berlinskij Prozess" im März 1995, mit der die Reihe der Veranstaltungen aus Anlaß des fünfzigsten Jahrestages der Befreiung begann, lenkte die Aufmerksamkeit zuallererst auf die im Konzentrationslager Sachsenhausen begangenen Verbrechen und wichtigsten Täter.

Auch die Ausstellung in der Revierbaracke II „Das geistige Haupt der Bewegung zur Beseitigung des Führers – Hans von Dohnanyi, der Umsturzversuch vom 20. Juli 1944 und das KZ Sachsenhausen" thematisierte in erster Linie den in der Endphase des „Dritten Reiches" zunehmenden Terror. Die unvergleichliche Rettungsaktion des skandinavischen Roten Kreuzes, die „Aktion Weiße Busse", die auch mit dem Namen des Schweden Folke Graf Bernadotte verbunden ist, bildete den Hintergrund, vor dem das Schicksal des einzigen isländischen KZ-Häftlings in Sachsenhausen im Theaterstück „Wohnt hier ein Isländer?" behandelt wurde, dessen deutsche Erstaufführung im Maxim-Gorki-Theater gegeben wurde. Der „Todesmarsch-Zyklus", ein mit dem Verein musica reanimata veranstaltetes Gesprächskonzert, verschaffte einen Einblick in die Bemühungen der Häftlinge, durch kulturelle Betätigungen den Lebenswillen in einer vollkommen lebensfeindlichen Situation aufrechtzuerhalten. Widerstand und Selbstbehauptung von KZ-Häftlingen in Sachsenhausen wurden auch durch den faksimilierten Nachdruck eines originalen Lagerliederbuches angesprochen, der in diesem Zusammenhang vorgestellt werden konnte. Die Gesprächskonzerte fanden in verschiedenen Städten Brandenburgs bis in den Sommer 1995 statt und trugen dazu bei, die Erinnerung an die Befreiung der Häftlinge des Konzentrationslagers Sachsenhausen auch in die Städte zu bringen, durch die der Todesmarsch im April und Mai 1945 geführt hatte. Die Fotoausstellung „Befreiung" zeigte mit 180 größtenteils nie veröffentlichten, aus deutschen, polnischen, tschechischen, russischen und amerikanischen Archiven sowie aus dem Privatbesitz vieler ehemaliger Häftlinge stammenden Fotografien die einzelnen Stationen des Befreiungsprozesses zwischen Herbst 1944 und Sommer 1945. In weiteren Aussstellungen, Diskussionsveranstaltungen, Publikationen etc. wurden andere Aspekte beleuchtet. Die Veranstaltungsreihe endete mit einer in Zusammenarbeit mit dem Institut für Zeitgeschichtliche Studien in Potsdam sowie der Zeitung „Wochenpost" organisierten Podiumsdiskussion „Gedenken – ohne Ende?" am 9. September, dem ehemaligen OdF(Opfer des Faschismus)-Tag, an dem 1945 erstmals in einer großen Demonstration und Veranstaltung die Notwendigkeit von Erinnerung an die NS-Verbrechen angemahnt wurde. Hier konnte rückblickend Bilanz gezogen und über zukünftige Formen des Gedenkens und der Erinnerung diskutiert werden, wobei die erforderliche Erhaltung der KZ-Gedenkstätten und ihre inhaltliche Umorientierung im Vordergrund standen.

Geschichtspolitischer Anspruch und historische Erinnerung als Ziele der Veranstaltungen zum fünfzigsten Jahrestag der Befreiung standen jedoch nach Ansicht der Gedenkstätte Sachsenhausen hinter dem Wunsch zurück, möglichst vielen ehemaligen Häftlingen eine Begegnung mit dem historischen Ort, ein Zusammentreffen mit ihren ehemaligen Kameraden und vor allem ein Trauern um die Opfer sowie über das eigene erlebte Leid möglichst ohne erneute Instrumentalisierung durch Staat, Politik, Medien oder die Gedenkstätte zu ermöglichen. In den zahlreichen Gesprächen mit den Vertretern der Opfer und anderen ehemaligen Häftlingen, die in großer Intensität stattfanden, rückte daher die Einweihung eines Friedhofes neben der Revierbaracke I an eine ganz wichtige Stelle. Erst nach fast 50 Jahren wurden dort auf den Hinweis eines ehemaligen holländischen Häftlingspflegers hin die Gräber von mindestens 300 un-

Sachsenhausen: Schiffsfahrt zum ehemaligen Außenlager Klinkerwerk am 24. April 1995

mittelbar nach der Befreiung im Krankenrevier des KZ gestorbenen Häftlingen wieder gefunden. Da die Leichen der vielen zehntausend Opfer von der SS zur Asche verbrannt und zum Teil in den Kanal vor das Klinkerwerk geschüttet worden war, ist der neu eingeweihte Friedhof die einzige Grabstätte der Opfer des KZ Sachsenhausen im Bereich der Gedenkstätte. Die rund 2.000 angereisten ehemaligen Sachsenhausen-Häftlinge sowie ihre Angehörigen sollten bei dieser Trauerfeier unter sich bleiben. Nur eine einzige Kamera dokumentierte die Veranstaltung, die von Vertretern Oranienburger Kirchen sowie einem Rabbi gestaltet wurde.

Neben Begegnungen mit dem historischen Ort und Begegnungen mit ehemaligen Kameraden wünschten die Gäste auch Begegnungen mit deutschen Jugendlichen. Die Gedenkstätte verschickte Einladungen an Schulen mit dem Angebot, ehemalige Häftlinge, die den Wunsch geäußert hatten, zu historischen Orten ihrer Erinnerung – zu Fuß über das ehemalige Häftlingslager, mit dem Schiff in das Klinkerwerk und mit Bussen zu den Außenlagern Falkensee und Lieberose sowie in die Gedenkstätte „Belower Wald" – zu begleiten. Aufgrund der Fülle der freiwilligen Anmeldungen mußten schon im März Absagen verschickt werden. 800 Schüler versammelten sich gemeinsam mit vielen hundert ehemaligen Häftlingen am 24. April 1995 im Zelt der Begegnung, um von dort zu Besichtigungen und Gesprächen gemeinsam aufzubrechen.

Auch der Ablauf der Gedenkveranstaltungen sollte maßgeblich durch ehemalige Häftlinge bestimmt werden, wobei darauf geachtet werden sollte, daß möglichst viele Opfergruppen berücksichtigt werden. Zum ersten Mal sprach deshalb ein Vertreter der homosexuellen Häftlinge auf der Veranstaltung am 23. April zu den Teilnehmern. So konnte erstmals vor dem nur mit roten Winkeln geschmückten Mahnmal auch der Opfer mit Rosa Winkel gedacht werden, die in Sachsenhausen systematischen Mordaktionen der SS erlegen waren. Vertreter von russischen und polnischen, holländischen und französischen Häftlingen sprachen teilweise in ihrer Muttersprache und dokumentierten damit, daß Sachsenhausen ein internationaler Ort war und ist, wo der ganz überwiegende Teil der Opfer aus allen europäischen Ländern und sogar aus anderen Kontinenten stammte. Die KZ-Gedenkstätten sind, das sollte damit noch einmal unterstrichen werden, anders als andere Gedenkstätten in Deutschland nicht nur Orte der Deutschen, ob Täter oder Opfer, sondern vor allem auch Friedhöfe der Völker, die diese in Erinnerung an ihre Opfer erhalten wissen wollen.

Der 50. Jahrestag der Befreiung des Zuchthauses Brandenburg-Görden

JOACHIM GÖRLITZ

Am 27. April 1995 jährte sich die Befreiung des Zuchthauses Brandenburg zum 50. Mal. Vor dem Hintergrund, daß viele ehemalige Häftlinge den Ort ihrer Leiden aus politischen oder persönlichen Gründen in den vergangenen 50 Jahren nicht aufgesucht haben, und daß ihnen vermutlich nicht mehr viel Lebenszeit verbleibt, dieses nachholen zu können, haben wir im April 1995 mit Unterstützung der Landesregierung versucht, möglichst alle Überlebenden des Zuchthauses einzuladen, diesen Ort noch einmal zu besuchen.

Begleitet wurden die Veranstaltungen von einer für die Stadt Brandenburg und die Dokumentationsstelle ungewöhnlich großen Öffentlichkeit. Er war auch ein Tag, an dem sich sehr viele Menschen mit der Frage beschäftigt haben, wie nach 50 Jahren und wie in Zukunft die Deutschen mit dem Nationalsozialismus umgehen werden.

In den Gedenkräumen der Dokumentationsstelle Brandenburg im inneren Sicherungsbereich der heutigen Justizvollzugsanstalt Brandenburg wird an die Opfer des Zuchthauses erinnert. Ein Fallbeil in der Mitte des Raumes belegt die Nutzung des ehemaligen Zuchthauses auch als Ort von Hinrichtungen. Es symbolisiert den Mißbrauch von Justiz und Strafvollzug als Terrorinstrumente des NS-Regimes, dem die sowjetischen Befreier am 27. April 1945 ein Ende setzten.

An diesem Ort wird gezeigt, wie die Urteile des Volksgerichtshofes von skrupellosen und diensteifrigen Richtern eiskalt vollstreckt wurden.

Rückblickend haben die Feierlichkeiten anläßlich des 50. Jahrestages der Befreiung des Zuchthauses einen Einschnitt in die Geschichte der Gedenkveranstaltungen, wie sie hier in den letzten Jahren stattgefunden haben, veranlaßt. Sie haben aber auch die Dringlichkeit, die Arbeit der Dokumentationsstelle Brandenburg auszubauen und sie einer breiteren Öffentlichkeit zugänglich zu machen, betont.

1. Zum 50. Jahrestag sollten möglichst alle Überlebenden des Zuchthauses eingeladen werden. So haben am 28. April 1995 80 ehemalige Häftlinge an den Gedenkveranstaltungen teilgenommen. Diese Männer gehörten den verschiedenen, nicht nur den zu DDR-Zeiten in der Gedenkstätte willkommenen Opfergruppen an. Ihnen galt unsere besondere Aufmerksamkeit, waren einige doch zum ersten Mal nach 50 Jahren an diesen Ort zurückgekehrt.

2. An diesem Tag fanden an verschiedenen Orten in der Stadt Gedenkfeiern, ausgerichtet vom Zentralrat der Juden, der Stadtverwaltung oder der IVVDN am jüdischen Friedhof und am sowjetischen Ehrenmal, statt. Die Hauptveranstaltung am Marienberg und in der Dokumentationsstelle wurde von der Landesregierung ausgerichtet, die im Anschluß zu einem Empfang in das Rathaus der Stadt geladen hatte. Diese dezentrale Ausrichtung der Gedenkfeiern, die im Gegensatz zu den bislang üblichen großen Aufmärschen in der DDR eher ruhig und besinnlich verliefen, wurde von den Gästen positiv aufgenommen.

3. Das große Interesse der Öffentlichkeit und der Medien an der Gedenkveranstaltung in Brandenburg ist für die Arbeit der Dokumentationsstelle eine Herausforderung. Seit April ist die Nachfrage von interessierten Menschen aus dem In- und Ausland nach Führungen durch die Dokumentationsstelle rapide angestiegen. Demgegenüber steht, daß wir aus finanziellen und personellen Gründen nicht immer in der Lage sind, den Wünschen der meisten Besucher zu entsprechen. Die Aufarbeitung und Darstellung der Geschichte der NS-Justiz im Zuchthaus Brandenburg-Görden und die Berücksichtigung der verschiedenen Opfergruppen wurde zu DDR-Zeiten vernachlässigt. Heute mangelt es neben einer angemessenen Besucherbetreuung an finanziellen Mitteln, vorliegendes Archivmaterial zu ergänzen, aufzuarbeiten und zu dokumentieren.

4. Von August 1940 bis zur Befreiung am 27. April 1945 wurde das Zuchthaus von der NS-Justiz als Hinrichtungsstätte genutzt. 1.722 Männer, die aus politischen Gründen zum Tode verurteilt waren, wurden in Brandenburg-Görden hingerichtet. 652 Gefangene verstarben durch Krankheiten, darunter 437 an Tuberkulose. Sieben zum Tode verurteilte Häftlinge entzogen sich durch Freitod dem Scharfrichter. Am 27. April 1945 konnten rund 180 zum Tode verurteilte politische Häftlinge aus ihren Todeszellen befreit werden.

Im April 1995 kam es während des dreitägigen Aufenthaltes der Gäste in Brandenburg immer wieder zu bewegenden Szenen der Erinnerung, des Wiedersehens und des freundschaftlichen Austausches der Erlebnisse bei vielen ehemaligen Häftlingen, die sich teilweise 50 Jahre lang nicht mehr gesehen haben. Das Gedenken und die Erinnerung an die hingerichteten und verstorbenen Kameraden stand für die ehemaligen Häftlinge im Vordergrund.

Der ehemalige Häftling Herbert Baade, der im Zuchthaus als Friseur arbeiten mußte und darum viele der Hingerichteten persönlich kannte, stand ergriffen vor dem Fallbeil und legte mit zitternden Händen seinen kleinen Blumenstrauß, den er aus Hamburg mitgebracht hatte, auf die Hinrichtungsbank. Horst Schmidt, dessen beide Zellennachbarn noch am 20. April 1945 zur Hinrichtung geführt wurden, und der mit Todesangst in seiner Zelle verblieb, hatte auch nach 50 Jahre nicht die Kraft, den Hinrichtungsraum zu betreten.

Unter den Gästen befand sich noch ein weiterer dieser ehemaligen „Todeskandidaten"; Jan Cizek aus Prag verlas vor den Gedenkräumen die Namen von 28 kurz vor der Befreiung noch hingerichteten ehemaligen Zuchthaushäftlingen. Die ehemaligen Häftlinge folgten den Spuren ihrer schrecklichen Vergangenheit. Es war in diesen Minuten nicht immer leicht, die trauernden Menschen um ein Interview zu bitten. Dennoch liegen uns heute eine ganze Reihe von Aufzeichnungen vor, die wir in die Forschung mit einbeziehen können. Die Auswertungen dieses Materials werden dokumentiert und sollen dann in Auszügen und zusammen mit den Erinnerungsgegenständen, die Gäste als Geschenke an die Stiftung übergeben haben, in einer Ausstellung gezeigt werden.

5. Die DDR-Justizverwaltung übernahm 1949 das Zuchthaus und nutzte es wieder als Strafvollzugsanstalt. Das Zuchthaus Brandenburg war auch zu DDR-Zeit bis 1989 eine Einrichtung, in der viele verurteilte politische Oppositionelle, aber auch Zeugen Jehovas, Homosexuelle, Ausreisewillige und Bürger, die mit Nachdruck und Mut für die Einhaltung der Menschenrechte eingetreten sind, inhaftiert waren und dessen Ruf, eine der gefürchtesten Justizvollzugseinrichtungen der DDR zu sein, weit über die Grenzen bekannt war.

Die vielen Gespräche, die wir mit den ehemaligen Häftlingen in drei Tagen führen konnten, gaben uns auch zahlreiche Informationen über die Menschen, die vor 1945 und dann auch wieder in den fünfziger Jahren in der DDR im Zuchthaus Brandenburg-Görden inhaftiert waren. Im Ergebnis der Feierlichkeiten zum 50. Jahrestag der Befreiung des Zuchthauses Brandenburg bestehen jetzt viele neue Kontakte zu ehemaligen Häftlingen aus dem In- und Ausland und zu ihren Organisationen, wie die verschiedenen christlichen Konfessionen, die Freidenker, die Zeugen Jehovas (Bibelforscher), die Sinti und Roma und die Homosexuellen.

Der 51. Jahrestag kann und sollte keine Wiederholung der großen Gedenkveranstaltungen im April 1995 sein. Aber wir wissen heute, daß die Ausrichtung künftiger Gedenkveranstaltungen ähnlich gestaltet wird. Unter Beteiligung ganz verschiedener Gruppen des öffentlichen Lebens werden wir an verschiedenen Orten in Brandenburg mit ganz unterschiedlichen Aktionen dem Jahrestag der Befreiung gedenken. Und wir hoffen, daß viele der Menschen, die im April 1995 mit uns gesprochen haben, wiederkommen werden, um gemeinsam mit den Brandenburgern, mit den Deutschen daran zu erinnern, daß von deutschem Boden nie wieder Krieg und Unrecht ausgehen darf.

Berichterstattung in den Medien

Anläßlich der Gedenkveranstaltungen in Brandenburg hatten sich zahlreiche Journalisten aus dem In- und Ausland akkreditiert, die mit ihrer breitangelegten Berichterstattung wesentlich dazu beitrugen, die Gedenkveranstaltungen sowohl national als auch international ins Bewußtsein der Öffentlichkeit zu rücken.

Eine Auswahl von Artikeln der nationalen Presse wird hier unter Berücksichtigung regionaler wie überregionaler Zeitungen vorgestellt. Für die internationale Berichterstattung sind einige Beispiele aufgenommen.

Rückkehr zum Ort der Leiden

Vorsitzende der „Lagergemeinschaft „Es gibt kein Vergessen und kein Vergeben"

PNN 22.4

VON DOROTHEE STACKE

POTSDAM. Noch immer ruht die Asche der Toten auf dem Grund des Schwedtsees - von Frauen und Kindern, die im nahe gelegenen Konzentrationslager Ravensbrück etwa 90 Kilometer nördlich von Berlin zur Zeit der Nationalsozialisten interniert waren und grausame Mißhandlungen über sich ergehen lassen mußten. Von 132 000 überlebte nur jeder Vierte. „Es gibt kein Vergessen und kein Vergeben", sagt die Vorsitzende der „Lagergemeinschaft Ravensbrück", Gertrud Müller. Wenn die fast 80jährige am kommenden Sonntag auf der Gedenkveranstaltung in Ravensbrück aus Anlaß des 50. Jahrestages der Befreiung ein Grußwort an die zahlreichen Frauen aus aller Welt richtet, will sie „aufrütteln, den Menschen zeigen, was gewesen ist".

„Als ich zum ersten Mal wieder nach Ravensbrück zurückkehrte, habe ich nochmal alles durchgemacht, die Schmerzen und die Alpträume", berichtet die engagierte Vorsitzende und Redakteurin der „Ravensbrück-Blätter". Einige Frauen, die sie begleiteten, brachen zusammen. Sie verloren im Konzentrationslager ihre Kinder und Angehörigen.

Gertrud Müller lebte von 1943 bis 1944 im Lager und mußte nach dem SS-Prinzip „Vernichtung durch Arbeit" zwölf Stunden täglich harte Arbeit leisten, zuletzt in der Handweberei. „Beim ersten Appell sind mir damals nur so die Tränen heruntergeflossen. Wir mußten stillstehen. Alte Frauen, die das nicht mehr so konnten, wurde von den Aufseherinnen mit Tritten ins Gesicht bestraft". Am Sonntag wird sie sich auf diesem Platz, der erstmals der Öffentlichkeit zugänglich gemacht wird, wiederfinden.

Die Erinnerungen, das Wiedersehen, hat die Stiftung Brandenburgische Gedenkstätten in dem Videofilm „Spurensuche" dokumentiert. Er begleitet drei „Ravensbrückerinnen" bei der Rückkehr in die Zeit der Leiden im vergangenen Sommer, nachdem die russischen Streitkräfte von dem eigentlichen Lagergelände abgezogen waren. Die eine, aus Ostpreußen stammend, wollte sich nicht den NS-Gepflogenheiten anpassen. Die andere - eine Kommunistin - wurde mit ihren Eltern zusammen im Sudetenland verhaftet. In den Sammlungen Ravensbrück befinden sich auch zwei Zeichnungen der Französin Violette Lecoq, Häftlingsnummer 24571. „Welcome" nennt sie ein Bild, das Frauen noch schick, mit hochhackigen Schuhen und Hüten bei der Anmeldung im Lager zeigt. „Deux heures apres" (zwei Stunden später) zeichnet sie sie mit kahlgeschorenen Köpfen in gestreifter, uniformer Häftlingskleidung.

„Viele Frauen werden sich nach Jahrzehnten am kommenden Sonntag erstmals wiedertreffen", so Müller. Manche hätten das 90. Lebensjahr schon lange überschritten. Die Sehnsucht, zurückzukehren, sei fast immer da gewesen. Doch die bescheidenen finanziellen Mittel hätten dies jetzt erst aufgrund der Einladung ermöglicht.

Potsdamer Neueste Nachrichten
22. April 1995

taz 24.4

„Wir wollen Zeitzeugen sein“

Einen Tag vor den offiziellen Reden und den internationalen Pressekonferenzen trafen sich Überlebende des Konzentrationslagers in Sachsenhausen ■ von Vera Gaserow

Alles ist so merkwürdig klein geworden: der Appellplatz, der Weg zur Baracke, die Gaskammer. In der Erinnerung war es viel weitläufiger, endloser. Die Zeit hat alles schrumpfen lassen – die Bedrohlichkeit, die Dimensionen und selbst die Menschen. Das Alter hat sie klein gemacht, und wie sie über die breiten Wege gehen, sehen sie seltsam verletzlich aus. Die Haare sind silberweiß geworden, das Laufen fällt schwer, kaum einer ist jünger als 70 Jahre. Doch vom Tod sind sie heute weiter entfernt als vor 50 Jahren.

Immer wieder bleiben sie stehen, schauen sich suchend um, zögern, erkennen wieder. „Da“, zeigt ein ausgesteckter Arm, manchmal durch einen Gehstock verlängert, „da“. Da unter dem Tor mit der Inschrift „Arbeit macht frei“. Da hat Abraham Matuschak seine Zähne verloren. Das war an einem regnerischen Tag, sein Arbeitskommando kehrte vom Klinkerwerk ins Lager zurück, und auf dem Weg lauerte diese riesige Pfütze. Wäre er geradeaus durchs Wasser marschiert, er hätte unweigerlich die SS-Eskorte bespritzt. Also machte Matuschak einen Bogen um das Naß, aber auch das war falsch. Vor aller Augen hieß man ihn, sich durch die Pfütze zu wälzen, dann traten ihm Stiefeltritte die Zähne aus. Einige Zeit später waren es die Zehen. Sechzehn Stunden haben Matuschak und seine Mitgefangenen in klirrender Kälte gestanden. Solange bis die Wachmannschaften den polnischen Offizier aufgespürt hatten, dem die abenteuerliche Flucht über den stromgeladenen Zaun gelungen war. Als sie den Polen wieder eingefangen hatten, waren Abraham Matuschaks Zehen erfroren.

Der 80jährige erzählt das ohne Rührung. Mit „gemischten Gefühlen“ ist er in das ehemalige Konzentrationslager Sachsenhausen gekommen. Ohne den Beistand seiner Tochter hätte er sich das nicht zugemutet. Heute früh bei der Ankunft, da hatte er sofort wieder diesen Gestank in der Nase, den Geruch von verbranntem Menschenfleisch. Aber jetzt soll es ein schöner Tag werden, ein Tag der Befreiung.

Fast einen ganzen Samstag lang durchstreifen sie die Stätte der leidvollen Erinnerung: fast 4.000 Überlebende der Konzentrationslager Sachsenhausen und Ravensbrück. Auf Einladung der brandenburgischen Landesregierung sind sie aus allen Teilen der Welt gekommen, um der Befreiung vor 50 Jahren zu gedenken. Am Sonntag, beim offiziellen Festakt, mit vielen Reden und viel politischer Prominenz, wurde das historische „Ereignis“ begangen. Am Vortag jedoch, an diesem Samstag, fand das historische Erleben statt, das in dieser Form nicht wiederholbar sein wird. Es ist ein Tag, an dem still und unbehelligt von lärmenden Journalistenscharen und aufdringlichen Kameras Hunderte von weißhaarigen Männern und Frauen, oft begleitet von ihren Enkelkindern, die Begegnung und die Erinnerung suchen.

Viele sind nach 50 Jahren zum ersten Mal nach Sachsenhausen zurückgekehrt, für die meisten wird es das letzte Mal sein. Als gelte es Abschied zu nehmen von der Vergangenheit, wird jeder Winkel fotografiert. Man stellt sich auf zum Gruppenfoto, man lacht und drängelt sich, so wie beim Schulausflug, und tatsächlich weicht die beklemmende Atmosphäre des Ortes einer stillen, befreienden Heiterkeit.

„Ist es nicht ein wunderschöner Tag?“ strahlt Igor Tilewitsch aus Rußland, den die SS einen Tag vor der Befreiung Sachsenhausens auf den berüchtigten Todesmarsch Richtung Norden schickte. „vor 50 Jahren habe ich niemals gedacht, daß ich je 50 werden würde, und jetzt sind schon 50 Jahre vergangen. Ist das nicht wunderbar?“ „Wußten Sie, daß wir hier unser eigenes Jazz-Ensemble hatten?“ fragt Josef Sarka aus Prag, den die Nazis als Anführer einer Studentendemonstration nach Sachsenhausen brachten. „Sing Sing haben wir es genannt. Und die SS hörte heimlich zu.“ Zwei Burlesken hat Sarka während seiner Lagerzeit geschrieben. Die waren „wirklich nicht sehr gut“. Sein Ruf als Poet hat ihm das Leben gerettet.

„Backobst mit süßen Nudeln“, dieses Gericht wird Karl Stentzel, der Generalsekretär des Internationalen Sachsenhausenkomitees, nie vergessen. Es war das erste, was die sowjetischen Soldaten ihm anboten, als sie ihn aus einem Außenlager von Sachsenhausen befreiten, „das war ein wunderbar sonniger Tag, so wie heute“.

Jeder Winkel wird fotografiert, man findet sich zum Gruppenfoto, lacht und drängelt

An einem Tag wie diesem zeigt man nur sporadisch wie es innendrin aussieht. Die anderen kennen eh, was Abraham Matuschak von sich berichtet: „Die Erinnerung läßt uns nicht schlafen. Eigentlich sind wir Wracks.“ Neulich hat Matuschak wieder von dem SS-Mann geträumt, der ihm die Pistole an die Schläfe hält. „Nein“, hat er da geschrien und ihm mit aller Kraft die Hand weckgedrückt. Als Matuschak aufwachte, hatte er sich selbst den Arm gebrochen.

Wie Abraham Matuschak sind viele der Überlebenden nicht nur wegen der Erinnerung nach Sachsenhausen gekommen. Und wegen der offiziellen Reden schon gar nicht.

Eher aus dieser Umkehrung der Verantwortung heraus, zu der der Umgang mit der Vergangenheit die Opfer zwingt. „Wir wollen Zeitzeugen sein“, sagt Matuschak, „wenn wir uns nicht stellen, wer dann?“ Die Täter zumindest tun es nicht. Die Opfer bleiben unter sich.

Roger Deloche aus Nancy hat sich bewußt unter eine jugendliche Besuchergruppe gemischt. Auf seinen Gehstock gestützt, fängt er an zu erzählen – so wie er es auch zu Hause in Frankreich in den Schulen tut: daß er 1944 als Kriegsgefangener nach Sachsenhausen gekommen ist und hier ein „petit peu sabotage“ betrieben hat. Daß er vor Hunger kaum noch laufen konnte und daß er nachts gehofft hat, die Alliierten möchten ihre Bomben abwerfen. Roger Deloche erzählt das ohne Bitterkeit und nicht ohne charmante Komplimente an seine Zuhörerinnen zu verteilen. „Es gab Menschen, die haben mich hier reingebracht, und es gab genauso Menschen, die haben mich befreit.“

Die Bereitschaft zur Vergebung zieht sich durch viele Gespräche, beschämend und anrührend zugleich: „Hier“, winkt Henry Frank, einst in Theresienstadt inhaftierter Jude aus den USA, eine ihm unbekannte junge Besucherin heran, „unter diesem Datum steht es: 96 Juden erschossen. Einer davon war mein Vater. Sind Sie Jüdin? Nein? Macht nix!“ lacht Henry Frank und klopft ihr wie zum Trost auf die Schulter, „wie schön, daß wir uns kennengelernt haben.“

Die Tageszeitung
24. April 1995

2700 ehemalige Häftlinge in Ravensbrück und Sachsenhausen

FAZ 24.4 **Erinnerung an die Befreiung der beiden Konzentrationslager vor fünfzig Jahren**

Ws. ORANIENBURG, 23. April. Zum 50. Jahrestag der Befreiung der Konzentrationslager Ravensbrück und Sachsenhausen versammelten sich am Sonntag mehr als 2700 ehemalige Häftlinge aus aller Welt und Tausende von anderen Teilnehmern zu Veranstaltungen des Gedenkens und des Erinnerns in den beiden brandenburgischen Gedenkstätten. Seit 1945 sind noch niemals so viele ehemalige Häftlinge an die Orte ihrer Leiden in Deutschland zurückgekehrt. Sie hatten eine Einladung des Landes Brandenburg angenommen, das von der Bundesregierung und dem Berliner Senat unterstützt wurde. Auf den Kundgebungen mahnten Redner der Häftlingsverbände, der Sinti und Roma und der Juden sowie Politiker zur Wachsamkeit gegenüber einem Wiederaufkommen von Rassismus, Antisemitismus, Faschismus und Krieg und riefen zu Zivilcourage und zum entschlossenen Widerstand gegen jede Art von Ausgrenzung und Verletzung der Menschenrechte, gegen Unrecht und Willkür auf.

Das 1938 erbaute Konzentrationslager Ravensbrück bei Fürstenberg war bis 1945 das größte Frauen-Konzentrationslager auf deutschem Boden. Rund 132 000 Frauen und Kinder, aber auch 20 000 Männer in einem Nebenlager waren hier bis 1945 unter unmenschlichen Bedingungen inhaftiert. Nur jede vierte der hier eingesperrten Frauen, die körperliche Schwerstarbeit zu leisten hatten, hat überlebt. Seit 1943 wurden hier auch Sterilisations- und andere medizinische Versuche an Frauen vorgenommen. Zur Jahreswende 1944/45 wurde im Jugend-KZ Uckermark, das zu Ravensbrück gehörte, eine Baracke zur Gaskammer umgerüstet, in der mehr als 5000 Menschen aus dem KZ Ravensbrück ermordet wurden. Noch vor der Befreiung durch die Sowjetarmee sind durch das Schwedische Rote Kreuz mit Autobussen einige hundert Frauen aus dem Lager befreit und in Sicherheit gebracht worden.

In dem 1936 als „modernes" Konzentrationslager der SS errichteten Sachsenhausen bei Oranienburg wurden bis 1945 rund 200 000 Häftlinge inhaftiert. Knapp die Hälfte von ihnen hat „die Hölle von Sachsenhausen" nicht überlebt. Obwohl nicht als Vernichtungslager geplant, wurden hier rund 18 000 sowjetische Kriegsgefangene, zumeist durch Genickschuß, ermordet. 1942 errichtete die SS die Station „Z", in die Anfang 1943 auch eine Gaskammer eingebaut wurde, um das Töten von großen Häftlingszahlen zu mechanisieren und perfektionieren. Auch in Sachsenhausen sind medizinische Versuche an Häftlingen vorgenommen worden. Im März 1945 wurden wegen des Herannahens der Sowjetarmee und polnischer Verbände rund 33 000 Häftlinge von der SS auf den „Todesmarsch" in Richtung Ostsee getrieben. Nach Kriegsende benutzte der sowjetische Staatsicherheitsdienst NKWD Sachsenhausen als Internierungslager, in dem bis 1950 rund 13 000 Häftlinge umkamen.

„Ravensbrück ist eine Gedenkstätte, an der vor allem wir Frauen im Gedenken an die Opfer uns verpflichten, der größten Verbrechen, die von Deutschland und von Deutschen jemals begangen wurden, uns aktiv zu erinnern und nicht zu schweigen, wo gegen Intoleranz, latente oder offene Diskriminierung und Ausgrenzung, gegen Fremdenfeindlichkeit, Rassismus, Antisemitismus und Gewalt Widerstand geleistet werden muß", sagte Bundestagspräsidentin Süssmuth in der Gedenkstätte Ravensbrück vor rund 6000 Zuhörern. Angesichts der hinter uns liegenden Entwicklung, der großen Aufgaben, aber auch Chancen, die vor uns lägen, sei es unverantwortlich, darüber zu streiten, ob die Deutschen am 8. Mai 1945 befreit oder nicht befreit worden seien. Es müsse Schluß damit sein, das Leid und das Unrecht der einen gegen das der anderen aufzurechnen. Niemand verkenne oder bestreite das Leid, das durch Krieg und Nachkriegszeit auch den Deutschen widerfahren sei. Aber Ursachen und Folgen dürften nicht miteinander verwechselt werden. „Arbeiten wir an der Versöhnung, beenden wir den Streit", forderte die Bundestagspräsidentin. „Objektiv sind wir von dem verbrecherischen Naziregime befreit worden, subjektiv mag das am Kriegsende und angesichts der Kriegsfolgen anders erlebt worden sein."

Bundesaußenminister Kinkel sagte in der Gedenkstätte Sachsenhausen vor etwa 18 000 Zuhörern: „Wir gedenken heute der Befreiung vom 23. April 1945. Aber Sachsenhausen wurde damals nicht geschlossen; es kamen wieder Gefangene hierher. Neues Leid geschah. Auch das dürfen wir nicht vergessen." Weil die Deutschen mit der Vergangenheit gebrochen hätten, seien sie wieder in die Völkergemeinschaft aufgenommen worden, sagte Kinkel. „Wir tragen aus unserer Vergangenheit eine besondere Verantwortung für die Zukunft." Die Deutschen dürften niemanden vom Aufbau des neuen Europa ausschließen und müßten denen besonders helfen, die Furchtbares durch die Deutschen erlitten hätten. Diejenigen, die heute im neonazistischen Ungeist gefangen seien, forderte Kinkel auf, sich von Haß und Gewalt, von Rassismus und Verblendung zu befreien und sich zur Achtung der Menschenwürde zu bekennen. Sie müsse unantastbar sein. Von Deutschland dürften nie wieder Ausländerhaß, Intoleranz und Antisemitismus ausgehen.

Es dürfe nicht geleugnet werden, daß es auch in einem Terrorregime individualisierbare und isolierbare Verbrechensanteile einzelner gebe, sagte die Präsidentin des Bundesverfassungsgerichts, Limbach, in Sachsenhausen. Das sei der Sinn der Auseinandersetzung über Schuld, Sühne und Verantwortung: Erst durch sie werde deutlich, daß staatliche Gewalt, Mißbrauch zu Zeiten totaler Herrschaft nicht einfach eine Naturkatastrophe sei, sondern ein Mosaik aus individuellen Einzelakten verantwortlicher Individuen bilde. Die Auffassung, daß dem Handelnden sein Tun und Lassen sittlich zuzurechnen sei, eine den christlichen und den jüdischen Glauben. Auch das Grundgesetz – das eine Antwort auf die Schreckensherrschaft des Nationalsozialismus sei – baue in seinem Menschenrechtskatalog auf diesem Gedanken auf und gehe von der sittlichen Verantwortungsfähigkeit des Menschen aus. Verantwortung fordere immer auch zu aktivem Tun heraus.

Frankfurter Allgemeine Zeitung
Peter Jochen Winters
24. April 1995

„Gib Frieden, Herr“

OGA 24.4

Neuer Friedhof an der Lagermauer eingeweiht / Rund 300 Toten in Massengräbern gedacht

Von Claudia Seiring

„Gib Frieden, Herr, gib Frieden, die Welt nimmt schlimmen Lauf. Recht wird durch Macht entschieden, wer lügt, liegt obenauf. Das Unrecht geht im Schwange, wer stark ist, der gewinnt. Wir rufen: Herr, wie lang? Hilf uns, die friedlos sind.“ Als der Oranienburger Kirchenchor gestern mittag die erste Strophe des Kirchenliedes „Gib Frieden, Herr, gib Frieden“ anstimmte, da lag über dem Platz an der Lagermauer der Gedenkstätte Sachsenhausen und über den mehreren hundert Menschen eine besondere Atmosphäre der gemeinsamen Trauer.

Zwei Stunden bevor auf dem ehemaligen Appellplatz die zentrale Gedenkfeier begann, fand das eigentliche, intime Gedenken anläßlich der Einweihung und Segnung dieses „neuen“ Friedhofes statt. Hier, wo seit gestern sechs in den Boden eingelassene Blöcke die sechs Massengräber symbolisieren, in denen wahrscheinlich 300 Häftlinge begraben wurden. Häftlinge, die nach der Befreiung zu krank oder zu schwach waren, um zu überleben.

In den kurzen Ansprachen, die am Rande dieser Friedhofseinweihung gehalten wurden, bewegte die Überlebenden immer wieder die Frage, warum gerade sie und nicht die hier Begrabenen „davongekommen“ waren. Arnold Blitz, ehemaligen Häftling im Außenlager Heinkel, machte das ergreifend und eindringlich deutlich: „Sie haben die rettende Küste nicht erreicht. Doch als wir zurückkehrten in die Heimat, da lasen wir in den Augen ihrer Liebenden nur die eine Frage: Warum du? Warum nicht er?“ Und der heute 72jährige Holländer, der immer noch auf Spurensuche nach den Orten seiner Qual ist, zitierte die Lyrikerin Nelly Sachs: „Völker der Erde, daß nicht einer Tod meine, wenn er Leben sagt.“

Während Blitz sprach wischten sich einzelne Zuhörer die Tränen, bargen ihre Gesichter in den Händen. Auch Angehörige derer, die wahrscheinlic in den Massengräbern ruhen waren nach Sachsenhausen gekommen. Sie haben seit gester einen Ort, an dem sie ihrer Toten gedenken können.

Im Anschluß an die Rede führten die ersten Töne des Liedes über den Frieden die Versammelten zusammen. Der elfjährige Martin Liedtke aus Germendorf, der inmitten der ehemaligen Häftlinge mit klare Stimme alle Strophen mitsang wirkte dabei wie ein Symbol dafür, was sich viele der Gäste s sehr wünschen: Ein gemeinsames, generationen- und länderübergreifendes Gedenken.

Oranienburger Generalanzeiger
24. April 1995

Einweihung des Friedhofs an der Lagermauer in Sachsenhausen: Blumen und Kerzen werden auf einem der symbolischen Grabsteine niedergelegt

PNN 24.4

Schwere Begegnung mit Tränen in den Augen

Ehemalige Lagerinsassen auf Spuren der Vergangenheit

VON CATHLEEN UND HOLGER PAECH

RAVENSBRÜCK. Gertrudis Gelsing aus den Niederlanden kann nicht abwarten. Noch während der offiziellen Gedenkreden zum 50. Jahrestag der Befreiung des Konzentrationslagers Ravensbrück begab sie sich am Sonntag auf eigene Spurensuche. „Hier müssen die Baracken gestanden haben, in denen wir die erste Nacht verbringen mußten", sagt sie eher fragend einem Ordner. Dieser verweist in Richtung des ehemaligen Appellplatześ. Dort stehen am Sonntag rund 6000 Menschen, etwa 1300 von ihnen sind ehemalige Lagerinsassen.

Menschen aus Fürstenberg und Umgebung stehen eher zurückhaltend und neugierig. Begegnung wird nicht leicht gemacht.

Sie gedenken der zehntausenden Opfer, die im größten Frauen-KZ ums Leben kamen. Die Redner sprechen von einem Tag der Mahnung und Versöhnung sowie von einem Tag der Begegnung von Deutschen mit ehemaligen Häftlingen. Aber Begegnung fällt schwer. Die ehemaligen Lagerinsassinnen suchen vor allem nach eigener Erinnerung.

Nanna Haarseth und Henny Hilebr aus Norwegen sprechen einen Fotografen an, er möge sie vor einem Bus des Roten Kreuzes fotografieren, in welchem sie vor 50 Jahren gleich 20000 anderen Frauen in der skandinavischen Aktion „Bernadotte" dem Tod entkamen. Aber der Profifotograf soll nicht seine Kamera nutzen, er bekommt einen Fotoapparat in die Hand. Menschen aus Fürstenberg und Umgebung stehen eher zurückhaltend und neugierig. Begegnung wird ihnen nicht leicht gemacht. So gilt für den Gedenkmarsch, die Kranzniederlegung und im Zelt der Begegnung die Maßgabe, daß nur ehemalige Häftlinge Zutritt haben. Die Organisation solcher Großveranstaltungen fordert ihren Tribut. Dennoch sind mehrere tausend Menschen gekommen.

Lore Krüger hat ihrer belgischen Lagerfreundin ein kleines Taschentuch mit einer Friedenstaube über 50 Jahre aufbewahrt

Udo Borwig ist zum ersten Mal in der Gedenkstätte. Der 53jährige Steinmetz aus Fürstenberg sagt, der Zwang zu DDR-Zeiten habe abgeschreckt. Nunmehr werde die Geschichte anders und damit für ihn objektiver dargestellt. Er verweist auf den Platz der Veranstaltung. Der ehemalige Appellplatz ist erstmals seit 50 Jahren zugänglich, nachdem er 1945 von den Russen für Kasernenbauten genutzt wurde.

Die 66jährige Liselotte Matzdorf aus Templin hat hingegen schon in der DDR aus Überzeugung, wie sie sagt, die Gedenkstätte besucht. Sie fühle sich den Frauen, die in Ravensbrück gelitten haben und umkamen, verpflichtet, sagt die Rentnerin, die mit Mann, Schwiegertochter und Enkelin kam.

Eine 21jährige Studentin aus Berlin hat Angst vor neofaschistischen Entwicklungen. Sie will daher jenen Frauen zuhören, die in Ravensbrück durch die Hölle gegangen sind. Diese Sckrecken dürften niemals in Vergessenheit geraten. Die Jüngeren sollten zuhören.

Jene Frauen, die zum Teil erstmals nach 50 Jahren wieder in Ravensbrück sind, haben vor allem untereinander viel zu reden. Lore Krüger hat ihrer belgischen Lagerfreundin ein kleines Taschentuch mit einer Friedenstaube über 50 Jahre aufbewahrt und überreicht es ihr nun mit Tränen in den Augen. Vor dem ehemaligen Krematorium und dem Erschießungsgang liegen zahllose Rosen und Nelken, brennen Kerzen. Frauen stehen beieinander, halten sich in den Armen, beten und singen Lieder. Im Zelt der Begegnung häufen sich an einer Pinnwand Suchanzeigen ehemaliger Lagerinsassinnen. Die Angehörigen von Anna Heringa aus den Niederlanden hatten Glück. Eine Mitinsassin der Mutter meldete sich. Ceija hingegen sucht noch nach Ria - der Blockältesten von Baracke 24.

Potsdamer Neueste Nachrichten
24. April 1995

„Warum wir leben? Um zu erinnern!"

Gespräche vor allem junger Menschen mit den ehemaligen Häftlingen standen im Zentrum der Gedenkfeiern in früheren KZ

Von unserem Redaktionsmitglied
JÖRG NIENDORF MOZ 24.4

Ravensbrück/Sachsenhausen. Mit einem kleinen, sehr vergilbten Foto macht sich Eimar Haarr auf die Suche nach Kristian. Mit diesem zusammen hat Haarr, der als norwegischer Widerstandskämpfer drei Jahre in Sachsenhausen eingesperrt war, im zum KZ gehörigen Heinkelwerk arbeiten müssen. Haarr spricht auf seiner jetzigen Suche in Sachsenhausen viele ehemalige polnische Häftlinge an, denn Kristian war Pole. Zu erkennen sind die Nationalitäten an Schildern, die sich die Gäste zum 50. Jahrestag der KZ-Befreiungen umgehängt haben.

Noch einmal Zeichen der Unterdrückung getragen

Viele tragen auch Tücher mit den Emblemen von Haftgrund und Herkunft, mit denen die SS sie gebrandmarkt hatte. Neugierig gehen die alten Menschen umher, suchen und finden bekannte Gesichter. Viele Details des Terrors von damals finden sie in den Gedenkstätten wieder und halten inne. Die meisten Häftlingsbaracken stehen aber an beiden Orten nicht mehr. Deshalb werden an Pinnwänden Terminvorschläge für Treffen von Blockinsassen angeheftet.

Ehemalige KZ-Gefangene kommen unterdessen mit zahlreichen Jugendlichen aus vielen Ländern zusammen, die ebenso zu den Gedenkveranstaltungen angereist sind. Jack van Irsel, ein niederländischer ehemaliger Sachsenhausener, spricht in der neu eingerichteten Ausstellung über jüdische Häftlinge einige junge Deutsche an. Er erkannte auf den Bildern einen Mitgefangenen, wie er erzählt. Er habe noch Kontakt zu ihm. Wer das Grauen nicht erlebt habe, könne es ohnehin nie verstehen, sagt van Irsel zu den Umstehenden. Aber er und viele andere versuchen es dennoch zu erklären.

Die Ordensschwester Theodolinde, als junges Mädchen „Ravensbrückerin", sprach schon zu Beginn des Wochenendes für sich und alle Überlebenden ein einfaches und beeindruckendes Resümee. Sie war zum Tode verurteilt. „Warum wir noch leben? Um zu erinnern!"

Auch Angehörige der Gemordeten kamen

Begegnungen in Sachsenhausen und Ravensbrück, 50 Jahre nachdem die Greuel und Qualen für die Häftlinge vorbei waren. In beiden Gedenkstätten waren das ganze Wochenende lang Zelte aufgebaut, in denen Ex-Häftlinge und die Öffentlichkeit zusammenkommen konnten. Aber auch Angehörige von denen, die den KZ-Terror nicht überlebten, kamen am Sonntagmittag am ehemaligen Sachsenhausener Lagerzaun zusammen. Mit einer Andacht wurden Gedenksteine eingeweiht für ein Massengrab. Es mußte für 300 Menschen angelegt werden, die vor 50 Jahren die Befreiung zwar noch erlebten, aber kurz darauf an Entkräftung oder Krankheit starben.

Sieben Lager hat Gloria Lyon, die heute in San Francisco wohnt, überstanden. Darunter Auschwitz. Schließlich kam sie nach Ravensbrück. Von dort kam die polnische Jüdin im Frühjahr 1945 frei, als das schwedische Rote Kreuz Häftlinge evakuieren konnte. Gloria Gray will sich nun, soeben in Ravensbrück angekommen, die Foto-Ausstellung über die Befreiung anschauen. Darin sind Bilder über die Ankunft der Roten Armee enthalten, „die ich nicht mehr erlebt habe". Aufgeregt, ja ängstlich, ist sie am frühen Morgen gewesen. Genauso war es vor dreieinhalb Jahren, als sie nach Auschwitz gefahren war. Aber hinterher ging es ihr besser. Es wird jetzt wieder so sein, sagt sie.

Märkische Oderzeitung
24. April 1995

MAZ 24.4

Wir Häftlinge sollten verschwinden wie Rauch

Wie sich ehemalige Lagerinsassen von Ravensbrück und Sachsenhausen an ihre Leidenszeit erinnern

Ravensbrück/Sachsenhausen (MAZ). Als der Lychener Stadtchor das Lied von den "Moorsoldaten" anstimmte, wärmte auch die schon kräftige Morgensonne nicht mehr. Auf dem Appellplatz des ehemaligen Konzentrationslagers Ravensbrück wurde es kalt. Frauen und Männer, die die Hölle vor 50 Jahre überlebt hatten, brachen in Tränen aus.

"Es ist mir sehr schwer gefallen, noch einmal hierherzukommen", sagte Olga Kallus als sie in Ravensbrück aus dem Reisebus stieg. Das erste Mal seit 50 Jahren kehrte sie gestern an den Ort des Grauens zurück. Aber es habe unbedingt noch einmal sein müssen, so die 65jährige Malerin aus dem israelischen Haifa. Erst 15 Jahre war sie gewesen, als die Rote Armee das Lager befreite. Die Nazis hatten die Jüdin aus Ungarn nach Ravensbrück verschleppt. Ihre ganze Familie ist in die Mark gekommen. 1946 hatte sie Deutschland in Richtung Israel verlassen. Damals dachte sie für immer.

Nach 50 Jahren sei es nicht mehr so schlimm, ein KZ zu betreten, findet dagegen der Belgier Rik Devint. Schon drei oder vier Mal war er hiergewesen, aber "man kann nicht mit Worten beschreiben, wie man sich dabei fühlt": 27 Monate in Sachsenhausen eingesperrt. 28 verschieden Lager und Gefängnisse als "Politischer", der zu einer belgischen Widerstandsgruppe gehörte, von Innen gesehen..." Der 70jährige wurde im KZ zu den sogenannten "Himmelfahrtskommandos" gezwungen. "Wir sollten verschwinden, wie Rauch."

Im Begegnungszelt treffen sich erwartungsvolle Blicke: "Kennen Sie zufällig...?" Am schwarzen Brett gegenüber der Plakatwand, auf der in 17 Sprachen ein Willkommensgruß geschrieben steht, sammeln sich Zettelchen mit Suchanzeigen. "Wer kennt die Bibelforscherin Else Schönfeld?" - „No one will never be forgotten", hat jemand tröstend daneben geschrieben: Niemand soll vergessen sein. Nur wenige finden zusammen. "Ich erkenne niemanden mehr", bedauert Nina Nikotenko aus dem ukrainischen Tscherkassij.

Sie ist mit einer der vier Maschinen aus Kiew angekommen. Ehemalige Häftlinge von Argentinien bis Weißrußland sind angereist. Einen Großteil machen die Polinnen aus. 1944, nach dem Warschauer Ghetto-Aufstand, waren 12 000 nach Ravensbrück gebracht worden, darunter 800 Schwangere.

"Soyez vigilants avec nous, les surveillants de Ravensbrück", ruft die Präsidentin des Internationalen Ravensbrückkomitees Rose Guérin von der Tribüne: Bleiben Sie wachsam mit uns, den Überlebenden. Ein Appell an die Verantwortung der Nachgeborenen. Als sie sich ins Publikum setzen will, fällt ihr eine Russin um den Hals.

Als traue er all den gutgemeinten Aufrufen nicht, in Zeiten wo Neonazis die Existenz der Gaskammern bestreiten, steht ein Mann am Rande der Absperrung mit einem Schild auf der Brust: "You may touch me in real and I was there." Anfassen solle man ihn, denn er sei echt und habe das Unbegreifliche am eigenen Leib gespürt, steht unter einem Foto, das ihn als jugendlichen Häftling zeigt.

Hinter ihm flattern hunderte von israelischen Fähnchen im Wind, dazwischen die Flaggen der Häftlingsverbände, auch ein paar rote sind darunter. "Nie wieder!" ruft Rita Süßmuth von der Tribüne, so als lese sie den Text direkt von einem Transparent ab, das ihr eine Häftlingsgruppe entgegenhält.

Zum selben Zeitpunkt sitzt auf der Straße nach Ravensbrück ein Reisebus der Berliner Grünen fest. Die Polizei durchsucht ihn nach Waffen und Transparenten. Mehrere kleinere Antifa-Gruppen klagten gestern über Behinderungen. Eine Gruppe von Studenten aus Wuppertal, die sich mit dem Thema Nationalsozialismus beschäftigt hatte, wollte einen Kranz niederlegen. Auch sie geriet in eine Polizeikontrolle und durfte zunächst nicht passieren.

"Es ist unsere Pflicht, gegenüber der Jugend die Erinnerung lebendig zu halten", sagt Bernhard Feldmann. Der 80jährige Berliner, der in Buchenwald eingesperrt war, besucht regelmäßig Schulklassen. Doch nicht alle Lehrer würden ihn vor die Jugendlichen treten lassen, beklagt der alte Sozialdemokrat. Von den „roten Kapos" habe er einiges zu erzählen. „Die haben uns als Sozialfaschisten in die schlimmsten Kommandos abgeschoben." Ein belgischer Häftling widerspricht: Nur die mit dem grünen Winkel, die Kriminellen hätten das gemacht. Kommunisten? Niemals.

Auch 50 Jahre danach ist man sich selbst unter den Überlebenden über das Geschehene nicht einig. Für die Täter jedenfalls waren die Opfer nichts als Nummern. „Ich habe die Lagernummer 96936", sagte der polnische Schriftsteller Andrzej Szczypiorski. "Und das bedeutet, daß vor mir fast hundertaussend Menschen in Nummern verwandelt wurden."

Mathias Richter

Märkische Allgemeine Zeitung
24. April 1995

Gedenken an die 100 000 Toten in Ravensbrück und Sachsenhausen

Süssmuth: Leid und Unrecht nicht aufrechnen

Bundestagspräsidentin: Nicht an Verletzung der Menschenrechte im Alltag gewöhnen

SZ 24.4.

hjh Berlin (Eigener Bericht) – Auf zwei Gedenkveranstaltungen wurde am Sonntag an die mehr als 100 000 Toten erinnert, die während der Nazi-Diktatur in den Konzentrationslagern Ravensbrück und Sachsenhausen ermordet worden sind. Vor 50 Jahren hatten sowjetische Truppen die beiden nördlich von Berlin gelegenen Lager befreit. Aus diesem Anlaß waren rund 2700 ehemalige Häftlinge waren auf Einladung der brandenburgischen Landesregierung an die einstigen Stätten des Grauens und Schreckens gekommen.

An das unmenschliche Leid der vor allem mehr als 130 000 inhaftierten Frauen und Kinder erinnerten Redner auf der Gedenkveranstaltung in Ravensbrück. Bundestagspräsidentin Rita Süssmuth (CDU) kritisierte dabei den jüngsten Streit um den 8. Mai als Tag der Befreiung. Jeder Form des „spaltenden Vergessens" sei sich zu widersetzen, sagte sie. Es sei beschämend, daß 50 Jahre nach Kriegsende Leid und Unrecht immer noch gegeneinander aufgerechnet würden. Niemand bestreite, so Frau Süssmuth, daß es nach 1945 auch viel Leid unter der deutschen Bevölkerung gegeben habe. Es sei allerdings unverantwortlich, Ursachen und Folgen dieser Entwicklung zu verwechseln. Objektiv seien die Deutschen am 8. Mai 1945 befreit worden. Subjektiv könne das jeder für sich anders empfinden.

Heute bestehe die Chance, ein Zeichen für Wahrheit und Versöhnung sowie zukunftsweisendes Gedenken und Handeln zu setzen, sagte die Bundestagspräsidentin, die davor warnte, sich an die schleichende Verletzung von Menschenrechten im Alltag zu gewöhnen. Habe sich eine Diktatur durchgesetzt, sei der Widerstand des einzelnen fast aussichtlos. Deshalb sei Widerstand gegen Willkür und Diskriminierung eine tägliche Aufgabe. Ravensbrück sei ein Beispiel dafür, wie Tag für Tag in einer Welt von Haß und Unterdrükkung Menschenwürde erkämpft wurde.

Brandenburgs Ministerpräsident Manfred Stolpe (SPD) nannte es verpflichtend, daß so viele ehemalige Häftlinge nach Ravensbrück und Sachsenhausen gekommen seien. Stolpe versprach, daß das Grauen dieser Orten niemals in Vergessenheit geraten werde. Vertreter der Häftlinge warnten vor den weltweiten Gefahren einer Wiederholung der Geschehnisse zwischen 1933 und 1945. Krieg sei kein Mittel, um die Probleme zu lösen, erklärte die Präsidentin des Internationalen Ravensbrück-Komitees, Rose Guerin.

In Sachsenhausen rief Bundesaußenminister Klaus Kinkel (FDP) zu entschlossenem Handeln gegen Neonazismus auf. „Wehret den Anfängen! Wir müssen wachsam bleiben", betonte er. „Wir tragen aus unserer Vergangenheit eine besondere Verantwortung für die Zukunft." Von diesem Land dürften nie wieder Ausländerhaß, Intoleranz und Antisemitismus ausgehen. Als Kinkel darauf anspielte, daß das KZ nach dem Krieg von den Sowjets als Lager weiterbenutzt wurde, wobei rund 13 000 Menschen ums Leben gekommen sein sollen, wurde er von etwa 30 Linken ausgebuht und ausgepfiffen. Die Präsidentin des Bundesverfassungsgerichts, Jutta Limbach, warnte davor, die NS-Zeit als Naturkatastrophe zu begreifen, für die niemand persönliche Verantwortung trage. Eine weitere Gedenkveranstaltung fand im ehemaligen KZ Flossenbürg statt. (Bayern)

Torgau gedenkt Begegnung auf der Elbbrücke

Mit einer Kranzniederlegung und Nachstellungen der historischen Begegnung an der Elbe ist laut AP im sächsischen Torgau des Zusammentreffens von Amerikanern und Russen gedacht worden. Vor 50 Jahren hatten sich auf der Elbbrücke alliierte Verbände aus Ost und West auf deutschem Boden getroffen. Die beiden Kriegsveteranen William Robertson und Alexander Silwaschko, die sich am 25. April 1945 auf der Brücke die Hände gereicht hatten, mahnten, eine Wiederholung des Krieges nicht zuzulassen. Rund 40 polnische Kriegsveteranen gedachten in Sandau bei Havelberg des Zusammentreffens mit amerikanischen Truppen vor 50 Jahren. Die polnischen Verbände kämpften zusammen mit Einheiten der Roten Armee.

Süddeutsche Zeitung
24. April 1995

„Qualen der KZ-Opfer verpflichten die künftigen Generationen“

Überlebende und Politiker gedenken der unzähligen Ermordeten/Feiern in Ravensbrück, Sachsenhausen, Flossenbürg

FR 24.4

Mehr als 20 000 Menschen, darunter etwa 3000 ehemalige KZ-Häftlinge, haben am Wochenende der Befreiung der Konzentrationslager Sachsenhausen, Ravensbrück und Flossenbürg gedacht. In den drei Lagern hatten Nazi-Schergen mindestens 200 000 Menschen ermordet.

ORANIENBURG, 23. April (ap/dpa/afp). Einmütig mahnten die Redner bei den Gedenkveranstaltungen zu Wachsamkeit, Toleranz und Zivilcourage und wandten sich gegen das Vergessen und Verdrängen. Bundesaußenminister Klaus Kinkel (FDP) legte im Namen der Deutschen ein Bekenntnis zu Frieden und Demokratie ab.

„Von diesem Land dürfen nie wieder Ausländerhaß, Intoleranz und Antisemitismus ausgehen“, sagte Kinkel in der Gedenkstätte Sachsenhausen im brandenburgischen Oranienburg. Als Kinkel daran erinnerte, daß das Lager von der sowjetischen Besatzungsmacht weiterbenutzt wurde, riefen Demonstranten „Aufhören“ und „Heuchler“, worauf es zu Rangeleien mit Sicherheitskräften kam.

In Ravensbrück nahe Fürstenberg nördlich von Berlin appellierte Bundestagspräsidentin Rita Süssmuth (CDU) an die Deutschen, den scheußlichen Teil ihrer Vergangenheit nicht zu verdrängen und im Namen der Opfer dafür einzutreten, die Menschenrechte einzuhalten. Sie rief ebenso wie der brandenburgische Ministerpräsident Manfred Stolpe (SPD) und Bayerns Kultusminister Hans Zehetmair (CSU), der bei der Gedenkveranstaltung in Flossenbürg sprach, zu Zivilcourage gegen Intoleranz und Rechtsextremismus auf. Die Qualen der KZ-Häftlinge seien für künftige Generationen Verpflichtung, dafür zu sorgen, daß sich ein solcher Massenmord niemals wiederhole.

Süssmuth verlangte, alle Opfergruppen in das Gedenken einzubeziehen. Die Debatte darüber, ob das Kriegsende am 8. Mai als Tag der Befreiung oder als Beginn neuen Unrechts zu interpretieren sei, nannte sie beschämend und empörend. „Es muß Schluß damit sein, das Leid und Unrecht der einen gegen das der anderen aufzurechnen. Arbeiten wir an der Versöhnung, beenden wir den Streit.“

Bundeskanzler Helmut Kohl (CDU) hatte zuvor erklärt, der 8. Mai müsse Raum für vielerlei Empfindungen bieten. „Keiner hat das Recht festzulegen, was Menschen an diesem Tag in ihren Erinnerungen zu denken haben“, sagte er am Samstag bei einer CDU-Wahlkampfveranstaltung in Düsseldorf. Der rechtspolitische Sprecher der Bündnisgrünen im Bundestag, Volker Beck, wandte sich scharf gegen das von Kohl beklagte „Erinnerungsverbot“ für den 8. Mai. Die Union nehme „zu sehr und immer deutlicher auf diejenigen Rücksicht, die geistig noch immer in den Schützengräben des Zweiten Weltkriegs liegen“, sagte er in Bonn.

Gleichzeitig kündigte Beck an, seine Fraktion werde im Bundestag beantragen, allen noch nicht ausreichend entschädigten Opfern eine angemessene „Entschädigung für NS-Unrecht“ über eine Bundesstiftung zukommen zu lassen. Danach solle jedes Opfer 500 Mark Rente monatlich und eine einkommensabhängige Ausgleichsrente von bis zu 1100 Mark erhalten.

50 Jahre nach Kriegsende reichten sich am Samstag die ehemaligen Leutnants William Robertson (USA) und Alexander Silwaschko (UdSSR) auf der Elbbrücke von Torgau erneut zum Zeichen des Friedens und der Freundschaft die Hände. In der sächsischen Kleinstadt hatten sich am 25. April 1945 erstmals russische und US-amerikanische Soldaten auf deutschem Boden getroffen. Bei einer Feierstunde am Samstag gedachten die Veteranen besonders des US-Soldaten Joseph Polowsky, der auch in den Jahren des Kalten Krieges das legendäre Elbe-Treffen als Symbol des Friedens aufrecht erhalten habe.

Frankfurter Rundschau
24. April 1995

Ein auf Vernichtung ausgerichtetes Lager

Klinkerwerk mit blutiger Geschichte

Oranienburg (cs). Das Klinkerwerk war ein Außenlager des Konzentrationslagers Sachsenhausen. Hier, nahe der Lehnitzschleuse, sollten ab 1938 die Ziegelsteine produziert werden, die in der Reichshauptstadt Berlin benötigt wurden. Der Hafen nahe dem Klinkerwerk mußte von den Häftlingen angelegt werden und wird auch heute von einer Oranienburger Firma genutzt.

Schlagzeilen hatte das Klinkerwerk im Sommer 1994 gemacht: Vertreter der Häftlingsverbände forderten, das Gelände endlich unter Denkmalschutz zu stellen. Mit deutlichen Worten hatte der Berliner Vertreter des Zentralrats der Juden, Dr. Peter Fischer, auf die Geschichte des Lagers verwiesen: „Das war ein auf Vernichtung ausgerichtetes Lager. Hier schwamm alles in Blut."

Durchschnittlich sechs Wochen überstandendie Menschen die Hölle des Außenlagers Klinkerwerk. Vor allem Juden, Homosexuelle, Roma und Sinti und Zeugen Jehovas gehörten zu den Häftlingsgruppen, die auf dem Gelände zu Tode geschunden wurden. „Vernichtung durch Arbeit" war das Ziel der SS-Mannschaften.

Bei einem Bombenangriff im Frühjahr 1945 wurde das Klinkerwerk weitgehend zerstört. Rund 250 Menschen starben. Viele der Opfer verbrannten, anderen wurden durch die Wucht der Explosionen zerrissen. Ihre Überreste sind damals nicht mehr abtransportiert, sondern in die Bombentrichter geworfen worden. Daß heute, auf diesem Friedhof der Namenlosen, der Alltag eines Industriebetriebes herrscht, ist für die wenigen, die das Klinkerwerk überlebten, völlig unverständlich. Mittlerweile ist das Gelände eingezäunt, kein Schild, keine Tafel weist auf die Geschichte des blutgetränkten Bodens hin. Für die, die gestern mit dem Schiff von der Wasserseite an die Becken heranfuhren, ein schwer zu ertragender Anblick.

Oranienburger Generalanzeiger
25. April 1995

PNN 28.4

„Todeszug von Tröbitz"

Ehemalige Häftlinge gedachten der Befreiung des Transports

TRÖBITZ (dpa). Mit einer Gedenkveranstaltung ist gestern in Tröbitz (Landkreis Elbe-Elster) des 50. Jahrestages der Befreiung des „Todeszuges von Tröbitz" erinnert worden. Ehemalige Häftlinge des Konzentrationslagers Bergen-Belsen und Überlebende des Transports enthüllten auf dem jüdischen Friedhof zwölf Gedenktafeln mit den Namen von 320 Opfern, die noch nach der Befreiung gestorben waren. Vertreter der Jüdischen Gemeinde Brandenburgs, der Gemeinde Tröbitz und der Landesregierung mit Ministerpräsident Manfred Stolpe (SPD) legten Kränze für die Opfer am Ehrenmal an der Kirche nieder.

Stolpe gab im Anschluß für die Teilnehmer, darunter etwa 70 ehemalige Häftlinge und Überlebende aus Israel, Holland und anderen Ländern sowie 120 Familienangehörige und Nachkommen, in Tröbitz einen Empfang. „Die Geschichte der verfolgten Juden macht die mörderische Geschichte des Nazi-Regimes deutlich", betonte Stolpe.

Im Frühjahr 1945 waren die Häftlinge des KZ Bergen-Belsen in der Lüneburger Heide vor den heranrückenden britischen Truppen evakuiert worden. Mit dem letzten Transport gingen etwa 2 500 Häftlinge auf eine ungewisse Reise, darunter viele jüdische Männer und Frauen. Ende April rollten die 60 Güterwagen über Berlin durch Tröbitz in Richtung Falkenberg/Elster. Vor einer zerstörten Brücke kam der etwa 600 Meter lange Zug zum Stehen. Fast 2 000 Häftlinge konnten damals befreit werden. Die anderen waren unterwegs durch Tieffliegerangriffe und Flecktyphus umgekommen. Trotz der Hilfe durch die Rote Armee starben später noch weitere 320 Menschen. Einige der Opfer sind auf dem jüdischen Friedhof in Tröbitz begraben, der 1966 eingeweiht worden war.

Potsdamer Neueste Nachrichten
28. April 1995

Gedenken an Opfer von Brandenburg-Görden

Ex-Häftlinge würdigten die Befreiung

29.4

Brandenburg (MAZ). Rund 200 ehemalige politische Häftlinge haben gestern an die Befreiung des Zuchthauses Brandenburg-Görden vor 50 Jahren erinnert. Zwischen 1940 und 1945 waren hier 1722 Gegner des NS-Regimes hingerichtet worden. Unter den Opfern befanden sich der Kommunist Werner Seelenbinder, Pfarrer Dr. Max Josef Metzger, General Karl Freiherr von Thüngen, der Sozialdemokrat Erich Knauf und der jüdische Dozent Dr. Josef Fischer.

Sie starben, weil sie in der Zeit der faschistischen Diktatur „für die Freiheit des Gewissens, für die Würde des Menschen, für die Ehre des deutschen Volkes" eintraten, sagte Justizminister Hans Otto Bräutigam während der Gedenkveranstaltung am Ehrenmal für die in Brandenburg-Görden ermordeten Widerstandskämpfer am Fuße des Marienbergs.

An die Freudenszenen, als ein sowjetischer Panzer am 27. April 1945 das Gefängnistor aufstieß, erinnerte Arthur Mannbar, Vorsitzender der Arbeitsgemeinschaft Zuchthaus Brandenburg. Angesichts der Opfer sei es unerläßlich, die deutsche Geschichte wachzuhalten, damit sich so etwas nicht wiederholen kann, sagte Mannbar. Er hatte die berüchtigte Hinrichtungsstätte des NS-Volksgerichtshofes ebenso überlebt wie der spätere DDR-Staats- und Parteichef Erich Honecker und der spätere DDR-Regimekritiker Robert Havemann.

Ernst M. Stein, Rabbiner in der jüdischen Gemeinde Berlin, richtete an die Bundesregierung die Forderung, in der Haftanstalt für die Opfer der NS-Justiz eine würdige Gedenkstätte zu schaffen.

Der Gedenkveranstaltung am Marienberg waren bereits Kranzniederlegungen auf dem jüdischen Friedhof in der Geschister-Scholl-Straße und auf dem russischen Ehrenfriedhof in der Steinstraße vorausgegangen.

Die Ex-Häftlinge besuchten mit den Ministern Bräutigam, Reiche und Peter sowie dem Landtags-Vizepräsidenten Habermann auch die Hinrichtungsstätte im ehemaligen Zuchthaus. **Siehe Seite 4**

Rolf Rohr

Märkische Allgemeine Zeitung
29. April 1995

De grens tussen beul en slachtoffer is vaag

„Na meer dan twee jaar in kampen, tuchthuizen en gevangenissen van de nazi's, waren we nog zo naïef te geloven in het opschrift Arbeit Macht Frei *op de poort van Sachsenhausen. We geloofden nog dat we naar huis zouden kunnen, als we maar hard genoeg werkten. De eerste gevangene die ik ontmoette, in de quarantainebarak, maakte prompt een einde aan mijn goedgelovigheid. 'Elk stukje grond waarop je een voet zet, is met bloed doordrenkt', zei hij. Hij overdreef niet."*

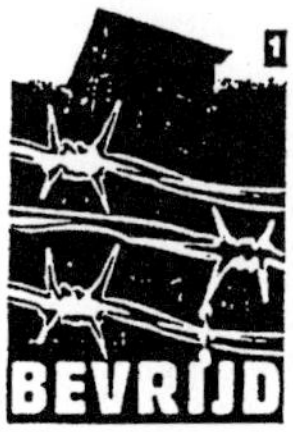

De cynische leugen „Arbeit Macht Frei" prijkt na vijftig jaar nog altijd in smeedijzer op de poort van Sachsenhausen. De sfeer van toen is blijven hangen. F.V.

ORANIENBURG — Bijna vijftig jaar nadat hij voor een dertiendaagse dodenmars Konzentrationslager Sachsenhausen verliet, staat de nu 71-jarige Brugse Oostendenaar André Petitjean weer huiverend in de snijdende, met glasscherpe sneeuwvlokjes gewapende noorderwind op de *Appelplatz* van het kamp.

„Begrijp jij hoe het we het uithielden, in onze dunne pyjama's, met nauwelijks eten en drinken, elke dag minstens veertien uur werken en dan nog uren appel staan?" Het was ook niet de bedoeling dat de gevangenen deze marteling overleefden.

„Vernietiging door arbeid" was het lot dat het Derde Rijk voor de politieke gevangenen had bedacht. Ze losten op in de onderwereld van *Nacht und Nebel*, verdwenen alsof ze nooit bestaan hadden: geen correspondentie, geen Rode-Kruispakje, geen melding aan de familie. Hun hart klopte voort, maar ze hielden op mens te zijn. André Petitjean werd 77663.

„*Er is een weg naar de vrijheid. Zijn mijlpalen heten gehoorzaamheid, vlijt, eerlijkheid, orde, zuiverheid, naastenliefde, waarachtigheid, offerzin en liefde voor het vaderland*", had de SS door gevangenen in stijve, gotische letters op de zijgevels van de barakken laten schilderen.

Cynische leugens

De waarheid was Station Z, zoals de nazi's in typerende scherts het eindstation van honderdduizend gevangenen doopten. De lijkenkelder. De gaskamer, naar Auschwitz-normen zeer bescheiden. De vier ovens van het crematorium. Het complex is nu ontoegankelijk wegens dreigend instortingsgevaar: menselijk gebeente en as zijn geen ideale fundering gebleken.

Buiten ligt een executiegracht, waar de SS voor een prijs mikte: de schutter van het beste schot in het hart verdiende drie dagen vakantie. De automatische galg waar vier mensen tegelijk langzaam omhooggetrokken werden, tot de wurgdood volgde.

De *Zellenbau*, een folderkamer waar de hardste gevangenen werden gekraakt voor ze mochten creperen in de *Erdbunker*, een onderaardse cel, de moderne variante op een middeleeuwse vergeetput. De Russische bevrijders van Sachsenhausen hebben er nog levenden uitgehaald.

Beulen als slachtoffer

De doden die de Russen vonden waren officieel allemaal overleden aan hartzwakte, longontsteking, tuberculose, ouderdomskwalen en kanker. Dat leert ons het museum van de *Pathologie*, de gruwelkamer waar de SS-artsen medische experimenten uitvoerden en sectie deden op de lijken. Getatoeëerden waren bijzonder gegeerd: de versierde menshuid werd verwerkt tot sigarettenetuis, lampekappen en andere cadeautjes — een anker op de arm volstond als doodvonnis. Doodshoofden met een gaaf gebit waren dan weer in als schemerlamp. Zelfs een gedroogd en verschrompeld mensenhoofd, gerimpeld als een winterappel, bleek voor de smaak van de SS decoratief genoeg.

„Es war schlimm" („Het was erg") geeft een bewaker van het kamp toe. Maar hij voegt er meteen aan toe dat het met de bevrijding in 1945 niet is gestopt. De Russische bevrijder/bezetter vestigde in hetzelfde concentratiekamp zijn Speziallager 7, bedoeld voor Duitse oorlogsmisdadigers, maar ook weer door onschuldigen bevolkt. Tot 1950 hokten ze in dezelfde barakken, sliepen op dezelfde strozakken, kregen dezelfde luizen en gingen op bijna dezelfde manier ten onder als de gevangenen van wijlen het Derde Rijk van 1936 tot '45. Zo smal en vaag was het niemandsland tussen beul en slachtoffer. „De Russen schoten niet, vergasten niet en hingen niet. Maar toch stierven hun gevangenen als vliegen. Dat Speziallager is taboe gebleven onder het vorige regime", zegt de bewaker, terwijl we door de sneeuwbuien ploegen.

Pamfletten voor moed

Tegen de kampmuur staat nu onopvallend, in grauw graniet een gedenksteen voor de slachtoffers van het stalinisme, in de schaduw van de obelisk die de doden van het fascisme eert.

De tentoonstelling in de museumbarak stamt nog uit de DDR-tijd en is daarom, volgens een affiche, „niet volledig betrouwbaar". De bibliotheek verkoopt geen publikaties meer. Ze dateren uit het communistische tijdperk en moeten dus worden herschreven. De Duitsers zijn nog lang niet in het reine met hun geschiedenis, begrijp ik later, in het bos van Schwachtenhagen, nog eens. Hier dreef de SS haar gevangenen bijeen een paar dagen voor het kamp werd geëvacueerd, om te schuilen voor Russische bommenwerpers. „Ze gooiden alleen maar pamfletten," zegt André Petitjean, „bedoeld om ons moed te geven."

Maar onder hetzelfde gebladerte hebben van '45 tot '50 Russische bewakers van „Speziallager 7 hun Duitse slachtoffers in massagraven gegooid. In het bos struikel je over hun knoken. Een koperen gedenkplaat zegt dat de waarheid over deze na-oorlogse verschrikking pas sedert begin 1990 aan het licht mocht komen. „Er liggen misschien ook beulen", verzekert de kampbewaker. „Maar in elk geval veel slachtoffers."

Hoe het verder moet met dat enorme massagraf, waarvan niemand weet hoeveel lijken er liggen en wie ze zijn, is allesbehalve duidelijk. Ook wat herdenken betreft *Eigenes Volk Erst*?

Het hoofdkwartier van de terreur

Zijn ze niet klaar met hun verleden, ook de toekomst baart de ex-Oostduitsers zorgen. „Met welke angst zie ik die kaalgeschoren, getrainde mensen in hun pilotenvesten en paralaarzen, met hun uitgestreken snuiten door Oranienburg stappen", schrijft iemand in het bezoekersboek van de tentoonstelling over het nazi-kampwezen. Een stuk of wat jongelui, zoals de anonieme beschrijft, staan voor een rechtbank in Berlijn. Ze hebben in september '92 de barakken in brand gestoken waarin de joden hun slachtoffers van KZ Sachsenhausen herdenken. De rechtbank weet kennelijk niet wat ze met deze brandstichters aanmoet.

In het kantoor van de belastingen coördineert de Stiftung Brandenburgische Gedenkstätten de herdenking een halve eeuw na de bevrijding van de kampen Sachsenhausen en Ravensbrück, dat afgrijselijke vrouwenlager.

De ironie van de geschiedenis wil dat op de plaats waar nu de Stiftung huist, tijdens de Tweede Wereldoorlog het hoofdkwartier zat van de SS. Hier hebben alle nazi-gruwelen gestalte gekregen. Hier is elk kamp ontworpen. Hier is elk transport bedisseld. Hier is elke moord op joden, zigeuners en politieke gevangenen beraamd. Hier ook kwamen hun bezittingen binnen: gouden tanden, juwelen, kleren, brillen en kunstgebitten.

En hier boekten de boekhouders van de dood de Reichsmarken die industriëlen betaalden voor de slavenarbeid van de SS-gevangenen.

—Fred Vandenbussche

André Petitjean: na vijftig jaar terug naar de kampen. F.V.

42 Bruggelingen in 'Nacht und Nebel'

SACHSENHAUSEN — André Petitjean, gepensioneerd rijkswachter in Oostende, maakte deel uit van een groep van 42 Bruggelingen die einde 1941 en begin '42 door de Geheime Feld Polizei, de gevreesde *groenen*, werden gearresteerd wegens lidmaatschap van de Nationale Partij, een groep weerstanders.

Deze eerste „witte" organisatie in het Brugse, werd al opgerold tijdens de voorbereidende fase. De gevreesde Prosper De Zitter, uit het Westvlaamse Passendale, was in de groep geïnfiltreerd en aan de Duitsers verraden. Einde '41 werden twaalf kopstukken opgepakt en „verhoord". Begin '42 volgden nog dertig arrestaties. De arrestanten waren zeer jonge mannen: André Petitjean zelf was amper achttien.

Van de Brugse gevangenis werd het gezelschap overgebracht naar Sint-Gillis, waar de Duitsers bijna al hun politieke gevangenen verhoorden. Op 23 augustus '42 werden de jongelui op de trein gezet naar de gevangenis van Bochum en daarna naar Wuppertal-Elberfeld. Het Sondergericht in Wuppertal sprak de hele Brugse Nationale Partij op twee man na vrij. Zij werden respectievelijk tot „de dood plus zes jaar" en „de dood plus twaalf jaar" veroordeeld.

Een paar uur na de vrijspraken werden de Bruggelingen, die zich al verheugden op een terugkeer naar huis, door de Gestapo zonder vorm van proces als *Nacht und Nebel* (NN) gekatapulteerd in de werkkampen van de SS. Nacht und Nebel was zoveel als een maatschappelijke dood. NN-gevangenen verdwenen spoorloos — hun familie kreeg geen bericht.

Via het tuchthuis in Lüttringhausen kwamen de jonge Bruggelingen in het concentratiekamp Esterwegen terecht, bij Papenburg. In april '44 verhuisde het grootste deel van de groep naar Sachsenhausen, bij Oranienburg (veertig kilometer benoorden Berlijn). Op het einde van de oorlog waren daar nog 23 Bruggelingen. Op één na kregen ze hun vrijheid pas terug na een dodenmars van dertien dagen en tweehonderd kilometer. Vierentwintig van de tweeënveertig Nationale-Partijleden beleefden het einde van de oorlog, na veertig maanden gevangenschap en leven in de gruwelkampen. André Petitjean was één van hen.

—F.V.

Het Volk
10. April 1995

Pendant qu'en Belgique on rendait hommage aux résistants abattus par les nazis LS 24/04

Des anciennes déportées sont revenues à Ravensbrück

Plusieurs centaines d'anciennes déportées ont assisté dimanche matin à Ravensbrück aux commémorations du cinquantième anniversaire de la libération du camp de concentration par l'Armée rouge le 30 avril 1945.

Israéliennes, Ukrainiennes, Tchèques, Françaises notamment sont revenues, souvent pour la première fois, à Ravensbrück, à 90 km au nord de Berlin, qui fut le plus grand camp pour femmes du troisième Reich.

— *En ce lieu où plus de 100.000 femmes de toute l'Europe ont si cruellement souffert de la barbarie nazie*, a exhorté la présidente du Comité international de Ravensbrück, Rose Guérin, *ayons une pensée affectueuse en mémoire de toutes nos compagnes mortes sous les coups des SS, mortes de faim, de maladies, de travail inhumain, fusillées, gazées; ayons une pensée émue pour les enfants juifs et tziganes, pour les nouveau-nés assassinés impitoyablement dans ce camp.*

Plus de 132.000 femmes et enfants, juives, tziganes, résistantes, opposantes communistes et social-démocrates, furent déportées à Ravensbrück entre 1938 et 1945. Victimes de conditions de détention terribles, exploitées jusqu'à l'épuisement dans les fermes et les usines voisines, plusieurs dizaines de milliers d'entre elles ont péri.

Elles furent également livrées à des expériences médicales barbares, menées par le gynécologue Carl Clauberg qui voulait organiser la stérilisation à grande échelle des «races inférieures», notamment des Tziganes.

Les cérémonies se sont poursuivies dimanche après-midi au camp de concentration de Sachsenhausen, à 30 km au nord de Berlin, qui fut libéré par les Soviétiques le 22 avril 1945.

En Belgique aussi, on s'est souvenu hier des victimes des Nazis. A l'initiative de la fraternelle des amicales de prisonniers des camps de concentration et prisons nazies, un hommage solennel a été rendu à toutes celles et ceux qui, au nom de la liberté et de la démocratie, se sont opposés, voici un demi-siècle, à la volonté de domination nazie. Les «anciens» se sont retrouvés à l'Enclos des Fusillés, l'ancien «Tir National», à Bruxelles pour une cérémonie en l'honneur des résistants abattus par l'ennemi. L'occasion pour les porte-parole de la Fraternelle de rappeler que les dangers du fascisme sont loin d'être écartés. Une mise en garde utile à quelques semaines des élections.

AFP et C. L.

Le Soir
24. April 1995

Former female prisoners of Nazis return to concentration camp

WT 24.4.95

By Terrence Petty
ASSOCIATED PRESS

RAVENSBRUECK, Germany — Women from 20 nations returned yesterday to the place that robbed them of babies, friends and years, where they were tortured for making dolls for their children and whipped for praying.

Carrying roses and wreaths, some in wheelchairs or with canes, they passed through the gates of Ravensbrueck, the former Nazi concentration camp, renewing the sense of sisterhood and inner strength that helped them survive.

Elderly now, all were in better health than they were when the Red Army liberated the camp April 30, 1945.

"I feel like a ghost," said 69-year-old Bella Eisenberg, a Polish-born Jew who now owns an art gallery in Omaha, Neb. "Is it possible I am walking? I'm supposed to be dead."

Another 2,700 elderly survivors attended ceremonies commemorating the April 22, 1945, liberation of the Sachsenhausen death camp at Oranienburg, just north of Berlin, where more than 100,000 Jews, Gypsies, Poles and others died from maltreatment and disease.

At Ravensbrueck, about 1,300 women sat on benches at the roll call square, where the SS had carried out beatings and executions. Some had fans or umbrellas to ward off the heat during two hours of speeches and choir singing. A Jewish prayer for the dead was held in the evening.

From 1939 until 1945, more than 130,000 women and children were imprisoned at Ravensbrueck, plus 40,000 men in a separate section. At least 50,000 prisoners are thought to have died there from shootings, medical experiments, beatings, slave labor, disease or hunger, or in the gas chamber. Until 1943, babies were aborted or drowned at birth.

"Death was always before their eyes," said Manfred Stolpe, the governer of Brandenburg state, where Ravensbrueck is located. "But . . . humanity in these women did not die."

Almost daily during the first four months of 1945, the SS chose prisoners to be sent to the gas chamber, the only one known to have operated on German soil. Millions of Jews and other people were killed in gas chambers built in German-occupied Poland.

Being sick, weak or elderly often meant going to the gas chamber, which was hidden in a wooden shed outside the camp wall. Some tried in vain to look healthier or younger by pinching their cheeks or putting soot in their hair.

Researchers at the Ravensbrueck memorial estimate that within that four-month period, 6,000 women died in the gas chamber until it was torn down by the SS a few days before the Soviets arrived.

Gloria H. Lyon, a 65-year-old Hungarian Jew who lives in San Francisco, recalled one morning roll call.

Women SS guards — who wore knee-high jackboots and carried horsewhips — ordered two prisoners to be tied to metal posts. Nurses punctured the victims' arms with syringes and drew blood from them until they died.

"They drained them dry."

Washington Times
24. April 1995

1945–1995: 50 Jahre nach der Befreiung

"THE LOST TRANSPORT" (3)

Gedenkfahrt Westerbork-Bergen-Belsen - Tröbitz

Von Manfred Rosenbaum

Fortsetzung vom 14 Juli

"Auf diesem Sessel (von Stalin) hat seit 50 Jahren keiner gesessen", erläuterte der uniformierte Mann vom ehemals fürstlichen Cecilienhof. Also war offenbar ich wirklich der erste, der dieses Tabu gebrochen hat... und etwas peinlich war es mir doch - ich hätte vielleicht Churchills Lehnstuhl bevorzugen sollen... Aber auch dieser Visite in diesen heiligen Potsdamer Hallen wurde von mir und anderen KZ-niks symbolische Bedeutung beigemessen.

ENDSTATION TRÖBITZ

Ein anläßlich des Holocaust-Gedenktages im deutschen Fernsehen ausgestrahlter als "Endstation Tröbitz" getitelter Videofilm vermittelte mir/uns (mittels Potsdamer Hotelzimmer-TV) die Rekonstruktion des Befreiungstages und seiner traurigen Vorgeschichte mit verblüffend realistischer Präzision.

Der ostberliner Filmproduzentin- und Regisseurin Andrea Kuschel - die mich vorbereitend in meiner Wohnung in Givataim vor der Kamera interviewt hatte - gebührt für ihre gelungene einfühlsame Leistung Anerkennung und Dank. Andererseits sahen wir uns mittels dieser TV-Sendung für die Dauer des Streifens um 50 Jahre und mehr zurückgeschleudert...

Polizeieskorte Potsdam - Tröbitz

Am 27. April 1995 - am Jom Haschoah, - wurden unsere 4 mit Ex-Häftlingen beladenen Busse auf der etwa 2-stündigen Fahrt von Potsdam nach Tröbitz von einem unglaublich starken Polizeiaufgebot eskortiert und "flankiert": sogar über unseren Köpfen kreisten unaufhörlich Polizei-Hubschrauber; vor, neben und hinter unseren Bussen knatterten Polizei-Streifenwagen und Motorräder. Sämtliche zu dieser Stunde auf jene schmale Verbindungsstraße geratenen Privat- und Lastwagen wurden per Lautsprecher aufgefordert "sofort auszuweichen" und am Straßenrand zu halten: "Freie Bahn für die vier VIP-Busse..." Und in der Tat überkam uns - neben sonstigem - abermals ein merkwürdiges traumhaftes Gefühl: Nach genau 50 Jahren empfanden wir den Tag der Befreiung auch auf diese theatralische - für uns symbolische - Weise vermutlich intensiver und zweifellos viel "wirklicher" als an jenem verschwommenen April-Tag, 1945, als die Russen gekommen waren...

Jeder so zurückgelegte Straßenkilometer brachte uns der damaligen (und jetzigen) "Endstation" näher; die Atmosphäre, - wenigstens in "unserem" Bus - erreichte in der letzten Viertelstunde Hochspannungswerte á la Hitchcock. An jenem Tag im April 1945 waren wir an diesem Ort zu Tode erschöpft und ausgehungert aus dem gespenstischen Transportzug ins grelle und uns damals unwirklich und unfassbar vorkommende Licht der Freiheit getaumelt. An diesem Apriltag 1995 trafen wir als um 50 Jahre gealterte, aber freie Menschen mit deutscher Ehrengarde und Empfangskomittee im gleichen Tröbitz ein...

Wiedersehen mit Tröbitz

Nach der Ankunft suchte jeder Transport-Veteran das Haus, in dem er damals einquartiert war, wo er sich zum ersten Mal seit Jahren richtig satt essen durfte, wo er (ich...) die tückische meist todbringende Typhuserkrankung überlebte. Tatsächlich fand ich mit Hilfe eines damaligen Leid- und Freudgenossen mein/unser Haus wieder: ausgerechnet das Wohnhaus des heutigen Bürgermeisters, der - wie er freundlich erzählte, am 23. April 1945 genau 10 Jahre alt geworden war,... und sich "noch sehr gut an jenen Tag erinnern könne, als Tröbitz für kurze Zeit aus dem Dornröschenschlaf aufwachte und eine gewisse Berühmtheit erlangte..."

Ich erkannte "unser" Haus an der geräumigen ehemaligen Gasthaus-Küche mit dem tatsächlich noch vorhandenen guß-eisernen Kochgeschirr. Die Frau des Bürgermeisters führte mich - und meine Frau - durch Haus- und Hühnerhof, merkwürdigerweise kam mir alles von Minute zu Minute "bekannter" vor.

Auch viele andere Ex-Befreite fanden "ihre Quartier-Behausungen" und damals unfreiwillig gewesenen Wirtsleute wieder, es war alles wie im Märchen, unglaublich, aber in diesem Falle wirklich wahr: In Tröbitz wurde mir und wohl den meisten von uns schlagartig und ungeheuer intensiv das Wunder unseres Überlebens, sozusagen plastisch offenbart... Vielleicht auch als Folge der eingangs geschilderten Trauerzeremonie auf dem jüdischen Ehrenfriedhof für die 523, die es nach der Befreiung nicht mehr geschafft hatten. Daß wir leibhaftig hier waren, an diesem Jom Haschoah, am 50. Jahrestag unserer Befreiung, in Tröbitz..., und die Befreiung intensiver empfanden, als damals, als der Zug stehen geblieben war...

"Aus dem Nichts aufgetaucht..."

Wir wurden vom Bürgermeister und der Ortsverwaltung von Tröbitz zu einem festlichen Mittagessen in der erstaunlich geräumigen Sporthalle eingeladen, bei welcher Gelegenheit auch die obligatorischen Begrüßungs- und Erwiederungsansprachen nicht fehlten. Der Bürgermeister erwähnte, daß damals auch eine Anzahl Dorfbewohner der grassierenden Fleckfieber-Epidemie zum Opfer gefallen waren, und erinnerte sich, wie "plötzlich so viele ausgehungerte Menschen aus dem Nichts aufgetaucht waren"... und seine Mutter stundenlang Butterbrote geschmiert hatte. Er betonte mehrfach, daß er jene Tage im April 1945 nie vergessen könne, "und er alles vor sich sähe, als wäre es erst vor kurzem gewesen".

Das Verdienst einer älteren Tröbitzerin, Frau Erika Arlt, heute vermutlich Endsiebzigerin, wurde anläßlich unseres Besuchs besonders hervorgehoben: sie hatte den jüdischen Ehrenfriedhof 50 Jahre lang aus eigener Initiative - natürlich völlig unentgeltlich gepflegt und instandgehalten.

Naturgemäß konnte damals nur ein relativ kleiner Teil unserer Toten auf dem kleinen Friedhofsgelände bestattet werden, der Großteil wurde in zwei Massengräbern neben der örtlichen Kirche beigesetzt.

Gruppentherapie im Bus-Kollektiv

In meinem vor der Abreise zur hier geschilderten Gedenkfahrt in den "Israel Nachrichten" veröffentlichten Artikel hatte ich die psychologisch schwierig zu beantwortende Frage nach dem "warum und weshalb" aufgeworfen: "warum ich die mit dieser Gedenkfahrt verbundenen seelischen Torturen auf mich genommen habe...", und versuchte dies quasi-medizinisch mit "posttraumatischer zwangsneurotischer Reaktion" zu erklären. Ohne Zweifel lag der wirkliche Kern des Antriebs im psychologischen Bereich und darin lag auch das eigentlich tiefere Erlebnis dieser Gedenkfahrt...

Nicht die vielen sicherlich mit vieler Mühe und nach Überwindung organisatorischer Hindernisse veranstalteten Begrüßungszeremonien und Empfänge in Westerbork, Braunschweig oder Potsdam, gewiß nicht die allerorts vernommenen - und mehrfach übersetzten feierlichen, aber schablonisch wirkenden Ansprachen und Mahnreden. Und nicht einmal die gewiß unvergeslich bleibenden Besuche und Gedenkfeierlichkeiten in Westerbork, Bergen-Belsen oder Tröbitz: im Vordergrund standen für mich die IM BUS untereinander geführten Dialoge und persönlichen Berichte, die von einzelnen Fahrtteilnehmern entlang der etwa 1.000 Km, in vier Tagesfahrten, entlang der vor 50 Jahren zurückgelegten Fahrtroute mit Hilfe eines Mikrophons zum ungeschriebenen Protokoll gegeben wurden. Es waren gerade die Schilderungen ganz persönlicher Erlebnisse, der individuelle und kollektive Vergleich zwischen damaligen und heutigen Empfindungen. Wir alle im israelischen hebräischsprachigen Bus und - soweit mir bekannt - auch in den anderssprachigen Bussen -, haben auf dieser außergewöhnlichen Fahrt zwischen Westerbork, Braunschweig, Bergen-Belsen, Berlin, Potsdam und Tröbitz ganz einzigartige, vorher nie geäußerte persönliche Eindrücke gesammelt und eine Fülle neuer nichtgewußter Einzelheiten über Vorkommnisse erfahren, die sich vor mehr als einem halben Jahrhundert in irgendeiner Lagerbaracke in einem Arbeitskommando, auf einem Appellplatz, in der Steckrübenschälküche oder während einer Transportfahrt ereigneten. Wann wer vom "roten Müller" oder vom "Rau" (gefürchtete, besonders sadistische SS-Unterscharführer in Bergen-Belsen)... Prügel bezogen hat und wann wie und wo sich einer eine Extra-Brotration oder nur eine Kelle Steckrübensuppe "organisierte". Jedem wurde von unserem umsichtigen Reiseleiter und ehemaligen Lagergefährten Jehuda Gelber das "begehrte Mikrophon" gereicht. (Jehuda, heute Reiseveranstalter in Ramat Hascharon, war zur Zeit der Befreiung 12 Jahre alt...) Es lag auf der Hand, daß nach anfänglichem Zögern und Zweifeln schließlich fast jeder das Bedürfnis empfand, sich im Kreise ehemaliger und heutiger Weggenossen... Luft zu machen und sich mitzuteilen. Diese individuellen Berichte und Aussprachen in unserem zeitweiligen Buskollektiv erinnerten vermutlich an die pychologisch erprobte "Gruppentherapie", bei uns freilich unter ganz besonderen nie und nirgends zuvor gekannten Umständen und Voraussetzungen, in einem faszinierenden gesellschaftlichen Rahmen.

Die zweite Generation

Als ganz besonders ergreifend empfand ich die "Bus-Beiträge" der die Eltern (Vater oder Mutter) auf diesem Wege begleitenden Angehörigen der "Zweiten Generation".

Diese Söhne und Töcher gaben auf dem Weg in die Vergangenheit ihrem tiefen Mitempfinden und Verstehenwollen - bei der Nachvollziehung des Verfolgungsgeschicks ihrer (im Bus anwesenden) Eltern auf bemerkenswerte Weise Ausdruck: "Jetzt können wir euch endlich besser verstehen", oder: "Wir sind euch dankbar, daß Ihr uns zur Teilnahme an dieser Gedenkfahrt animiert habt..."

Ich vermag nicht zu erklären, warum ich mir gerade beim umwerfenden Gefühlsausbruch von Tamar (Tochter einer damaligen und gegenwärtigen Weggefährtin, heute Mutter von 8 Kindern im Ramat Hagolan)-ununterbrochen die Tränen aus den Augen wischen mußte... Sie meinte, wir fahren ja noch immer in einem Zug-, und zwar im Zug unseres erhaltenen Lebens. So wurde diese Gedenkfahrt anläßlich der 50. Wiederkehr der Lagerbefreiung zu einem einmaligen bleibenden Erlebnis, dessen Nachwirkungen vermutlich uns alle bis an unser Lebensende begleiten werden.

Jeder von uns nahm von dieser großartigen Fahrt eine entdeckte - oder wieder entdeckte - Bereicherung nach Haus: die Erkenntnis, daß alle ehemaligen KZ-Insassen durch ihr gemeinsames Verfolgungsschicksal durch einzigartige vermutlich unzerbrechliche Bande lebenslänglich miteinander verknüpft sind. Heute gewiß nicht weniger als vor 50 Jahren: als Mitglieder einer über den ganzen Erdball verzweigten Groß-Familie von Holocaust-Überlebenden.

Ob wir andererseits mit dieser Gedenkfahrt den heimlich erstrebten Schlusstrich ziehen können, bzw. "den Kreis fünfzig Jahre nachher - zu schliessen" vermochten, bleibt mehr als fraglich.

Israel Nachrichten
21. Juli 1995

Im KZ Ravensbrück entstandene Zeichnungen von Violette Rougier-Lecoq wehen, gedruckt auf Stoffbahnen, am Tag ihrer Lesung im Stadtpark von Fürstenberg

Anhang

Veranstaltungen in Brandenburg zum 50. Jahrestag der Befreiung vom Nationalsozialismus

Anläßlich des 50. Jahrestages der Befreiung fanden in Brandenburg in vielen Städten zahlreiche Veranstaltungen statt, die verschiedene Aspekte der Befreiung thematisierten und behandelten. Auf Gedenkfeiern, wissenschaftliche Fachtagungen sowie kulturelle Veranstaltungen wird hier verwiesen. Ausstellungen sind ebenfalls gesondert aufgeführt.

15. März 1995

Potsdam
Filmuraufführung „Berlinskij-Prozeß"
Ministerium für Wissenschaft, Forschung und Kultur in Zusammenarbeit mit der Gedenkstätte und Museum Sachsenhausen
Filmmuseum Potsdam

25. März 1995

Ravensbrück
Einweihung eines Gedenkraumes für die Sinti und Roma im Zellenbau
Stiftung Brandenburgische Gedenkstätten, Mahn- und Gedenkstätte Ravensbrück

30. März 1995

Sachsenhausen
1. Spatenstich durch Ignatz Bubis zum Wiederaufbau der abgebrannten Baracke 38
Eröffnung der Ausstellung „Vergangenheit, Gegenwart und Zukunft eines geschändeten Denkmals" in einem Zelt neben den Baracken
Stiftung Brandenburgische Gedenkstätten, Gedenkstätte und Museum Sachsenhausen

13. April 1995

Potsdam
Filmveranstaltung „Potsdam baut auf"
anläßlich des 50. Jahrestages der Bombardierung Potsdams Dokumentarfilm von Joop Huiskens, 1946
Bundesarchiv / Filmarchiv und Filmmuseum Potsdam

Potsdam
„Requiem" von Gisbert Näther
Vokalkreis Potsdam, Frauenchor des Hans-Otto-Theaters, Brandenburgische Philharmonie Potsdam in der Friedenskirche, Sanssouci
Stadt Potsdam

Perleberg
Festakt des Landkreises Prignitz zum 50. Jahrestag der Befreiung
Ausstellung zur Vorstellung des Projekts „Todesmarsch 1945- Erinnern 1995“ des Crivitzer Künstlers Wieland Schmiedel
Landkreis Prignitz

18. April 1995

Flecken Zechlin
Beginn des Seminars „Auf den Spuren des Todesmarsches“
DGB-Landesbezirk Berlin-Brandenburg, Abteilung Jugend

19. April 1995

Großbeeren
Gedenkveranstaltung anläßlich der Befreiung des „Arbeitserziehungs- und Gestapodurchgangslagers“ Großbeeren
Amt Ludwigsfelde-Land, Gemeinde Großbeeren

Oranienburg
Lesung Jürgen Lemke „Verloren am anderen Ufer“
Einleitung zur Ausstellung „Die Geschichte des § 175“
Stadtbibliothek Oranienburg

Berlin
„Todesmarsch-Zyklus“ – Musik im KZ Sachsenhausen
Musikalische Uraufführung durch 'musica reanimata' und Vorstellung der Buchpublikation „Sachsenhausen-Liederbuch“
Stiftung Brandenburgische Gedenkstätten, Gedenkstätte und Museum Sachsenhausen,
Edition Hentrich

20. April 1995

Kleinmachnow
Beginn der Filmreihe zum 50. Jahrestag der Befreiung
Kommunales Kino Kammerspiele

21. April 1995

Erkner
„Der Tag der Befreiung der Gemeinde Erkner“
Gedenkveranstaltungen, Kranzniederlegungen, ökumenischer Gottesdienst sowie Ausstellungen
Gemeinde Erkner

22. April

Ravensbrück
Ökumenischer Gottesdienst Evangelische Kirche Berlin-Brandenburg und Mecklenburg-Vorpommern, Katholische Kirche Berlin-Brandenburg am Mahnmal der Mahn- und Gedenkstätte Ravensbrück

Stiftung Brandenburgische Gedenkstätten, Mahn- und Gedenkstätte Ravensbrück
„Die Welle"
Theateraufführung von Schülerinnen und Schülern des Gymnasiums Malchow

Sachsenhausen
Tagung des Internationalen Sachsenhausen-Komitees
Gedenkstätte und Museum Sachsenhausen

Cottbus
Aufführung des Stückes „Ghetto" von Joshua Sobol
Staatstheater Cottbus

23. April 1995

Ravensbrück
Gedenkveranstaltung anläßlich des 50. Jahrestages der Befreiung des KZ Ravensbrück in der Mahn- und Gedenkstätte Ravensbrück
Landesregierung Brandenburg, Stiftung Brandenburgsiche Gedenkstätten

Sachsenhausen
Gedenkveranstaltung anläßlich des 50. Jahrestages der Befreiung des KZ Sachsenhausen in der Gedenkstätte und Museum Sachsenhausen
Landesregierung Brandenburg, Stiftung Brandenburgische Gedenkstätten

Putlitz, Nettelbeck, Silmersdorf, Telschow/Weitgendorf
Einweihung eines Gedenksteines und Kranzniederlegungen zur Erinnerung an den Todesmarsch der Häftlinge des KZ Sachsenhausen

Frankfurt (Oder)
Einweihung der Plastik „Großes Martyrium" von Wieland Förster
anschließend Lesung „Von Mimen und anderen Menschen" von Jochen Stern sowie Lesung von Götz R. Richter aus seinem Tagebuch
Kleist-Theater Frankfurt (Oder)

Bogensee
Empfang der Landesregierung für die Gäste der Veranstaltungen anläßlich des 50. Jahrestages der Befreiung
Landesregierung Brandenburg

24. April 1995

Ravensbrück
„Tag der Begegnungen"
Besichtigungen, Stadtrundfahrt, Begegnungen
Mahn- und Gedenkstätte Museum Ravensbrück

Tagung des Internationalen Ravensbrück-Komitees mit dem „Forum Fürstenberg"
Stadt Fürstenberg, Mahn- und Gedenkstätte Ravensbrück

Lesung mit der „Ravensbrückerin" Violette Rougier-Lecoq im Stadtpark Fürstenberg
Mahn- und Gedenkstätte Ravensbrück

Sachsenhausen
„Tag der Begegnung"
Besichtigungen, Exkursionen, Führungen, Vorträge
Vortrag zur Baugeschichte Sachsenhausens
Gedenkstätte und Museum Sachsenhausen

„Todesmarsch-Zyklus" – Musik im KZ Sachsenhausen
Aufführung verschiedener im KZ gespielter bzw. gesungener Musikstücke;
Gespräch mit ehemaligen Häftlingen
Stiftung Brandenburgische Gedenkstätten, Gedenkstätte und Museum Sachsenhausen

Seelow
Gedenkveranstaltung anläßlich des 50. Jahrestages auf dem deutschen Soldatenfriedhof in Seelow und auf dem sowjetischen Friedhof der Gedenkstätte Seelower Höhen
Gedenkstätte / Museum Seelower Höhen

Guben
Kranzniederlegung und Ehrung von deutschen, sowjetischen und polnischen Kriegsopfern auf dem Westfriedhof Guben
Stadt Guben

Eisenhüttenstadt
Gedenkveranstaltung aus Anlaß der Beendigung des 2. Weltkrieges in Fürstenberg (Oder)
Stadt Fürstenberg (Oder), Stadt Eisenhüttenstadt

Falkensee
Gedenkveranstaltung zum 50. Jahrestag der Befreiung des KZ-Außenlagers Falkensee
Einweihung der Gedenkstätte
Stadt Falkensee

Beelow (Wittstock)
Besuch des Museums des Todemarsches im Wald von Beelow durch 50 französische ehemalige Häftlinge
Stiftung Brandenburgische Gedenkstätten, Gedenkstätte und Museum Sachsenhausen

Langennauendorf
Gedenkveranstaltung zur Erinnerung an einen Zug jüdischer Häftlinge des KZ Bergen-Belsen
Landkreis Elbe-Elster, Gemeinde Langennauendorf

Senftenberg
„Die Machtprobe" von Hubert Habig
Gymnasiasten spielen das Stück vom Mißbrauch der Demokratie
Neue Bühne Senftenberg

Berlin
Gastspiel „Wohnt hier ein Isländer?" im Maxim-Gorki-Theater
Erstaufführung des Stückes in deutscher Fassung durch die isländische Theatergruppe 'Islenska Leikhusid'
Das Stück basiert auf der Autobiographie Leifur Mullers, einem ehemaligen Häftling von Sachsenhausen
Stiftung Brandenburgische Gedenkstätten, Gedenkstätte und Museum Sachsenhausen

25. April 1995

Lenzen
Lesung der Lyrikerin Elfi Fitz „Gedanken um Krieg und Frieden"
Stadtbibliothek Lenzen

26. April 1995

Beelow (Wittstock)
Besuch des Museums des Todemarsches im Wald von Beelow durch 100 französische ehemalige Häftlinge sowie Schüler aus dem Landkreis
Stiftung Brandenburgische Gedenkstätten, Gedenkstätte und Museum Sachsenhausen

Falkensee
„Auf den Spuren des KZ-Außenlagers Falkensee"
Führung über das Gelände des ehemaligen Außenlagers
Heimatmuseum der Stadt Falkensee

Potsdam
„nachLese", 1945-1995
Gäste: Renate Wullstein, Jörg Niebelschütz, Ulrich Preuß
Brandenburgische Landeszentrale für politische Bildung und Stadt- und Landesbibliothek Potsdam

27. April 1995

Neuhardenberg
Lesung mit Dr. Günter Adge aus seinem Buch „Carl Hans Graf von Hardenberg – ein deutsches Schicksal im Widerstand"
Öffentliche Bibliothek Neuhardenberg

Tröbitz
Gedenkveranstaltung und Einweihung von Gedenktafeln in Tröbitz durch Überlebende des KZ Bergen-Belsen
Jüdische Gemeinde des Landes Brandenburg, Landesregierung Brandenburg, Kulturamt Landkreis Elbe-Elster, Gemeinde Tröbitz

Berlin
Benefizkonzert „Der verlorene Zug" für die Frauen von Ravensbrück im Kammermusiksaal der Berliner Philharmonie
IPPNW-Concerts

28. April 1995

Brandenburg an der Havel
Gedenkveranstaltung und Kranzniederlegung anläßlich der Befreiung der Stadt Brandenburg an der Havel und des Zuchthauses Brandenburg-Görden
Stadt Brandenburg

Kranzniederlegung zum Gedenken der im Zuchthaus Brandenburg-Görden umgekommenen politischen Häftlinge
Landesregierung Brandenburg und Stiftung Brandenburgische Gedenkstätten

29. April 1995

Seelow
„Das Kreisen der LTI-Sprache"
Raum-Installation der Brandenburgischen Künstler Eberhard Krüger und Frank Richter auf der Grundlage des Buches „Lingua Tertii Imperii" des deutschen Philologen Victor Klemperer
Polnisches Kulturzentrum Berlin in Zusammenarbeit mit dem Kreis Märkisch-Oderland, der Stadt Seelow und der Genkstätte/Museum Seelower Höhen

30. April 1995

Oranienburg
Kranzniederlegung und Sachsenhausen-Gedenklauf
Stadt Oranienburg, Kreissportbund Oberhavel

2. Mai 1995

Potsdam
Buchpräsentation „Brandenburg im Jahr 1945. Studien und Aufsätze"
Brandenburgische Landeszentrale für politische Bildung in Zusammenarbeit mit der Deutschen Forschungsgemeinschaft

Senftenberg
Eröffnung einer Jugendwoche zum Thema „Gewalt und Rassismus"
Neue Bühne, Theater Senftenberg

4. Mai 1995

Wildau
„Das Ende des Zweiten Weltkrieges in Europa"
Vortrag von Prof. Dr. Jürgen Förster, Militärgeschichtliches Forschungsamt Potsdam

5. Mai 1995

Brandenburg an der Havel
„Alle anders – alle gleich" – Europäisches Jugendfest für Toleranz und friedliches Zusammenleben anläßlich des Europatages 1995 und des 50. Jahrestages der Befreiung Europas vom Faschismus
Deutsche Gesellschaft e.V. in Zusammenarbeit mit der EU-Kommission, der Bundesregierung, der Landesregierung Brandenburg, der Stadt Brandenburg u.a.

Vortrag: „ Was ist Faschismus / Nationalsozialismus?"
Stadtbibliothek Brandenburg

6. Mai 1995

Genshagen
„Vom Vergessen zum Gedenken – Erinnerungen und Erwartungen in Europa"
Beginn der internationalen Tagung aus Anlaß des 50. Jahrestages des 8. Mai 1945
Berlin-Brandenburgisches Institut für Deutsch-Französische Zusammenarbeit in Europa e.V.

Brandenburg an der Havel
Seminar „Propagandafilme im Dritten Reich"
Stadtbibliothek Brandenburg

Senftenberg
Gedenkansprache des Bürgermeister von Senftenberg mit Kranzniederlegung für die gefallenen Soldaten der Roten Armee aus Anlaß des Endes des 2. Weltkrieges
Stadt Senftenberg

7. Mai 1995

Potsdam
Vortrag von Friedrich Schorlemmer „Nachdenken über Deutschland"
Moses Mendelssohn Zentrum in Kooperation mit der Jüdischen Gemeinde Potsdam, Volkshochschule Potsdam und Kulturhaus am Alten Markt

Potsdam
Eröffnungsveranstaltung der wissenschaftlichen Konferenz
„Der 8. Mai 1945 als historische Zäsur"
Brandenburgische Landeszentrale für politische Bildung in Zusammenarbeit mit dem Forschungsschwerpunkt Zeithistorische Studien der Universität Potsdam

Guben
„Frieden im Land"
Gedenkfeier zum 50. Jahrestag der Befreiung
Stadt Guben und der ökumenische Stadtkonvent Guben

8. Mai 1995

Seelow
„Um vier Uhr ging plötzlich die Welt unter"
Uraufführung eines Videoprojekts „Zeitzeugenbefragung" der Bertolt-Brecht Schule Spandau, der Bertolt-Brecht-Schule Seelow und der Gedenkstätte Seelower Höhen
Landkreis Märkisch-Oserland und Gedenkstätte/Museum Seelower Höhen

Beeskow
Gedenkveranstaltung aus Anlaß des 50. Jahrestages des Kriegsendes und der Befreiung
Landkreis Beeskow

Fürstenwalde
Gedenkfeier zum 50. Jahrestages des II. Weltkrieges und der Befreiung vom Faschismus
Sadtverwaltung Fürstenwalde und Fürstenwalder Kulturverein

Frankfurt (Oder)
Gemeinschaftskonzert des Philharmonischen Orchesters Frankfurt (Oder) und der Staatlichen Philharmonie Poznan zum 50. Jahrestag des Endes des 2. Weltkrieges
Philharmonisches Orchester Frankfurt(Oder)
Strausberg
Konzert des Rimsky-Korsakow-Quartetts, St. Petersburg, und Holger Groschopp, Berlin, anläßlich des 50. Jahrestag des Endes des 2. Weltkrieges
Stadtverwaltung Strausberg und Akademie der Bundeswehr

9. Mai 1995

Potsdam
Benjamin Britten „War Reqiem"
Potsdamer Kantorei, Cathedral Chor Coventry, Hochschulorchester Wroclaw und St. Petersburg unter Leitung von Kirchenmusikdirektor Friedrich Meinel
Potsdamer Kantorei an der Erlöserkirche

10. Mai 1995

Potsdam
Beginn der Jüdischen Filmwoche zum 50. Jahrestag der Befreiung
Filmmuseum Potsdam

Cottbus
Autorenrunde zum Tag des Buches
(Tag der Bücherverbrennung 1933)
Staatstheater Cottbus

12. Mai 1995

Neuruppin
„50 Jahre Befreiung von der Gewaltherrschaft"
Gedenkveranstaltung mit dem Streichquartett „musica reanimata" und Vorträgen über das KZ Sachsenhausen
Stadt Neuruppin

13. Mai 1995

Potsdam
„Über den Umgang mit dem Unbegreiflichen"
Zur aktuellen Auseinandersetzung mit den NS-Konzentrationslagern in Öffentlichkeit und Schule
Universität Potsdam, Lehrstuhl für Historische Pädagogik in Zusammenarbeit mit der Forschungsstelle für Berlin-Brandenburgische Bildungsgeschichte

18. Mai 1995

Potsdam
„Deutsche Geschichte ohne Einheit der deutschen Geschichte"
Beginn der Fachtagung über die unterschiedlichen Lehren aus dem Nationalsozialismus in der DDR und der Bundesrepublik Deutschland
Brandenburgische Landeszentrale für politische Bildung und Landeszentrale für politische Bildung Nordrhein-Westfalen

23. Mai 1995

Eberswalde
„Der 8. Mai als Ende deutscher Sonderwege"
Öffentlicher Vortrag von Prof. H.A. Winckler, ergänzt durch Beiträge von Zeitzeugen
Fachhochschule Eberswalde

24. Mai 1995

Potsdam
„nachLese" 1945-1995
„Was bleibt, ist Hoffnung" – Szenen zum Hören
Aus einer Briefdokumentation aus Brandenburger Konzentrationslagern, Zuchthäusern und Gefängnissen der NS-Zeit
Brandenburgische Landeszentrale für politische Bildung und Stadt- und Landesbibliothek Potsdam

Cottbus
„Ein Überlebender aus Warschau" – 7. Sinfonie von Arnold Schönberg mit dem Philharmonischen Orchester, Chor und Sprecher
Staatstheater Cottbus

1. Juni 1995

Potsdam
„Was bleibt? Politische Ausblicke nach den 50. Jahrestagen der Befreiungen"
Öffentlicher Vortrag von Prof. Dr. Jürgen Dittberner, Direktor der Stiftung Brandenburgische Gedenkstätten
Universität Potsdam, Wirtschafts- und Sozialwissenschaftliche Fakultät

10. Juni 1995

Herzberg
Gedenkfeier des Elbe-Elster-Kreises anläßlich des 50. Jahrestages der Befreiung
„Reqiuem" von W.A. Mozart, „Totenmesse" von P. Chesnokow
unter Mitwirkung des Soglasije Männerchor St. Petersburg, Chor des Elbe-Elster-Kreises, Orchester des Mitteldeutschen Landestheaters Wittenberg und Solisten
Landkreis Elbe-Elster

31. Juli 1995

Potsdam
Beginn des Internationalen Symposiums
„Die Potsdamer Konferenz 1945-1995"
Universität Potsdam mit der Stiftung Schlösser und Gärten und der Brandenburgischen Landeszentrale für politische Bildung

9. September 1995

Berlin
Podiumsdiskussion: „Gedenken – ohne Ende?"
Insitut für zeitgeschichtliche Studien Potsdam, Stiftung Brandenburgische Gedenkstätten, Gedenkstätte und Museum Sachsenhausen, Wochenpost

18. September 1995

Von Gartz nach Slubice
Beginn des „Poetendampfers"
Deutsche und polnische Autoren halten Lesungen beiderseits der Oder und Neiße zum Gedenken an den 50. Jahrestag der Befreiung
Bund der Fördervereine für zeitgenössische Literatur e.V. in Zusammenarbeit mit der Deutschen Gesellschaft e.V.

17. Oktober

Ludwigsfelde
50. Jahrestag vorüber – was nun?
Internationale wissenschaftliche Tagung
Pädagogisches Landesinstitut

Ausstellungen

2. April 1995

Ravensbrück
„Edith Kiss: Das Album Deportation"
Zyklus mit 30 Gouachen über ihren Leidensweg, den sie nach ihrer Befreiung schuf
Stiftung Brandenburgische Gedenkstätten, Mahn- und Gedenkstätte Ravensbrück

5. April bis 22. April 1995

Potsdam
„Der rote Stern stirbt leise"
Abzug der Russen aus Deutschland, Fotografien von Joachim Liebe
Brandenburgische Landeszentrale für politische Bildung

9. April bis 30. Juli 1995

Sachsenhausen
„Das geistige Haupt der Verschwörung gegen den Führer – Hans von Dohnanyi, der Umsturzversuch vom 22. Juli 1944 und das KZ Sachsenhausen
Stiftung Brandenburgische Gedenkstätten, Gedenkstätte und Museum Sachsenhausen

14. April bis 8. Oktober 1995

Potsdam
„Potsdam und das Jahr 1945"
Potsdam-Museum

14. April bis 31. Mai

Spremberg
„Spremberg – Die Tage im April 1945"
Stadt Spremberg
21. April bis 23. Juli 1945
Ravensbrück
„Ich grüße Euch als freier Mensch"
Fotografien von der Befreiung des Frauenkonzentrationslagers
Stiftung Brandenburgische Gedenkstätten, Mahn- und Gedenkstätte Ravensbrück

22. April bis 22. November 1995

Sachsenhausen
„Befreiung des Konzentrationslagers Sachsenhausen"
Fotografien von der Befreiung des Konzentrationslagers Sachsenhausen
Stiftung Brandenburgische Gedenkstätten, Gedenkstätte und Museum Sachsenhausen

22. April bis Ende Mai 1995

Oranienburg
„Die Geschichte des § 175"
Stadt Oranienburg und Schwules Museum Berlin

23. April 1995

Seelow
Eröffnung der neugestalteten ständigen Ausstellung des Museums der Gedenkstätte Seelower Höhen
Gedenkstätte/Museum Seelower Höhen

24. April 1995

Guben
„1945 – Verhängnis einer deutschen Stadt – Guben im Zweiten Weltkrieg"
Stadt Guben und Städtisches Museum „Spruker Mühle"

Potsdam
„Nationalismus in Deutschland. Germania an ihre Kinder"
Fotografien von Michael Trippel
Fachhochschule Potsdam

28. April 1995

Wildau
„Wider das Vergessen"
Technische Fachhochschule Wildau

30. April bis 15. Oktober 1995

Potsdam
„Die Schlösser in der Stunde Null"
Stiftung Preußische Schlösser und Gärten Berlin-Brandenburg

3. Mai bis 17. Mai 1995

Lausitz
„Der 8. Mai 1945 – Hoffnung auf Frieden"
Fachhochschule Lausitz

5. Mai bis 30. Juni 1995

Brandenburg an der Havel
„8. Mai 1945 – Die Stunde Null"
Fachhochschule Brandenburg

7. Mai 1995

Oranienburg
„Die Enkel des Krieges"
Schloß Oranienburg

12. Mai bis 30. Mai 1995

Neuhardenberg
Carl-Hans Graf von Hardenberg – ein deutsches Schicksal im Widerstand
Öffentliche Bibliothek

5. November 1995

Ravensbrück
„Die große Begegnung"
Fotodokumentation zum 50. Jahrestag der Befreiung des ehemaligen Frauen-Konzentrationslagers Ravensbrück
Stiftung Brandenburgische Gedenkstätten, Mahn- und Gedenkstätte Ravensbrück

27. Januar 1996

Sachsenhausen
4. Werkstattausstellung:„Neuerwerbungen anläßlich der Befreiung des Konzentrationslagers Sachsenhausen"
Zum 50. Jahrestag der Befreiung übergebene Erinnerungsstücke von ehemaligen Häftlingen
Stiftung Brandenburgische Gedenkstätten, Gedenkstätte und Museum Sachsenhausen

Literaturhinweise

Literatur zum Nationalsozialismus:

Karl-Dietrich Bracher u.a. (Hrsg.): Deutschland 1933-1945. Neue Studien zur nationalsozialistischen Herrschaft, Bonn / Düsseldorf 1992

Karl-Dietrich Bracher u.a. (Hrsg.): Nationalsozialistische Diktatur 1933-1945. Eine Bilanz, Schriftenreihe der Bundeszentrale für politische Bildung, Bonn 1983

Martin Broszat: Der Staat Hitlers, München 1969

Hans Buchheim u.a. (Hrsg.): Anatomie des SS-Staates (2 Bände), München 1967

Dietrich Eichholtz (Hrsg.): Brandenburg in der NS-Zeit. Studien und Dokumente, Berlin 1993

Bernd Faulenbach: NS-Interpretationen und Zeitklima. Zum Wandel in der Aufarbeitung der jüngsten Vergangenheit. In: Aus Politik und Zeitgeschichte, B 37, 1987

Eberhard Jäckel: Hitlers Herrschaft. Vollzug einer Weltanschauung, Darmstadt 1987

Ian Kershaw: Der NS-Staat. Geschichtsinterpretationen und Kontroversen im Überblick, Reinbek 1988

Eugen Kogon: Der SS-Staat, München 1974 (1. Auflage: 1946)

Klaus Megerle: Die nationalsozialistische Machtergreifung, Berlin 1982

Literatur zu den Konzentrationslagern, zu Gedenkstätten allgemein sowie zu den Gedenkstätten Sachsenhausen, Ravensbrück und Brandenburg-Görden

Ino Arndt: Das Frauenkonzentrationslager Ravensbrück. In: Dachauer Hefte Nr. 3, S. 125ff, 1993

Dieter Bach (Hrsg.): Erinnerung an die Vergangenheit bestimmt die Zukunft. Arbeit der NS-Gedenkstätten in der Bundesrepublik Deutschland, Mühlheim 1987

Wolfgang Benz/Barbara Distel (Hrsg.): Die Befreiung. Dachauer Hefte Nr. 1, 1985/1993

Brandenburgische Gedenkstätten für die Verfolgten des NS-Regimes. Perspektiven, Kontroversen und internationale Vergleiche. Redaktion: Stefanie Endlich. Hrsg.: Ministerium für Wissenschaft, Forschung und Kultur des Landes Brandenburg in Zusammenarbeit mit der Brandenburgischen Landeszentrale für politische Bildung, Berlin 1992

Wulf E. Brebeck/Angela Genger/Dietfried-Krause-Vilmar/Thomas Lutz/Gunnar Richter: Zur Arbeit in Gedenkstätten für die Opfer des Nationalsozialismus – ein internationaler Überblick, Berlin / Göttingen 1988

Margarete Buber-Neumann: Als Gefangene bei Stalin und Hitler, München 1962

Jürgen Dittberner / Antje von Meer (Hrsg.): Gedenkstätten im vereinten Deutschland. 50 Jahre nach der Befreiung der Konzentrationslager. Schriftenreihe der Stiftung Brandenburgische Gedenkstätten Nr.2, Berlin 1995

Klaus Drobisch / Günther Wieland: System der Konzentrationslager 1933-1939, Berlin 1993

Bernd Eichmann: Versteinert – verharmlost – vergessen. Gedenkstätten in der Bundesrepublik Deutschland, Frankfurt a.M. 1985

Stefanie Endlich/Thomas Lutz: Gedenken und Lernen an historischen Orten. Ein Wegweiser zu Gedenkstätten für die Opfer des Nationalsozialismus in Berlin. Landeszentrale für politische Bildungsarbeit Berlin, Berlin 1995

Max Frenzel/Wilhelm Thiele/Artur Mannbar: Gesprengte Fesseln, Berlin 1974

Claus Füllberg-Stolberg u.a. (Hrsg.): Frauen in Konzentrationslagern. Bergen-Belsen, Ravensbrück, Bremen 1994

Detlef Garbe (Hrsg.): Die vergessenen KZs? Gedenkstätten für die Opfer des NS-Terrors in der Bundesrepublik, Bornheim-Merten 1983

Annette Leo / Martin Hoffmann: Geschichte wird Erinnerung. Zum 50. Jahrestag der Befreiung im Land Brandenburg. Ministerium für Wissenschaft, Forschung und Kultur des Landes Brandenburg und die Brandenburgische Landeszentrale für politische Bildung, Potsdam 1995

Anja Lundholm: Das Höllentor. Bericht einer Überlebenden, Hamburg 1988

Thomas Lutz u.a. (Hrsg.): Über-Lebens-Mittel. Kunst aus Konzentrationslagern und in Gedenkstätten für Opfer des Nationalsozialismus, Marburg 1992

Reinhard Matz: Die unsichtbaren Lager. Das Verschwinden der Vergangenheit im Gedenken, Reinbek bei Hamburg 1993

Harry Naujoks: Mein Leben im KZ Sachsenhausen, Köln 1987

Walter H. Pehle (Hrsg.): Der historische Ort des Nationalsozialismus. Annäherungen, Frankfurt a.M. 1990

Joseph A. Polak: The Lost Transport. In: „Commentary", S. 27ff., Volume 100, Nr. 3, September 1995

Ulrike Puvogel/Martin Stankowski: Gedenkstätten für die Opfer des Nationalsozialismus. Eine Dokumentation. Band I. Schriftenreihe der Bundeszentrale für politische Bildung Bonn, Band 245, 2. überarbeitete und erweiterte Auflage, Bonn 1995.
Band II mit den Gedenkstätten der neuen Bundesländer sowie Berlin ist für 1996 angekündigt

Peter Reichel: Politik mit der Erinnerung. Gedächtnisorte im Streit um die nationalsozialistische Vergangenheit, München / Wien 1995

Dirk Reinartz/Christian Graf von Krockow: totenstill. Bilder aus ehemaligen deutschen Konzentrationslagern, Göttingen 1994

Adolf Rieth: Den Opfern der Gewalt. KZ-Opfermale der europäischen Völker, Tübingen 1968

Gudrun Schwarz: Die nationalsozialistischen Lager, Frankfurt 1990

Johannes Tuchel: Konzentrationslager. Organisation und Funktionsgeschichte der „Inspektion der Konznetrationslager" 1934-1938. Schriftenreihe des Bundesarchivs, Boppard 1991

Isa Vermehren: Reise durch den letzten Akt. Ravensbrück, Buchenwald, Dachau: eine Frau berichtet, Reinbek bei Hamburg 1987, 3. Aufl.

Wolfgang Wippermann: Steinerne Zeugen. Stätten der Judenverfolgung in Berlin, Berlin 1982

James E. Young (Hrsg.): Mahnmale des Holocaust. Motive, Rituale und Stätten des Gedenkens, München 1994

Zeugnisse jüdischer Kultur. Erinnerungsstätten in Mecklenburg-Vorpommern, Brandenburg, Berlin, Sachsen-Anhalt, Sachsen und Thüringen. Projektleitung Kathrin Wolff, Berlin 1992

Autorenverzeichnis

Prof. Dr. Wolfgang Benz, geb. 1941; seit 1990 Professor an der Technischen Universität und Leiter des Zentrums für Antisemitismusforschung; Mitgründer und Herausgeber der Zeitschrift „Dachauer Hefte"; zahlreiche Veröffentlichungen zum Thema deutsche Geschichte im 20. Jahrhundert

Henryk M. Broder, geb. 1946, SPIEGEL-Autor, schreibt vor allem über deutsch-deutsche und deutsch-jüdische Beziehungen

Ignatz Bubis, geb. 1927 in Breslau; 1935 unfreiwillige Auswanderung nach Polen, 1942-1945 in verschiedenen Zwangsarbeiterlagern; seit 1956 in Frankfurt a.M.; seit 1983 Vorstandsvorsitzender der Jüdischen Gemeinde Frankfurt; seit 1992 Vorsitzender des Direktoriums des Zentralrates der Juden in Deutschland

Barbara Distel, geb. 1943; Bibliothekarin; seit 1975 Leiterin der KZ-Gedenkstätte in Dachau; Veröffentlichungen zu den Konzentrationslagern und zu Gedenkstätten

Prof. Dr. Jürgen Dittberner, geb. 1939; seit 1974 Professor für Soziologie und Politikwissenschaft; 1986-1992 Staatssekretär in Berlin und Brandenburg; seit 1993 Direktor der Stiftung Brandenburgische Gedenkstätten und Professor an der Universität Potsdam; zahlreiche Veröffentlichungen zur deutschen Innenpolitik

Dr. Stefanie Endlich, geb. 1948; freiberufliche Publizistin in Berlin; Mitglied der Expertenkommission zur Neukonzeption der Gedenkstätten des Landes Brandenburg 1991/92; Vorsitzende der Kunstkommission der Stiftung Brandenburgische Gedenkstätten; zahlreiche Veröffentlichungen zu Erinnerung / Denkmäler / Gedenkstätten

Dr. phil. Insa Eschebach, geb. 1954; Religionswissenschaftlerin und Publizistin; Lehrbeauftragte des Religionwissenschaftlichen Instituts der Freien Universität Berlin; wissenschaftliche Mitarbeiterin am Zentralinstitut für sozialwissenschaftliche Forschung der Freien Universität Berlin im Rahmen eines Forschungsprojektes in Verbindung mit der Gedenkstätte Ravensbrück; Veröffentlichungen u. a. zur Geschichte des Frauenkonzentrationslager Ravensbrück

Prof. Dr. phil. Bernd Faulenbach, geb. 1943; Historiker am Forschungsinstitut für Arbeiterbildung und an der Fakultät für Geschichtswissenschaft der Ruhr-Universität Bochum; Vorsitzender der Expertenkommission zur Neukonzeption der Gedenkstätten des Landes Brandenburg 1991/92; zahlreiche Veröffentlichungen zur deutschen Geschichte des 19. und 20. Jahrhunderts, zu Geschichtsbewußtsein, Geschichtskultur, Geschichtsdidaktik

Dr. phil. Detlef Garbe, geb. 1956; Historiker; seit 1989 Leiter der Gedenkstätte Neuengamme in Hamburg; Veröffentlichungen zu den Konzentrationslagern, zu marginalisierten Opfergruppen, zur Militärjustiz und zur Vergangenheitsbewältigung

Joachim Görlitz, geb. 1936; Fachökonom; seit 1988 Leiter der Nationalen Mahn- und Gedenkstätte Brandenburg bzw. seit 1993 Leiter der Dokumentationsstelle Brandenburg

Dr. habil. Sigrid Jacobeit, geb. 1940; Historikerin; seit 1993 Leiterin der Mahn- und Gedenkstätte Ravensbrück; Veröffentlichungen u.a. zur Alltagsgeschichte sowie zum Frauenkonzentrationslager Ravensbrück

Thomas Lutz, geb. 1957; Lehrer für Geschichte und Politik; seit 1984 Gedenkstättenreferent der Aktion Sühnezeichen Friedensdienste e.V.; Mitglied des Beirats der Stiftung Brandenburgische Gedenkstätten; Mitglied des wissenschaftlichen Beirats für Gedenkstätten des Landes Niedersachsen; Veröffentlichungen zu Gedenkstätten

Dr. Günter Morsch, geb. 1952; Historiker; seit 1993 Leiter der Gedenkstätte und Museum Sachsenhausen; Veröffentlichungen u.a. zu Gedenkstätten sowie zu Sachsenhausen

Prof. Dr. Peter Reichel, geb. 1942; Politikwissenschaftler / Zeithistoriker am Institut für politische Wissenschaft der Universität Hamburg; Veröffentlichungen u.a. zum Nationalsozialismus und zu Gedächtnisorten

Romani Rose, geb. 1946; selbst. Kaufmann; seit 1982 Vorsitzender des Zentralrats Deutscher Sinti und Roma; seit 1991 Geschäftsführer des Dokumentations- und Kulturzentrums Deutscher Sinti und Roma; Veröffentlichungen zum Thema Sinti und Roma im Nationalsozialismus

Dr. phil. Johannes Tuchel, geb. 1957; Historiker; seit 1991 Leiter der Gedenkstätte Deutscher Widerstand; seit 1992 Lehrbeauftragter an der FU Berlin; zahlreiche Veröffentlichungen zu Verfolgung und Widerstand im Nationalsozialismus

Dr. Peter Jochen Winters, geb. 1934; seit 1948 Redakteur der Frankfurter Allgemeinen Zeitung, seit 1972 in Berlin; Mitglied der Fachkommission zur Erarbeitung von Vorschlägen für die künftige Nutzung des Prinz-Albrecht-Geländes in Berlin bzw. des Arbeitsausschusses der Stiftung Topographie des Terrors

Bildnachweis

Titelfoto:
Frank Liebke / Oranienburger Generalanzeiger

S. 24:
Georg Liedtke / Oranienburger Generalanzeiger

S. 63:
Frank Liebke / Oranienburger Generalanzeiger

S. 65:
Heinz Heuschkel / Stiftung Brandenburgische Gedenkstätten, Mahn- und Gedenkstätte Ravensbrück

S. 70:
Heinz Heuschkel / Stiftung Brandenburgische Gedenkstätten, Mahn- und Gedenkstätte Ravensbrück

S. 77:
Heinz Heuschkel / Stiftung Brandenburgische Gedenkstätten, Mahn- und Gedenkstätte Ravensbrück

S. 80:
Georg Liedtke / Oranienburger Generalanzeiger

S. 84:
Thomas Biegel / Stiftung Brandenburgische Gedenkstätten, Gedenkstätte und Museum Sachsenhausen

S. 89:
Thomas Biegel / Stiftung Brandenburgische Gedenkstätten, Gedenkstätte und Museum Sachsenhausen

S. 92:
Thomas Biegel / Stiftung Brandenburgische Gedenkstätten, Gedenkstätte und Museum Sachsenhausen

S. 97:
Roswitha Grimm / Stiftung Brandenburgische Gedenkstätten, Gedenkstätte und Museum Sachsenhausen

S. 100:
Frank Liebke / Oranienburger Generalanzeiger

S. 102:
Frank Löhne, Berlin

S. 102:
Frank Löhne, Berlin

S. 105:
Foto Melzer, Finsterwalde

S. 109:
Foto Melzer, Finsterwalde

S. 114:
Renee Rohr, Brandenburg

S. 119:
Renee Rohr, Brandenburg

S. 122:
Renee Rohr, Brandenburg

S. 125:
Frank Liebke / Oranienburger Generalanzeiger

S. 129:
Frank Liebke / Oranienburger Generalanzeiger

S. 131:
Heinz Heuschkel / Stiftung Brandenburgische Gedenkstätten, Mahn- und Gedenkstätte Ravensbrück

S. 133:
Heinz Heuschkel / Stiftung Brandenburgische Gedenkstätten, Mahn- und Gedenkstätte Ravensbrück

S. 136:
Frank Liebke / Oranienburger Generalanzeiger

S. 137:
Georg Liedtke / Oranienburger Generalanzeiger

S. 142:
Heinz Heuschkel / Stiftung Brandenburgische Gedenkstätten, Mahn- und Gedenkstätte Ravensbrück

S. 149:
Heinz Heuschkel / Stiftung Brandenburgische Gedenkstätten, Mahn- und Gedenkstätte Ravensbrück

S. 156:
Georg Liedtke / Oranienburger Generalanzeiger

S. 160:
Frank Liebke / Oranienburger Generalanzeiger

S. 169:
Frank Liebke / Oranienburger Generalanzeiger

S. 183:
Heinz Heuschkel / Stiftung Brandenburgische Gedenkstätten, Mahn- und Gedenkstätte Ravensbrück